—————————— 님의 소중한 미래를 위해

이 책을 드립니다.

**2024
2025
부동산 시장을
움직이는
절대 트렌드 7**

부를 끌어당기는 부동산 수업

2024
-
2025

부동산 시장을 움직이는 절대 트렌드 7

권화순 지음

메이트북스

메이트북스 우리는 책이 독자를 위한 것임을 잊지 않는다.
우리는 독자의 꿈을 사랑하고,
그 꿈이 실현될 수 있는 도구를 세상에 내놓는다.

부동산 시장을 움직이는 절대 트렌드 7

초판 1쇄 발행 2024년 3월 20일 | **초판 2쇄 발행** 2024년 4월 1일 | **지은이** 권화순
펴낸곳 (주)원앤원콘텐츠그룹 | **펴낸이** 강현규·정영훈
편집 안정연·최주연 | **디자인** 최선희
마케팅 김형진·이선미·정채훈 | **경영지원** 최향숙
등록번호 제301-2006-001호 | **등록일자** 2013년 5월 24일
주소 04607 서울시 중구 다산로 139 랜더스빌딩 5층 | **전화** (02)2234-7117
팩스 (02)2234-1086 | **홈페이지** matebooks.co.kr | **이메일** khg0109@hanmail.net
값 19,800원 | **ISBN** 979-11-6002-429-6 03320

부동산은 불멸의 자산으로 계속 가치가 상승한다.
부동산은 안전성에 기반해
거의 유일한 파괴할 수 없는 안전성을 가진다.

• 러셀 세이지(기업인이자 금융가) •

부동산 투자 성공의 비결은
적극적인 관심입니다

"이러다 진짜, 평생 전세 살까 봐 두려웠습니다."

강남 아파트 대장주로 꼽히는 서울 서초구 반포동 래미안 원베일리 청약 당첨자의 성공 스토리는 특별하지 않았습니다. 제가 기자생활을 하면서 개인적으로 알게 된 그는 금융권에 종사하는 평범한 회사원입니다. 고등학교에 다니는 두 자녀가 있고, 최근 부서장 승진도 했습니다. 수년 만에 만난 그의 얼굴이 환하게 빛났던 이유는 비단 승진 때문만은 아니었습니다. 청약 당첨만 되면 10억 원이 넘는 시세차익을 볼 수 있는 원베일리 청약 '대전'의 주인공이었기 때문입니다.

그는 쌍둥이 자녀 양육을 위해 처가에서 전세를 살았습니다. 수십 년 동안 무주택자였죠. 2019년 집값이 뛰기 시작하자, 평생 전세살이를 할 수는 없다는 비장한 각오로 부동산 투자에 눈을 돌렸습니다.

위례신도시, 고덕강일 등 대표적인 청약 격전지에서 번번이 물을 먹었지만 좌절하지 않았습니다. 입사할 때 선배들의 조언을 듣고 만들어놓은 청약통장이 든든한 지원군이었죠. 수십 년간 부은 청약통장은 어느새 4인 가족 기준 '만점통장'(69점)이 되었습니다. 입지, 교통, 집값, 전망까지 꼼꼼하게 따진 그에게 2021년 원베일리가 눈에 들어옵니다. 회사원 월급만으로 10억 원이 훌쩍 넘는 분양대금을 마련하는 것은 쉽지 않습니다. 당시 9억 원이 넘는 분양아파트는 중도금대출도 안 나왔죠. 하지만 원베일리는 분양가 상한제가 적용되었음에도 강남 아파트에선 흔치 않게 실거주의무가 없었습니다. 전세를 끼고 '갭투자'가 가능했던 것이지요. 그는 이 기회를 놓치지 않았습니다. 청약 당첨자 발표일 자정, 그는 떨리는 마음으로 청약홈을 열고 당첨사실을 확인했습니다. 온 가족이 얼싸안고 해가 뜰 때까지 기쁨의 눈물을 흘렸다고 합니다.

요즘 서울 아파트 평균 가격은 10억 원이 훌쩍 넘습니다. 월급쟁이가 돈 한 푼도 안 쓰고 집을 사려면 평균 15년(2023년 기준·PIR)이나 걸립니다. 더구나 평균가격이 25억 원인 강남 아파트는 평범한 직장인은 꿈도 못 꿀 정도로 비싼 게 사실입니다. 하지만 저의 지인은 포기하지 않았죠. 무려 강남 아파트 투자에 도전했습니다. 3년 동안 열심히 공부하고 실전 투자했습니다. 이렇게 부동산 투자 성공의 비결은 거창하지 않습니다. 시작은 "이대론 안 되겠다"는 위기의식, 부동산에 대한 적극적인 관심부터입니다. 물론 항상 성공만 하는 것은 아닙니다. 다 아는 이야기겠지만, 대체적으로 즉흥적인 투자는 실패로 이어질 가능성이 높습니다. 이 책은 여러분께 "어느 타이밍에 어디를 투자하라"고 '콕' 집어 이야기하진 않을 것입니다. 투자자 각자의 수준과 상황에 따라 투자 방식이 달라야 하기 때문입니다. 투자 시 오류를 범할 가능성을 줄이고 꼭 알아야할 기본적인 부동산 투자 정보를 제공하려고 합니다. 이 책은 관심으로 시작된 부동산 투자가 부단한 노력과 여러 번의 경험을 통해 성공으로 이어지기 위해 알고 있어야할 중요한 주제 7가지를 제시합니다.

첫 번째 장은 앞으로 수년간 부동산 투자의 키워드가 될 재건축을 다뤘습니다. 윤석열 정부 들어 부동산 규제가 대부분 풀렸습니다. 그중 가장 체감도가 높은 정책이 재건축 규제완화입니다. 대상 지역도 광범위합니다. 재건축 투자 전망과 유의점, 전략을 제시했습니다. 두 번째 장은 대출규제입니다. 역시 현 정부 들어 파격적으로 달라진 부분입니다. 올 하반기 이후 금리인하 가능성이 높은 가운데 완화된 대출규제를 어떻게 활용할지가 투자 성패의 관건이 될 수 있습니다. 세 번째 장은 청약제도입니다. 집값이 올라도, 내려도 기대 수익률이 가장 높은 투자 방식이 바로 청약이죠. 그런데 청약제도는 정권별로 정말 자주 바뀌었습니다. 투자자별 상황에 따라 어떻게 청약 전략을 짜야 할지 알려 드립니다. 네 번째는 부동산 세금입니다. 부동산 매수·보유·매도 시점마다 따라붙는 세금은 투자 수익률을 결정하는, 결코 무시할 수 없는 비용입니다. 다만 과거 대비 세금은 많이 줄었습니다. 그래서 이제 "세금 무서워 투자 못 한다"는 말은 성립이 안됩니다. 다주택자 기준마저 2채에서 3채로 바뀐 상황에서, 복잡하지만 꼭 알아야하는 세금을 투자 시점별로 다뤘습니다.

다섯 번째 장은 전세제도입니다. 부동산 투자를 할 때는 집값 시세 뿐 아니라 전셋값을 잘 봐야 합니다. 집은 투자 수단이기도 하지만 거주 공간이기도 합니다. 그래서 사용가치가 중요한데 그걸 보여주는 숫자가 바로 전세가격입니다. 2020년 7월 도입한 '임대차3법'도 집주인이 반드시 알아야 할 상식입니다. 여섯 번째 장은 혼돈의 부동산 시장에서도 흔들리지 않는 원칙을 제시했고 일곱 번째 장은 부동산 시장을 움직이는 5가지에 대해서 설명했습니다.

2020년 이후 집값을 결정하는 주요 변수가 '금리'라는 사실이 증명되었습니다. 그리고 2024년 하반기 금리인하가 예고되었습니다. 하지만 금리가 떨어지더라도 초저금리 시대만큼은 아닐 겁니다. 섣부른 단기 투자, 영끌투자는 금물입니다. 지금은 따져봐야 할 투자 변수가 아주 많습니다. 마지막으로 과거 정부의 부동산 정책을 돌아봤습니다. 윤석열 정부가 추진 중인 그린밸트 해제나 재건축 규제완화 등은 과거정부를 벤치마킹한 정책입니다. 과거를 알면 미래가 보입니다.

2019년 하반기부터 현재까지, 대한민국 부동산 시장은 그야말로 '격변기'입니다. 이같이 유례없는 시기에 저는 부동산과 금융전문 기자로 정책과 시장을 다루는 한복판에 있습니다. 단순한 투자 정보, 지식 전달 수준을 넘어 배경, 이유, 전망까지 입체적으로 전하고자 힘을 쏟았습니다. 현장의 경험을 살려 부동산 시장에서 시시각각 벌어지는 사례도 되도록 풍부하게 담았습니다. 이 친절한 안내서가 당신을 부동산 투자 성공으로 이끄는 출발점이 되기를 기대합니다. 책을 쓰는 데 많은 도움을 준 머니투데이 선·후배와 사랑하는 가족에게 감사 인사를 전합니다.

차례

 트렌드 1 앞으로 5년, 재건축이 뜰 수밖에 없다

트렌드 4 부동산 세금, 두려워할 필요가 없다

트렌드 5 매매시장보다 전세시장을 먼저 보자

트렌드 6 혼돈의 부동산 시장, 투자 안목을 가져라

트렌드 7   집값의 향방은 5대 변수에 달려 있다

앞으로 5년,
재건축이 뜰 수밖에 없다

재건축이 뜰 수밖에 없는
2가지 이유

윤석열 정부 출범 이후 부동산 규제 완화 바람을 타고 재건축 규제 3종 세트인 '안전진단, 분양가 상한제, 재건축 분담금 규제'가 단계적으로 풀렸습니다. 재건축 규제를 풀어서 사람들이 살고 싶어 하는 도심 내 주택공급을 확대하겠다는 게 부동산 정책의 핵심입니다. 바로 이것이 투자자들이 재건축 정책에 주목해야 하는 이유입니다.

우리나라는 땅이 좁은 데다 많은 사람이 서울과 같은 대도시에서 살고 싶어 합니다. 수십 년 된 건물이 빼곡하게 들어선 도심에서 신축 주택을 획기적으로 공급하는 방법은 많지 않습니다. 낡은 주택을 허물고 새 아파트를 짓는 재건축이나 재개발이 도심에 주택을 공급하는 거의 유일한 방법이라고 할 수 있지요. 하지만 서울 강남권, 여의도, 목동, 노원구 등의 대표적인 재건축 단지들은 깐깐한 정부 규제에 막혀 재건축 진도를 나가지 못했습니다.

그런데 2022년 5월 출범한 윤석열 정부에서 분위기가 확 달라졌습니다. '민간 재건축 규제 완화'가 부동산 정책의 핵심으로 급부상한 것입니다. 그간 숨 고르기만 반복했던 재건축 사업이 드디어 시동을 거는 건가 싶어 시장의 기대감도 커졌습니다.

재건축은 오래된 아파트를 허물고 그 자리에 새 아파트를 짓는 주택공급 방식입니다. 낡고 살기 불편한 구축 아파트 대신에 쾌적한 새 아파트에 살고 싶어 하는 마음은 누구나 똑같습니다. 오래된 아파트에 사는 기존 입주민도, 새 아파트를 분양받고 싶어 하는 투자자도 모두 재건축을 마다할 이유가 없지요. 하지만 문재인 정부(2017~2022년 초)에서는 5년 내내 민간 재건축이 사실상 '올스톱'되었습니다. '재건축'이라는 말만 나와도 아파트값이 하룻밤 사이에 수천만 원, 수억 원씩 무섭게 뛰었기 때문입니다. 집값 급등기에는 정부나 서울시가 재건축 인허가를 내주기가 쉽지 않습니다. 문재인 정부 5년 동안 서울 송파구 잠실주공5단지, 강남구 압구정 현대, 강남구 은마, 양천구 목동, 노원구 상계주공 등 대표적인 재건축 대상 단지의 재건축 사업은 실제로 한 발도 떼지 못했습니다.

발이 묶인 강남 주민들의 불만은 지난 대선 국면에서 폭발했습니다. '부동산 실패 심판론'을 전면에 내건 윤석열 후보가 강남구, 서초구, 송파구 등 강남 3구 유권자의 표를 싹쓸이했습니다. 대선 결과 전국 기준으로는 0.73%포인트 차라는 박빙의 승부가 펼쳐졌지만 유권자가 가장 많은 서울에서는 윤석열 후보가 여유롭게 이겼습니다. 특히 강남 3구와 한강 주변 자치구(한강벨트), 마용성(마포구, 용산구, 성동구)의 절대적 지지가 윤석열 대통령 당선을 이끌었다는 해석이 나왔습니다.

'부동산 실패 심판론'은 부동산 규제 완화 공약으로 실현되었습니다. 민간 재건축 규제 완화가 시장에서는 가장 폭발력 있는 공약이었습니다. 부동산 실패 심판론으로 탄생한 윤석열 정부는 재건축 규제를 순차적으로 풀고 있습니다. 바로 이것이 부동산 시장을 움직이는 키워드로 앞으로 몇 년 동안 재건축 규제 완화가 꼽히는 배경입니다. 규제 완화 정책이 구체적으로 어느 지역에, 어느 시점에, 어떻게 풀릴지 투자자들이 주목해야 하는 이유입니다.

한꺼번에 늙어버린 1기 신도시의 운명

재건축 사업이 주목을 받을 수밖에 없는 이유는 단지 부동산 실패 심판론이라는 정치적인 배경에 국한하지 않습니다. 현행법 규정상 아파트를 지은 지(준공) 최소 30년을 넘겨야 재건축 대상이 되는데요. 우리나라 주거용 건축물 중 준공 30년이 넘은 건축물이 전체의 절반(49.1%, 동 기준, 2021)이나 됩니다. 즉 건축물 둘 중 하나가 재건축에 필요한 최소한의 기본 요건을 충족할 만큼 도시가 빠르게 노후화하고 있습니다. 특히 1992년 입주가 끝난 1기 신도시 성남시 분당, 고양시 일산, 부천시 중동, 안양시 평촌, 군포시 산본 대단지 아파트 대부분이 지은 지 30년을 넘었습니다.

시기적으로 보면 1기 신도시 아파트는 2022년부터 재건축 연한 30년을 채우기 시작했습니다. '한꺼번에 확 늙어버린 도시를 과연 어떻게 정비할 것인가?' 정부가 서둘러 고민할 시점이 이제 막 온 것입니다. 부동산 실패 심판론으로 탄생한 윤석열 정부가 단지 정치적이유 때문만이 아니라 도시 개발 계획상으로도 재건축 사업에 대한근본적 고민, 세부 방향 설정을 해야 할 때가 왔습니다.

━ '재초환, 안전진단, 분상제', 재건축 3종에 주목하자

윤석열 정부 5년간 단계적으로 풀리는 재건축 규제에는 구체적으로 무엇이 있을까요? 규제가 풀리면 어느 지역의 어떤 아파트 단지가 재건축 대상이 될까요?

재건축 규제 완화가 부동산 투자에 미칠 파장을 정확히 예측하려면 일단 재건축 규제가 무엇인지부터 차근차근 알아야 합니다. 그리고 정부가 해당 규제를 언제쯤 풀어줄지도 가늠해봐야 합니다. 재건축 규제 완화는 부동산 시장 분위기, 국회 입법절차, 총선 같은 각종 정치 일정 등에 따라 진행 속도와 시기가 민감하게 달라질 수 있고 그만큼 돌발 변수도 많습니다.

큰 덩어리로 보면 재건축 규제는 '안전진단 규제, 재건축 초과이익 환수제(재초환), 분양가상한제(분상제)', 이렇게 3가지로 구분됩니다. 이 셋을 묶어서 '재건축 규제 3종 세트'라고도 합니다. 재건축 규제 3종 세트는 과거 정부에서 똘똘 힘을 합쳐 민간 재건축 사업을 틀어막았습니다. 적어도 3기 신도시 입주가 시작되는 시점 정도까지는 서울이나 수도권의 도심 내 재건축 규제를 풀지 않겠노라고 작정했던 게 과거 정부의 속내였습니다. 3기 신도시 입주 시점은 대략 2025년입니다. 지난 대선이 있던 2022년 기준으로 보면 최소 3년은 더 기다려야 재건축에 시동이 걸릴 수 있었던 것이지요.

하지만 정부의 애초 계획보다 최대 3년 당겨 재건축 규제가 풀렸습니다. 2022년 윤석열 정부 출범 후 주택공급 로드맵의 밑그림으로 재건축 규제 완화가 포함되었습니다. 윤석열 정부는 출범 초기에 향후 5년에 걸쳐 전국에 22만 가구 이상의 신규 정비구역(재개발, 재건축)을 지정하기로 했습니다. 특히 재건축에 목말라 하는 서울에서는 10만 가구를, 경기와 인천에서는 역세권, 오래된 주거지역 등에서 4만 가구를 새로 지정하겠다고 했습니다. 재건축 사업 속도를 높이기 위해 지방자치단체가 가지고 있는 각종 인허가 절차 기간은 종전의 평균 5년에서 2년으로 대폭 단축하는 가이드라인도 발표되었습니다.

재건축 규제 완화로 주택을 얼마만큼 공급할지 숫자 자체가 중요한 건 아닙니다. 그보다 많을 수도 있고, 적을 수도 있습니다. 중요한 것은 재건축 사업 속도를 확 당기겠다는 정부의 강한 의지입니다. 앞으로 수년간 재건축으로 주택공급이 확대될 것이라는 기대감이 어느 때보다 커졌습니다.

재건축의 첫 단추, 안전진단 완화가 시작되었다

재건축을 시작하는 첫 관문인 안전진단 문턱이 확 낮아졌습니다. 안전진단 심사를 통과하지 않더라도 지은 지 30년이 넘으면 일단 재건축 절차를 시작할 수 있습니다. 심사에서도 안정성보다 노후성의 비중이 높아졌습니다. 안전진단 통과 확률은 과거 대비 10배 올라갔습니다. 서울 목동과 상계동, 1기 신도시인 분당·일산·평촌 등 총 60만 가구가 수혜를 볼 것으로 예상됩니다.

재건축 규제 3종 세트 가운데 '안전진단 규제'는 재건축 사업의 가장 초기 단계에 적용됩니다. 재건축 사업을 할 수 있는 아파트인지 아닌지 심사하는 첫 관문인데요, 이 첫 관문을 통과하기 전에 기본 조건도 충족해야 합니다. 우리나라에서 재건축 사업을 하려면 일단 준공 30년이라는 기본 조건을 채워야 합니다. 즉 아파트 나이가 적어도 서른 살은 되어야 재건축 사업 추진을 희망하는 신청서를 낼 수 있습니다.

재건축 연한은 과거에는 40~45년을 적용한 적도 있고 서울과 지방의 기준이 다르기도 했으나, 박근혜 정부 시절 재건축 규제가 완화되면서 30년으로 당겨졌습니다. 재건축 사업으로 주택을 많이 공급하고 싶거나 부동산 경기를 부양하고 싶은 정부에서는 그동안 민간 재건축 규제를 완화해왔습니다. 반대로 집값 과열을 잡으려는 정부라면 재건축 규제를 꾸준히 강화했지요. 2022년 출범한 윤석열 정부에서는 재건축 연한인 30년 기준을 더 당길 것이란 기대감도 없지 않았으나 이 기준은 현재까지 유지되고 있습니다. 다만 재건축 심사 절차를 대폭 간소화하고, 안전진단 통과 기준을 크게 낮추는 데 초점을 맞췄습니다.

가장 파격적으로 달라진 점은 안전진단 심사를 통과하지 않더라도 재건축 절차를 시작할 수 있도록 한 것입니다. 준공 30년만 지나면 재건축 사업에 착수할 수 있도록 허용하고 재건축조합 설립 시기도 당겼습니다. 이른바 '재건축 패스트트랙'을 윤석열 정부가 2024년 초에 발표한 것입니다. 이렇게 되면 재건축 사업 기간이 최대 3년 단축될 거라고 정부는 예측했습니다.

안전진단 기준도 안정성에서 노후성으로 점수 배점이 크게 달라졌습니다. 안전진단은 "이 아파트는 너무 오래되고 낡아서 사람들이 거주 공간으로 쓰기에 부적합하다. 안전사고 가능성이 크다"라는 입주민의 판단을 구청을 통해 확인받는 절차입니다. 그래야 재건축 사업을 진행할 수 있습니다.

안전진단 테스트는 항목별로 구체적인 점수가 있습니다. 문재인 정부 때만 해도 총 100점 만점의 안전진단 테스트에서 30점 이하의 형편없이 낮은 점수를 받아야만 안전진단 테스트를 원스톱으로 통과할 수 있었습니다. 상식적으로 보면 안전진단 심사를 받는다는 것 자체가 "이 아파트는 거주하기에 너무 위험하다"라는 낙인을 찍는 절차인 만큼 입주민들에게는 악재라고 봐야 하는데, 현실은 다릅니다. 도리어 "아, 이 아파트는 이제부터 재건축이 가능해졌어!"라는 긍정적 신호라고 해석합니다. 즉 입주민에게는 행복한 낙인인 셈이 지요.

안전진단 테스트에서 낮은 점수를 받으면 입주민들이 환호하면서 아파트 외벽에 '경축, 안전진단 통과'라는 커다란 현수막을 거는 모습을 흔히 볼 수 있습니다. 언론들도 안전진단에서 높은 점수를 받으면 '탈락'했다고 하고, 낮은 점수를 받으면 '통과'했다고 합니다.

30세 넘으면 안전진단 없이 재건축 시작

재건축의 첫 관문은 안전진단 심사 통과입니다. 그런데 2024년 정부는 안전진단 심사 통과 없이도 재건축 사업을 할 수 있도록 문턱을 낮췄습니다. 재건축이나 재개발 같은 정비사업은 과정이 매우 복잡한데요, 복잡한 과정을 단축하면서 안전진단 심사의 영향력을 줄인 겁니다.

우선 재건축 절차를 간단히 설명하면, 종전에는 약 1년간 안전진단 심사를 해서 통과하면 재건축 계획을 제안하고 정비구역을 지정할 수 있습니다. 이후 약 2년 동안 추진위원회를 구성하고 조합을 설

재건축 패스트트랙 절차

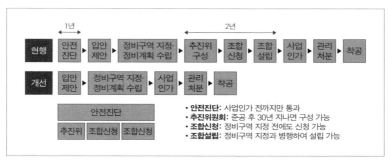

출처: 국토교통부

립해야 합니다. 그리고 사업 인가, 관리처분을 거쳐 착공단계까지 진행됩니다. 착공단계까지는 길게는 수십 년도 걸리는데, 이것도 안전진단을 통과해야만 시작할 수 있습니다.

그런데 앞으로는 정부의 '재건축 패스트트랙'에 따라 안전진단 통과 없이도 정비구역을 지정하고 추진위원회와 조합설립이 가능합니다. 안전진단은 사업인가 전 단계까지만 통과하면 됩니다. 준공 30년만 지나면 안전진단 없이 재건축 착수가 허용되고 조합설립 시기도 앞당겨지기 때문에 사업 기간이 종전 대비 최대 3년은 단축될 수 있습니다.

더구나 일산, 분당, 평촌, 중동, 산본 등 1기 신도시나 잠실, 목동 등 '노후계획도시 특별법' 대상이 되는 지역의 경우 여러 단지를 묶어서 한번에 재건축하는 '통합 재건축'을 선택하면 아예 안전진단이 면제될 수 있습니다.

안전진단 합격기준, '위험하다'에서 '불편하다'로

부동산 규제 완화에 따라 재건축 단계에서 후순위로 밀려난 안전진단 통과 확률도 종전 대비 10배 이상 높아졌습니다.

서울 아파트는 25개 자치구가 선정한 전문업체가 재건축 안전진단 1차 테스트를 합니다. 평가항목과 비중은 정부가 정해놓은 가이드라인을 따릅니다. 2022년까지는 구조안전성 50점, 건축마감 및 설비노후도 25점, 주거환경 15점, 비용편익 10점이 배점되었습니다. 각 항목을 합치면 총 100점이 됩니다.

하지만 윤석열 정부에서 재건축 안전진단 문턱을 낮추면서 안전진단 항목의 배점이 조정되었습니다. 구조안전성 배점은 종전 50점에서 30점으로 낮아졌습니다. 그 대신에 주거환경 배점은 15점에서 30점으로 올라갔습니다. 설비 노후도 점수 역시 25점에서 30점으로 상향 조정되었지요.

재건축 안전진단 개선안

항목	구조안전성	건축 마감 및 설비 노후도	주거환경	비용 편익
현행	50%	25%	15%	10%
개선안	30%	30%	30%	10%

자료: 공약집

구조안전성은 '이 아파트가 곧 무너질 정도로 안전하지 않다'는 등급인데요, 배점이 과거보다 줄어든 만큼 재건축 안전진단 심사 과정에서 안정성 여부를 너무 깐깐하게 따지지 않겠다는 뜻으로 보면 됩니다. 이보다는 '녹물이 나오고 빗물이 샐 정도로 낡아서 거주하기 불편하다'는 항목인 주거환경 비중이 대폭(2배) 올라갔다는 점에 주목해야 합니다. 주차대수, 생활환경, 일조환경, 층간소음, 에너지 효율성 등을 평가하는 항목이 안정성보다 더 중요해진 것이지요. 난방, 급수, 배수 등 설비 노후도도 종전보다 중요한 항목이 되었습니다. 쉽게 말하면 '위험하다'가 아니라 '불편하다'로 안전진단 합격기준이 180도 바뀐 겁니다.

4가지 항목을 합산한 총점수가 45점 이하로 나오면 재건축의 첫 관문인 안전진단을 통과합니다. 만약에 45~55점 사이라면 조건부 통과로, 이때는 구청에서 한 번 더 확인 절차를 밟습니다. 55점을 초과했다면 재건축 불합격입니다.

2023년 이전에는 이렇지 않았습니다. 재건축을 하려면 30점 이하로 매우 낮은 점수를 받아야 했지요. 30~55점 사이면 조건부 통과인데, 2차 테스트를 또 받아야 했습니다. 2차 평가는 공공기관이 했기 때문에 조건부 통과는 사실상 불합격이나 마찬가지였습니다. 이 때문에 2018년 이후 조건부로 통과한 단지는 대부분 최종적으로는 재건축 불가 판정을 받았습니다. 그만큼 안전진단 심사가 매우 엄격했습니다.

문재인 정부 시절인 2018년에 안전진단 규제 강화 이후 3년간 서울에서 안전진단 테스트를 통과한 재건축 단지는 5곳에 불과했습니다. 직전 3년간 56곳이 안전진단 테스트를 통과된 것과 크게 대비되는데요, 그만큼 규제의 힘이 무섭습니다. 안전진단 규제가 다시 확 풀어진 현재로선 통과 가능성이 과거 대비 10배 이상 높아진 셈입니다. 물론 지금의 규제 완화가 다음 정부에서 그대로 유지되리라는 보장은 없습니다.

목동·상계동·분당·일산 60만 가구의 변신

서울에서 준공 30년이 지났지만 재건축 안전진단을 통과하지 못한 아파트는 30만 가구가 넘습니다. 서울 양천구 목동신시가지 1~14단지에 2만 4,000가구가 몰려 있는데, 이 단지는 대부분 1986~1988년에 준공했습니다. 1988년 준공한 노원구 상계동 주공아파트도 지은 지 30년이 넘어 재건축 대상 아파트 단지로 꼽힙니다.

서울에서 재건축 안전진단 규제 완화의 수혜 단지로는 목동과 상계동이 가장 먼저 꼽힙니다. 특히 목동은 14개 단지 중 2022년 상반기 기준으로 1개 단지만 재건축 안전진단을 통과했습니다. 다른 단지들도 그동안 자치구에 안전진단 테스트를 신청했지만 번번이 조건부 통과라는 애매한 판정을 받았습니다. 과거 정부에서는 조건부 통과는 사실상 불합격이나 마찬가지였지만 지금은 상황이 완전히 달라졌습니다.

안전진단은 심사 점수에 따라서 A, B, C, D, E의 다섯 가지 등급이 있습니다. 이 중에서 재건축이 가능한(30점 미만) E등급을 받으면 통과입니다. 하지만 전 단계인 D등급을 받았다면 조건부 통과입니다. 조건부 합격인 D가 나오면 정부 산하 공공기관에서 안전진단 테스트를 한 번 더 받아야 합니다. 이 재검증을 통과해야 안전진단 관문을 완전히 넘었다고 할 수 있습니다. 목동 단지는 대부분 이 조건부 단계에서 고배를 마셨습니다. 그런데 2023년 이후로는 공공기관의 적정성 검증 절차가 사실상 폐지되었습니다. 더구나 통합재건축을 신청한다면 안전진단 심사를 아예 면제받을 수도 있습니다. 목동 대단지에 재건축 청신호가 켜진 것이지요.

수도권에서는 1기 신도시가 재건축 규제 완화 수혜지입니다. 1989년부터 1996년까지 조성된 1기 신도시들도 3년 안에 준공 30년이 도래하는 아파트가 19만 2,000가구에 달합니다. 고양 일산 6만 9,000가구, 성남 분당 9만 7,000가구, 부천 중동 4만 1,400가구, 안양 평촌 4만 2,000가구, 군포 산본 4만 1,900가구 등이 순차적으로 30년 연한을 넘깁니다. 정부와 국회에서는 신도시 특별법을 만들어 재건축 용적률 규제, 리모델링 규제 등도 완화해줍니다.

지은 지 30년 넘은 재건축 아파트 약 60만 가구

서울	30만 가구 이상
1기 신도시	29만 2,000가구 * 고양 일산 6만 9,000가구 * 성남 분당 9만 7,580가구 * 부천 중동 4만 1,435가구 * 안양 평촌 4만 2,047가구 * 군포 산본 4만 1,947가구

자료: 서울시 등

정부가 그린 밑그림을 보면 '택지조성 사업 완료 후 20년 이상이 지난 100만 m² 이상 택지'를 대상으로 특별법(노후계획도시 및 지원에 관한 특별법)이 적용됩니다. 재건축은 기본적으로 30년 연한을 넘겨야 사업을 시작할 수 있지만 1기 신도시는 예외적으로 20년만 넘어도 사업을 허용해주겠다는 게 골자입니다. 1기 신도시가 본격적으로 노후화하기 이전에라도 체계적인 계획을 세워 도시 재정비가 가능합니다.

특별법 적용을 받는 지역은 재건축 안전진단도 면제받습니다. 여기에다 용적률이나 용도지역 규제가 느슨해집니다. 1기 신도시는 계획도시라서 용적률 250% 이상 단지들도 많습니다. 재건축을 하더라도 용적률이 높으면 층수를 많이 올릴 수 없지요. 그런데 특별법을 적용받아 용적률 규제를 완화해준다면 25층 아파트를 50층 이상으로도 바꿀 수 있습니다.

1기 신도시 리모델링도 활발해질 수 있습니다. 이미 층수가 높아 재건축할 수 없는 단지는 리모델링을 선택하게 되는데요, 건축물을 모두 새로 짓는 재건축과 달리 리모델링은 기본 골격은 유지합니다. 그러다 보니 리모델링으로 늘어나는 가구는 원래 가구 수의 15% 이내로 제한됩니다. 하지만 특별법을 적용받으면 가구 숫자를 15% 이상 늘릴 수 있습니다. 규제 완화 덕분에 사업성이 좋아져 리모델링 속도도 빨라지겠지요. 다만 너도나도 재건축, 리모델링을 먼저 하겠다고 손을 들 수 있는 만큼 순번을 정해서 순환정비식으로 도시 재정비를 시작합니다. 1기 신도시 어느 지역이 먼저 순환정비 1순위가 되냐가 관전 포인트가 되겠죠.

　재건축 규제를 완화한다면 1기 신도시에서 30만 가구, 서울에서 30만 가구를 합쳐 최소 60만 가구가 재건축 사업의 첫 단계를 넘게 됩니다. 안전진단 규제는 2023년에 풀렸습니다. 1기 신도시에 적용할 특별법도 2023년 하반기에 국회 문턱을 넘었습니다.

1인당 3억 원씩 내라?
재건축 환수금을 깎는다

그간 '위헌' 논란이 일었던 재건축 초과이익 환수제도 크게 바뀝니다. 초과이익 부담금 부과 기준을 완화하고, 면제 대상은 확대합니다. 많게는 3억 원에 달했던 재건축 초과이익 환수금이 절반 이하로 줄어들 수 있어 강남의 재건축 단지들에는 큰 호재입니다. 당연히 재건축 투자수익률도 올라갑니다.

재건축 초과이익 환수제(재초환)도 크게 바뀌었습니다. 정비사업 초기 단계인 안전진단은 통과했지만 다음 단계에서 속도를 내지 못하는 재건축 단지 대부분이 재초환 문제로 속앓이를 하고 있습니다. 강남권 재건축 단지들이 재초환의 직접적인 영향권 아래에 있습니다. 재초환 부담금이 수억 원대로 워낙 크기 때문에 조합 내 갈등이 심화한 경우도 적지 않습니다.

재초환은 '재건축으로 정상 집값 상승분 외에 추가로 이익이 나면 일정액을 정부가 가져가는 제도'입니다. 좀더 복잡하게 재조환에 대해 설명하자면 '재건축 사업으로 조합 또는 조합원이 얻은 이익에서 인근 주택 상승분과 건축비 등을 뺀 초과이익이 1인당 평균 3,000만 원을 넘을 경우 초과 금액의 최고 50%를 부담금으로 환수하는 제도'입니다. 재건축 조합원들이 재건축 사업으로 초과이익을 본다면 그 이익의 절반까지 공공이 환수하도록 규제하는 것입니다.

재초환은 2006년에 만들어졌습니다. 그런데 재초환 도입 당시부터 논란이 많았습니다.

첫째로는 미실현 이익에 대해 공공이 환수하는 게 과연 합당하냐는 겁니다. 재건축으로 집값이 많이 올랐다고 해도, 집주인이 해당 주택을 매도하지 않는 한 이익이 실현된 게 아니니까요. 미실현 이익에 대해 '초과이익'이 났다면서 공공이 환수해가는 게 논리적으로 맞지 않는다는 주장이지요.

둘째로는 이중과세 논란입니다. 재건축 사업을 하려고 조합원이 각종 비용을 부담하는 데다 임대주택공급 등의 공공기여도 해야 하고, 집값이 오르면 재산세와 종부세를 내야 하고 매도시엔 양도세까지 납부해야 하는 마당에 왜 재초환 부담금까지 이중 삼중으로 내야 하나는 지적입니다.

재산권 침해 논란 속에 법정 분쟁이 이어졌습니다. 헌법재판소는 재초환에 대해 2019년 '합헌' 결정을 내렸습니다. 이렇게 10년간 제도 도입이 유예되었다가 2018년에 재시행되었으며, 2022년부터 사실상 재초환 첫 부과가 시작되었습니다.

전국 84개 단지에 통보된 재초환 부담금 폭탄

하지만 갈등의 불씨는 여전했습니다. 원칙적으로 재건축 사업으로 아파트를 새로 지어 입주가 끝났다면 입주 후 6개월 안에 재초환 부담금을 내야 합니다. 그러나 실제로는 재초환 부과금을 납부한 단지가 없습니다. 전국 84곳 재건축 단지(2022년 7월 기준)에 부과 예정 금액이 통보되었고, 일부 단지는 이미 입주가 끝났기 때문에 규정상 부담금을 벌써 내야 했는데 말입니다. 주민들은 여전히 "과도한 규제"라며 반발합니다. 서울 자치구들은 주민들 눈치를 보면서 제도가 바뀌기를 기다렸습니다.

재초환 부담금은 단지별로 사정이 다르지만, 법이 개정되지 않을 경우 강남권 재건축 아파트는 조합원 1인당 수억 원에 달할 것으로 추정되었습니다. 대표적으로 서초구 반포3지구는 4억 원, 강남구 대치쌍용1차는 3억 원, 서초구 방배삼익은 2억 7,500만 원 수준의 재초환 부담금 예정액이 통보되었습니다. 2018년 이후 재초환 부담금 예정액을 통보받은 조합이 60여 단지고, 가구 수로는 3만 가구가 넘었습니다.

재초환은 재건축조합의 불씨로 작용하기도 했습니다. 재초환 부담금이 과도하다는 조합원과, 그래도 재건축을 진행해야 한다는 조합원의 갈등이 적지 않았습니다. 결국 조합장이 교체되거나 사업시행인가가 지연되는 사례도 있었습니다. 지방 재건축 단지는 당초 예정액이 수백만 원이었지만 집값이 많이 오르면서 부담금이 억대로 불어나 조합 내 갈등이 더 심화되기도 했습니다. 수억 원을 추가 부담하느니 그냥 이대로 살고 싶다는 조합원도 있습니다. 고정 수입이 없는 고령자들은 부담금 부담이 클 수밖에 없으니까요.

3억 5,000만 원을 내야 하는 반포현대는 반값으로

하지만 2023년 12월 국회에서 재초환 개정안이 통과되면서 부담금이 크게 줄었습니다. 재초환 부담금이 부과되지 않는 면제금 기준을 종전 3,000만 원에서 8,000만 원으로 상향했습니다. 재건축으로 발생하는 초과이익이 일정 금액 이하이면 부담금을 부과하지 않는데요, 이 기준을 종전에 3,000만 원에서 8,000만 원으로 상향한 겁니다. 초과이익이 8,000만 원 이하라면 재초환 부담금을 내지 않아도 됩니다.

하지만 초과이익이 8,000만 원을 넘어서면 이익의 최대 절반까지는 공공이 환수합니다. 부과율은 초과이익이 얼마냐에 따라서 단계적으로 올라가는데, 종전에는 2,000만 원 늘어날 때마다 비율이 꽉꽉 상승했습니다. 하지만 재건축 부담금법 개정에 따라서 5,000만 원으로 구간이 확대됩니다. 이에 따라 초과이익의 절반(50%)을 환수하는 기준액이 종전에 1억 원대에서 3억 원대로 올라갑니다. 3억 원대 이하라면 초과이익 환수비율이 절반 이하로 크게 떨어집니다.

조합원들이 얻을 수 있는 초과이익이 얼마인지 계산하는 기준도

재건축 초과이익 환수금 개선안

*재건축 부담금이란? 재건축초과이익×부과율(10~50%)

부과율		면제	10%	20%	30%	40%	50%
초과 이익	현행	3,000 만 원 이하	3,000만 ~5,000만 원	5,000만 ~7,000만 원	7,000만 ~9,000만 원	9,000 만~1억 1,000만 원	1억 1,000 만 원 초과
	개선	1억 원 이하	1억~1억 7,000만 원	1억 7,000 만~2억 4,000만 원	2억 4,000 만~3억 1,000만 원	3억 1,000 만~3억 8,000만 원	3억 8,000 만 원 초과

*1세대 1주택 장기보유자 감면(최대 50%), 공공기여 인센티브, 1세대 1주택 고령자 납부유예

자료: 국토교통부

달라집니다. 재초환 부담금 계산식에 따르면 초과이익이 적게 나와야 부과율이 낮아지고, 최종적으로 부담금이 줄겠지요. 종전에는 조합을 설립하기 전인 추진위원회 구성 시점을 기준으로 초과이익을 계산했는데, 재건축을 추진하는 초기 단계인 이 단계의 집값을 기준으로 초과이익을 계산하면 아무래도 이익이 많이 나오는 것으로 산정됩니다. 그런데 앞으로는 추진위 단계 다음인 조합설립 단계로 계산 시점이 늦춰집니다.

좀 복잡해서 예를 들어보겠습니다. 추진위 단계에서 5억 원 하던 집값이 조합설립 단계에선 7억 원이 되었고, 재건축 사업 이후 시세가 10억 원이라고 해보죠. 추진위 시점 기준으론 초과이익이 5억 원으로 나오지만 조합설립 기준으론 3억 원으로 나옵니다. 조합설립 기준으로 부담금 기준일을 늦추면 초과이익이 종전대비 2억 원 적게 나오기 때문에 그만큼 재초환 부담금도 줄어들겠지요. 이처럼 기

준을 언제로 잡느냐에 따라 결과는 크게 달라집니다.

강남 아파트 단지 중 재초환 부과 첫 번째 단지로 꼽히는 반포현대의 경우 부과예정 금액이 3억~3억 5,000만 원 수준입니다. 그런데 부과 구간을 확대(2,000만 원 → 5,000만 원)하고 부과 기준일을 조합설립 단계로 늦춘다면 재초환 부담금이 수억 원씩 줄어듭니다.

면제금 기준이 올라간 효과도 작지 않습니다. 집값이 급격하게 올라 수백만 원이던 부과금이 수억 원으로 올라간 지방 주요 도시가 직접적인 수혜 지역입니다. 지방 아파트 단지의 경우 면제금 기준이 올라가면서 아예 재초환 대상에서 제외될 수 있습니다. 서울에서는 평균 1억 원을 넘지 않는 은평구 연희빌라, 강남구 두산연립 등이 면제될 확률이 높습니다. 수도권에선 안산 선부2구역, 인천 부평아파트, 대구 동신천연합·지산시영 등이 면제 대상에 새롭게 들어갈 것으로 기대됩니다.

더구나 1주택자 중 주택을 장기간 보유하고 있는 사람이나 65세 이상 고령자는 추가로 재초환 부담금 감면을 받습니다. 재건축 아파트를 지으면서 공공기여금으로 임대주택공급을 많이 한 조합이라면 추가 인센티브가 있습니다. 정부가 발표한 기준으로 보면 주택 보유 기간이 10년 이상인 1주택자의 경우 부담금의 50%를 깎아주기로 했습니다. 6년 이상은 10%, 8년 이상은 30%, 9년 이상은 40%가 감면됩니다.

국회에서 법이 통과되기 전에 정부가 발표한 시뮬레이션 결과를 보면, 재초환 기준이 변경될 경우 부담금 통보를 받은 전국 84개 단지 중 38곳은 부담금을 내지 않아도 되고, 1억 원 이상 내야 하는 단지는 종전 19곳에서 5곳으로 줄어듭니다. 1가구 1주택자가 장기 보유한 아파트라면 최대 85%까지 감면받는 사례도 있습니다.

이처럼 재초환 부과금이 줄면 재건축 아파트의 투자수익률은 올라갑니다. 부과금 수준만큼 더 싸게 재건축 아파트를 보유할 수 있다는 뜻이니까요.

달라지는 분양가상한제,
로또 청약이 사라지나?

분양가상한제는 분양가격을 주변 시세의 80% 이하로 낮추는 가격통제 장치입니다. 분양가상한제는 집값 폭등기에 수도권 전반으로 확대되었다가, 집값 하락기인 2023년 1월 강남 3구와 용산구로 대폭 축소되었습니다. 윤석열 정부에서 사실상 폐지 단계로 갔는데요, 다만 이로써 예전처럼 서울에서 '로또 청약'을 기대하긴 어려워졌습니다.

　재건축 규제 3종 세트 가운데 마지막으로 분양가상한제(분상제)를 살펴보죠. 분양가상한제는 아파트를 분양할 때 일반분양 물량의 분양가격을 주변 시세의 70~80% 이하로 통제하는 장치입니다. 아파트 분양가격은 땅값(택지비), 건축비, 그 외 각종 추가 비용(가산비)을 합친 분양 원가에 건설사 이익금을 붙여 결정하는데요, 서울과 수도권 대부분 지역(규제지역)에서는 그동안 아파트 분양가격을 결정할 때 분상제를 적용해왔습니다. 분상제가 적용되는 지역에서는 민간 사업자가 자기 마음대로 가격을 정할 수 없습니다.

　아파트를 지을 땅은 공공이 보유한 공공택지와 민간이 보유한 민간택지로 나뉘는데, 문재인 정부에선 민간이 보유한 민간택지에도 공공택지처럼 분상제를 적용했습니다. 민간 아파트의 분양가격을 시세의 80% 이하로 통제하면 무주택자의 주택 구입 부담을 줄일 수 있으니까요. 동시에 주변 아파트도 신축 아파트 수준으로 가격이 떨어질 것이라고 정책 방향을 설정했습니다.

하지만 막상 민간택지 분상제를 시행해보니 집값 상승기에는 정반대 효과가 나면서 부작용이 나타났습니다. 정부 의도와 달리 아파트를 분양하자마자 새 아파트 가격이 주변 아파트 가격 수준으로 뛰었습니다. 청약에 당첨만 되면 기본적으로 수익률 20%는 먹고 들어가기 때문에 '로또 청약'이라는 말이 유행했습니다. 청약 당첨자는 로또 당첨보다 더 큰 기쁨을 맛보았지만 그렇지 못한 사람은 상대적 박탈감을 느껴야 했습니다.

건설사와 재건축 조합원들의 불만도 차곡차곡 쌓였습니다. 재건축 조합원은 일반 분양가격이 올라가야 조합원 부담금이 줄어듭니다. 그런데 분상제로 일반분양 물량의 분양가격이 통제되어 그만큼 조합원 부담금이 늘었습니다. 집값 급등기에 새 아파트 분양으로 발생하는 이익을 청약에 당첨된 무주택자가 가져갈지, 재건축 조합원이 가져갈지, 아파트 건설 사업자가 가져갈지 이해관계가 첨예하게 갈립니다. 갈등의 골도 깊어집니다. 문재인 정부는 무주택자의 손을 들어준 셈이지만, 청약에 당첨되었다는 이유만으로 수억 원의 시세 차익을 얻는 것이 과연 공정한 것인지 물음표가 달렸습니다.

단군 이래 최대 재건축인 둔촌주공의 좌충우돌

분양가상한제의 위력이 얼마나 센지는 서울 강동구 둔촌주공(올림픽파크 포레온) 재건축 사업의 역사를 보면 알 수 있습니다. 둔촌주공은 입주민 이주와 아파트 철거까지 완료하고도 수년간 재건축 진도를 빼지 못했습니다. 둔촌주공 재건축은 사업 규모가 워낙 커서 '단군 이래 최대 재건축'이라는 별칭까지 붙었는데요, 총분양 물량이 1만 2,000가구로 가구당 평균 3~4명이 거주한다고 보면 서울 도심에 4만 명가량이 거주하는 '미니 신도시' 하나가 생기는 셈입니다. 이렇게 거대한 재건축 사업이 왜 좌충우돌했을까요?

둔촌주공은 분양가격 산정 문제로 우여곡절이 많았습니다. 이 단지는 정부의 고분양가 심사 대상 지역으로 묶이면서 평당(3.3㎡) 3,000만 원 이상으로 분양가격을 올릴 수 없었습니다. 고분양가 심사는 분양가상한제와 비슷한 제도인데요, 분양가격을 통제하는 간접적 장치로 볼 수 있습니다. 아파트 사업자는 혹시 모를 미분양 위험에 대비해서 주택도시보증공사(HUG)의 분양보증에 가입해야 하고, 분양보증을 받으려면 HUG의 고분양가 심사를 받아야 합니다. 심사받는 과정에서 HUG가 제시하는 분양가격을 수용하지 않으면 사실상 분양보증을 받기 어렵습니다. 고분양가 심사 과정에서 HUG는 둔촌주공의 적정 분양가격을 평당 3,000만 원 이하로 본 것입니다. 조합원들은 "그 가격으로는 절대 분양할 수 없다"고 거부합니다. 분양가격을 두고 지루한 공방이 이어지면서 단군 이래 최대 사업이라는 둔촌주공의 재건축이 표류했습니다.

그러다 둔촌주공은 2021년 시행된 민간택지 분양가상한제 적용 대상 단지에 편입됩니다. 이때부터는 주변 시세의 80% 이하로 분양 가격 통제를 받게 됩니다. 이 와중에 둔촌주공 시공 건설사들은 사업 지연으로 불어난 금융비용을 조합에 요구합니다. 사업비를 증액해 조합이 추가 부담금을 내야 공사할 수 있다고 버팁니다. 설상가상으로 조합에서도 내분이 벌어집니다. 상황이 갈수록 꼬여만 가면서 둔춘주공 재건축 사업이 산으로 갔습니다.

분양가격 통제에서 시작된 둔촌주공 사태는 서울 분양시장, 부동산 시장에도 부담으로 작용했습니다. 2022년 하반기부터 집값이 하락세를 타면서 재건축 최대어인 둔촌주공 미분양 우려가 불거집니다. 2021년 전후와는 상황이 완전히 역전된 것이지요. 서울 한복판의 대규모 사업이 엎어질 위기에 몰리자 정부도 분양가격 통제만 고집할 수 없게 되었습니다.

둔촌주공 조합과 건설사들의 갈등이 봉합되면서 재건축 추진위원회가 설립된 2003년 이래 약 20년 만에 분양합니다. 분양가격은 평당(3.3m²당) 3,892만 원으로 결정되었습니다. 애초에 정부가 통제했던 가격에 비해서는 1,000만 원가량 올랐습니다. 20평대(59m²) 아파트가 9억 원선, 30평대(84m²) 아파트가 13억 원가량입니다. 정부는 때마침 중도금대출을 받을 수 있는 분양가격 기준선을 9억 원 이하에서 12억 원 이하로 상향했습니다. 둔촌주공 분양에 정부가 지원사격을 나선 것이란 해석이 나왔습니다.

분양 결과는 어땠을까요? 분양했다 하면 10만 개의 청약통장이 쏟아질 것이란 모두의 예상을 깨고 둔촌주공 청약은 평균 5 대 1 수준으로 마감합니다. 1·2순위 청약에서 총 3,695가구 모집에 2만 153명이 지원해 평균 경쟁률 5.45 대 1을 기록했습니다. '10만 청약설'이 무색했습니다. 일부 특별공급 물량은 지원자가 적어 미달도 발생했습니다.

청약에 당첨되고도 계약하지 않는 미계약 물량이 많이 나올 것을 걱정(?)한 정부는 2023년 1월에 84m²(30평대)도 중도금대출을 받을 수 있도록 중도금대출 상한선(12억 원)을 아예 폐지해버립니다. 새 아파트를 분양받을 때 분양가격과 상관없이 중도금대출을 받도록 규제를 아예 없애버린 것이지요. 그뿐이 아니었습니다. 때맞춰 분양권 전매제한 기간도 8년에서 3년으로 단축했고, 2년의 실거주 의무도 폐지하겠다고 발표했습니다. 집값 급등기에 분양가격을 3,000만 원 이하로 통제했던 정부가 미분양 우려가 불거진 집값 하락기에 정책 방향을 180도 튼 것입니다.

사라진 '로또 청약', 가격 보는 눈을 키워라

민간택지 분양가상한제는 시행 3년여 만인 2023년 사실상 폐지 절차를 밟습니다. 윤석열 정부가 규제지역을 대규모로 해제하면서 분양가상한제 적용지역도 함께 축소했습니다. 서울 강남 3구와 용산구 등 4곳만이 규제지역으로 남아 분양가상한제 적용을 받습니다. 언제 또 정책이 바뀔지 모르겠지만 적어도 집값 하락기에 주택공급 위축을 우려한 정부가 강력한 가격통제 장치를 폐지한 것으로 해석할 수 있습니다.

재건축 아파트 일반분양 청약을 노리는 투자자라면 분양가상한제를 숙지해야 합니다. 민간택지 분양가격 상한제를 적용했던 시기에 나온 아파트 분양권은 시세 대비 가격이 20~30%가량 저렴했습니다. 앉아서 기본수익률 20%를 얻을 수 있는 '로또 분양'이었습니다. 하지만 앞으로는 다릅니다. 정부가 가격통제를 하지 않겠노라고 선언한 만큼, 이제부터 시장이 알아서 가격을 책정합니다. 즉 분양가격이 시세 수준으로 올라갈 수밖에 없습니다. 그러니 자연스럽게 '로또 분양'도 사라집니다. 청약에 당첨되었다고 해도 투자수익률 20%를 보장받지 못합니다. 심지어 분양가상한제가 적용된 둔촌주공 청약 당첨자 중 상당수는 최종적으로 계약을 포기했습니다. 투자자 일부는 20평대 아파트를 9억 원에, 30평대 아파트를 13억 원에 사는 것이 적정한지 고민이 깊었습니다.

분양가상한제 폐지로 앞으로 부동산 투자자들이 청약에 도전할 때는 적정가격을 보는 눈을 키워야 합니다. 분양가격이 주변 시세 대비 어느 정도인지, 투자한다면 내 기대 수익률에 부합할지, 감당한 만한 수준인지 등 고려해야 할 변수가 많아졌습니다.

물론 분양가상한제가 폐지되었다고 해서 무작정 분양가격이 오르기만 한다고도 볼 수 없습니다. 건설사나 재건축조합이 아무리 이익을 많이 남기고 싶어도 분양가격이 지나치게 비싸면 미분양이 될 테니까요. 또한 정부가 분양가상한제를 폐지한다고 해도 앞서 설명한 대로 HUG의 고분양가 심사는 여전히 살아 있습니다. 부동산 시장 상황에 따라 고분양가 심사제도든, 분양가상한제든 가격통제 장치는 언제든 부활할 수 있습니다.

재건축 아파트 실전투자,
꼭 확인해야 할 3가지

재건축 아파트를 매수할 때는 반드시 용적률과 대지지분을 확인해야 합니다. 용적률이 낮을수록, 대지지분이 높을수록 재건축 투자수익률이 올라갑니다. 만약 안전진단 심사를 통과하지 않은 재건축 아파트를 매수할 생각이라면 입주까지는 상당한 시간이 걸릴 수 있다는 점을 반드시 명심해야 합니다.

　재건축 규제 3종 세트 중 안전진단 규제 완화 수혜지로는 서울 양천구 목동과 노원구 상계동 재건축 단지를 꼽을 수 있습니다. 2021년에 목동의 14개 단지 중에서 목동신시가지 6단지가 유일하게 안전진단 심사를 최종 통과했을 때도 목동 14개 단지 아파트값이 일제히 상승세를 탔습니다. 하지만 기대와 달리 조건부 안전진단 심사에서 6단지를 제외한 대부분 단지가 줄줄이 탈락하면서 한동안 목동 집값이 하락세를 면치 못했습니다.

　그러다가 대통령 선거 국면인 2022년 상반기 재건축 안전진단 규제 완화 공약이 나오면서 목동 아파트의 호가가 다시 뛰기 시작했습니다. 실제로 2023년부터는 정부의 재건축 규제 완화 방침으로 목동 아파트 재건축을 가로막던 조건부 심사제가 폐지되었습니다. 아울러 2024년에는 안전진단을 먼저 통과하지 않더라도 재건축조합을 설립할 수 있도록 허용하는 정부 방침이 나왔습니다. 특별법에 따라서 목동 같은 대단지 아파트가 통합 재건축을 추진하기로 결정한다면 아예 안전진단 심사도 면제될 수 있습니다.

앞서 설명한 대로 자치구에 재건축 안전진단 심사를 신청하려면 우선 준공 30년을 채워야 합니다. 이 기준을 충족한다고 해서 무조건 안전진단 심사를 통과하는 것도 아닙니다. 서울에서만 대상 물량이 30만 가구에 달하기 때문에 재건축이 시급한 단지부터 순차적으로 진행할 수밖에 없습니다. 목동 아파트는 사용승인일이 1980년대 후반으로 연한이 35년을 훌쩍 넘었습니다. 게다가 단지 규모가 워낙 크기 때문에 재건축 승인 가능성이 다른 단지보다 더 높다고 볼 수 있습니다.

재건축 규제가 전격적으로 완화되더라도 연한 30년을 넘긴 모든 단지가 똑같이 투자가치가 있는 것은 아닙니다. 예전처럼 특정 단지만 선별적으로 재건축이 가능한 게 아니라 일정 기준만 충족하면 대부분은 재건축 추진이 가능해졌으니까 더더욱 그렇습니다. 따라서 어떤 재건축 단지에서 어떤 조건의 아파트가 투자가치가 있는지 구체적으로 선별하는 능력이 중요해졌습니다.

목동 아파트 재건축 투자 사례를 통해 재건축 투자를 할 때 꼭 확인해야 하는 3가지를 짚어보겠습니다.

용적률과 대지지분을 꼭 따져라

재건축 아파트를 매수할 때는 첫 번째로 해당 아파트의 용적률과 층수를 확인해야 합니다. 용적률은 대지면적(땅)에 대한 건물의 연면적 비율을 말합니다.

법과 서울시 조례에서는 용도지역별로 용적률 상한을 정해놓고 그 이상은 건물을 올리지 못하도록 규제합니다. 물론 경직된 용도지역별 용적률 상한제는 정부에서 개선안이 예고되었는데요, 현행 규제를 적용해보면 주거지역이라도 법상으로 용적률 300%를 초과할 수 없습니다. 일반적으로 주거지역은 종별로 150~250% 수준에서 지자체가 조례로 정하고 있습니다. 서울시의 경우 대부분 250%를 넘지 못하도록 했습니다.

용적률뿐 아니라 층고제한(층수제한) 규제도 있습니다. 서울시에서는 주거지역의 경우 최고 35층을 넘지 못하도록 '35층룰'을 적용해 왔습니다. 오세훈 서울시장이 '35층룰'을 폐지하겠다고 했지만 용도지역별 최고 층수는 용적률에 따라 제한받을 수밖에 없습니다.

그런데 재건축이 가능한 30년 이상 아파트들은 대부분 용적률과 층수가 법적으로 정해놓은 상한보다 낮습니다. 오래전에 지은 건물이라서 당시에는 기술적 한계도 있고, 고층 아파트에 대한 수요도 많지 않았기 때문입니다. 대부분의 재건축 아파트들은 평균 용적률이 200%를 넘지 않습니다.

용적률 상한이 법적으로 정해진 만큼 재건축 대상 단지의 용적률이 낮으면 낮을수록 투자가치는 올라갑니다. 용적률이 낮으면 그만큼 더 높이, 더 많이 지을 수 있으니까요. 조합원 물량을 제외한 일반분양 물량이 많아져 재건축 상업성은 좋아지고, 조합원 분담금은 줄어듭니다. 경우에 따라 분담금을 아예 내지 않을 수도 있습니다. 용적률이 낮을수록, 층수가 낮을수록 재건축 투자가치가 높은 이유입니다.

예컨대 목동 아파트는 용적률이 120%이고, 층수는 최고 15층 전후입니다. 용적률 상한 규제 300%와 35층 층고 제한 규제가 유지된다고 가정하더라도, 재건축을 하면 일반분양 물량이 대량으로 나올 수 있는 조건입니다. 반면에 똑같이 30년 넘은 아파트라도 1기 신도시는 상황이 다릅니다. 이들 신도시는 처음부터 계획도시로 건설했기 때문에 용적률 250%인 단지도 적지 않습니다. 1기 신도시에서 재건축으로 새 아파트를 짓더라도 신규 공급 물량을 늘리는 데는 한계가 있을 수밖에 없습니다.

이런 이유로 2022년 대통령 선거 국면에서 1, 2기 신도시 주민들이 신도시 특별법을 제정해야 한다고 요구한 것입니다. 1, 2기 신도시처럼 특수한 사정이 있는 지역은 특별법을 만들어 용적률 상한 300% 규제를 받지 않도록 해야 한다는 주장입니다. 용적률 상한 300%를 그대로 적용한다면 1, 2기 신도시 재건축은 사업성을 확보할 수 없습니다. 실제로 국회에서 발의된 특별법에 따르면 용적률 상한이 대폭 올라갑니다.

목동 재건축 단지는 용적률이 200%를 넘지 않기 때문에 용적률

250%인 신도시처럼 큰 고민을 할 필요가 없습니다. 게다가 평균 12층 전후라서 상한인 35층 대비 절반도 되지 않습니다. 그래서 재건축을 하면 초고층 아파트로 대변신이 가능한 것입니다.

다만 똑같은 목동 단지라고 해도 특수한 상황이 있기 때문에 투자할 때는 주의해야 합니다. 예컨대 김포공항 인근에 있는 목동의 한 단지는 고도제한을 받습니다. 비행기 이륙과 착륙을 감안해서 공항 인근에는 고층 건물을 지을 수 없도록 고도를 제한합니다. 재건축 사업을 진행하더라도 이런 단지라면 초고층 변신이 조금 어려울 수 있습니다. 재건축 아파트 투자 시 이러한 세부 사항은 발품을 팔아 임장(부동산을 사려고 직접 현장을 탐방한다는 뜻)해서 확인해야 합니다.

두 번째로 용적률이 낮다고 투자가치가 똑같은 것은 아닙니다. 같은 용적률이라도 대지지분이 얼마냐에 따라 가치가 달라질 수 있습니다. 대지지분이 많으면 그만큼 일반분양을 더 많이 할 수 있으므로 나중에 재건축 분담금이 줄어듭니다. 바로 이것이 재건축 아파트에 투자할 때 대지지분을 꼭 확인해야 하는 이유입니다.

같은 재건축 단지라도 어느 동이냐에 따라 대지지분이 다를 수 있습니다. 동별로 용적률이 같더라도 세대수(조합원 수)가 적을수록 대지지분은 올라갑니다. 중소형보다는 대형 평수 위주의 동이라면 세대수가 적기 때문에 세대당 대지 지분율이 높습니다. 대지지분이 많으면 일반분양이 늘어나기 때문에 사업성이 좋습니다. 또한 조합원의 재건축 분담금이 줄어들 수 있습니다.

대지지분은 같은 동이라도 저층이냐, 중간층이냐, 고층이냐에 따라서 달라지기도 합니다. 예컨대 목동 A단지 고층의 20평과 27평의 대지지분은 각각 12.7평, 16.56평입니다. 대지지분이 반드시 평수에 비례하지는 않지요. 35평 저층은 21.40평, 38평 고층은 24.32평으로 역시 제각각입니다. 목동 B단지는 27평 저층의 대지지분은 24.43평이고, 27평 고층의 대지지분은 21.38평입니다. 다시 말해 27평 저층 집주인은 재건축하게 되면 27평에 24.43평을 더해 40평대 신축 아파트를 받게 된다는 말입니다. 대지지분이 넓을수록 재건축 이후 평수가 더 넓은 아파트를 가질 수 있어 재건축 아파트 투자시 대지지분은 반드시 확인해야 합니다.

나만의 투자 타이밍을 찾자

재건축 공사를 시작하면 준공(입주)까지 얼마나 걸릴지 냉정하게 따져봐야 합니다. 재건축 사업에서 입주 시점을 예측하기는 정말 어렵습니다. 앞서 사례로 들었던 서울 강동구 둔촌주공만 하더라도 철거를 마치고도 분양까지는 몇 년을 기다려야 했습니다. 추진위원회 설립일을 기준으로 보면 꼬박 20년 만에 분양했습니다. 입주까지는 또 몇 년을 더 기다려야 합니다. 재건축 규제가 완화된다고 하니 당장이라도 공사를 시작할 것 같지만 현실은 꼭 그렇지 않은 것이 문제입니다.

서울 송파구 잠실주공5단지 재건축의 경우 "20년을 기다렸다"는 입주민의 하소연도 나옵니다. 실제로 이 아파트는 2003년 추진위원회 승인이 났지만 2010년에야 안전진단을 통과했습니다. 2013년에는 조합이 설립되었는데요, 단지 내 초등학교 이전 문제부터 시작해서 설계안을 둘러싸고 조합원들의 갈등까지 겹치면서 재건축 사업이 속도를 내지 못했습니다. 잠실주공5단지 사례처럼 재건축 사업은 길게 잡으면 20년 이상도 걸릴 수 있습니다.

재건축은 사업 단계별로 변수가 정말 많습니다. 재건축 사업은 단계별로 안전진단 통과, 추진위원회 설립, 조합설립, 시공사 선정, 사업시행인가, 일반분양 등 넘어야 할 산이 많습니다. 2024년 벽두부터 정부가 안전진단 규제를 풀고 사업 기간을 3년 단축하겠다고 했지만 막상 단계별로 조합 갈등에서부터 분양가 책정, 정부 규제, 인허가 등 어느 하나 쉽지 않습니다.

목동처럼 재건축 초기 단계인 안전진단 통과부터 시작해야 한다면 준공 때까지 더 많은 기간이 걸립니다. 분당, 일산 등 신도시 대단지는 규모가 워낙 크기 때문에 한방에 재건축 사업을 할 수 없습니다. 순번을 타서 순환 정비해야 합니다. 정부가 1기 신도시 정비를 위한 연구용역을 시작했으니까 개별 단지별로는 첫 삽을 뜨기까지 얼마나 걸릴지 장담하기 어렵습니다.

그러므로 재건축 투자는 '나만의 투자 타이밍'을 계산해야 합니다. 최소 3~5년 정도는 수억 원이 재건축 아파트에 묶일 수 있다고 각오해야 합니다. 투자금이 이만큼 묶이더라도 내 경제 활동에 지장이 없어야겠지요. 따라서 재건축에 투자하기 전에 내 자금 동원 능

력이 어느 정도인지, 입주 시점까지 기간이 어느 정도 걸릴 것으로
보는지 각자 상황에 맞게 타이밍을 잡을 필요가 있습니다.

다만 빨리 투자할수록 수익률이 더 좋은 것은 명확합니다. 재건축
은 한 단계, 한 단계를 통과할 때마다 가격에 프리미엄이 많이 붙기
때문입니다. 입주 시점에 가까울수록 가격은 계단식으로 치솟게 됩
니다.

재건축 투자를 잘못하면
현금청산 대상이 될 수 있다

재건축 아파트 가격이 비싼 이유는 재건축 사업 완료시 새 아파트 입주권을 받을 수 있기 때문입니다. 하지만 재건축 조합설립 이후 재건축에 투자할 경우 입주권을 받을 수 없습니다. 수억 원을 투자하고도 자칫하면 현금청산 대상이 될 수 있습니다. 바로 이것이 재건축 아파트 투자 시점, 투자 조건을 잘 따져봐야 하는 이유입니다.

　재건축 아파트는 아무 때나 사도 될까요? 그렇지 않습니다. 재건축 아파트를 사려는 이유는 앞으로 새 아파트 입주권을 얻기 위해서인데요, 입주권은 아무에게나 나오지 않습니다. 재건축조합이 설립되기 전에 매수(재개발은 관리처분인가 전 매수)를 해야 입주권이 나옵니다. 이런 사실을 모른 채 조합설립 이후 아파트를 산다면 입주권을 얻지 못하고 현금청산 대상자가 됩니다. 도시정비법에 따라 조합설립 이후 아파트를 매수한다면 매도인의 재건축 조합원 지위가 매수인에게 양도되지 않기 때문입니다.

　재건축 매매 시점과 조합원 지위 양도 여부가 얼마나 중요한지

2021년 4월 서울 강남구 '재건축 대장' 압구정 현대7차 매수 거래 사례를 참고할 필요가 있습니다. 이 아파트는 전용 245m²(80평)가 80억 원에 실거래되면서 주목받았습니다. 많은 언론이 '서울 아파트 100억 원 시대를 열었다'고 의미를 부여하기도 했습니다. 거래가격이 100억 원이라면 웬만한 꼬마빌딩 가격입니다. '아파트=빌딩'이라는 비유도 나왔습니다. 이 아파트의 등기부등본을 통해 실거래 내역을 보면 원래 소유주는 법인이었습니다. 압구정 현대아파트의 다른 단지에 거주 중인 입주민이 법인 소유 아파트를 매수한 것입니다. 이 매수자는 본인 집(압구정 현대)을 역대 최고가에 매도한 뒤 80억 원짜리 대형 평수로 갈아탔습니다.

웃돈 주고 서둘러
압구정 아파트 매수한 이유

압구정 현대7차는 직전 거래일인 2020년 10월에 실거래 가격이 67억 원이었습니다. 그런데 6개월여 만에 시세가 13억 원 뛴 것입니다. 반년 만에 실거래 가격이 급등한 진짜 이유가 있습니다.

거래 시점을 보면 답이 나옵니다. 거래 당시 압구정 현대7차는 재건축조합 결성 직전 단계까지 왔습니다. 실제로 이 거래 이후 며칠 지나지 않아 재건축조합이 결성되었습니다. 조합이 결성된 이후 이 아파트를 매수하면 도시정비법에 따라 입주권을 얻지 못하고 현금청산 대상이 됩니다. 압구정 현대7차를 매수한 사람은 입주권이 나오는 재건축 아파트를 살 수 있는 마지막 타이밍을 놓치지 않은 것입니다. 입주권을 얻으려고 막차를 탔기 때문에 직전 거래가격 대비 13억 원을 올려 빌딩 한 채 값에 아파트를 매수한 것이지요.

물론 재건축조합 결성 이후에도 재건축 아파트 매수자가 입주권을 받는 방법이 한 가지 있습니다. 매도자가 해당 아파트를 10년 보유하고, 5년 이상 실거주한 경우라면 조합설립 이후 거래해도 매수자에게 재건축 입주권이 나옵니다. 그런데 이 조건을 충족하는 매물은 정말 귀합니다. 귀한 만큼 프리미엄이 훨씬 더 붙습니다.

같은 아파트에서 조합설립 이후 매매거래된 경우가 실제로 있었는데, 이 매수자는 입주권을 얻었습니다. 2022년 2월 압구정 현대1차 전용 196.21m²(64평·9층) 실거래가 그 사례입니다. 이 아파트는 80억 원에 거래되었는데, 60평대가 80억 원에 거래된 것은 당시로서는 처음 있는 일이었습니다. 직전 거래인 10개월 전 실거래 가격 대비로는 단숨에 16억 원 뛰었습니다. 한강변의 로열층인 데다 집주인이 10년 보유, 5년 실거주 조건을 채운 정말 '귀한 매물'이었기 때문입니다. 보유·거주 요건을 채운 매물을 매수한 투자자는 조합설립 이후 매수했음에도 재건축 아파트 입주권을 얻었습니다. 그는 이 희귀 매물을 얻으려고 무려 16억 원을 웃돈으로 줘야 했습니다.

조합원 지위 양도와 관련한 재건축 규제는 앞으로 더 강화될 수도 있습니다. 재건축 규제 완화 방침에 따라 앞으로 재건축 사업이 활성화될 수 있는데요, 한꺼번에 투자 수요가 몰려 집값 자극 요인이 될 수 있겠죠. 이 때문에 입주권이 안 나오는 '조합원 지위 양도금지' 시점을 현행 '조합설립 이후'에서 '안전진단 통과 직후'로 당겨야 한다는 견해도 있습니다. 실제 서울 도심 내 주택공급 속도를 높이려고 하는 오세훈 서울시장이 주도해 국회에서 여당 의원이 법안까지 발의했습니다. 그러자 재건축 단지 주민들이 "재산권 침해"라고 강하게 반대했고, 법안이 국회 문턱을 넘지 못했습니다. 다만 부동산 시장이 반등하고 재건축 3종 세트 규제가 동시다발적으로 완화되는 시점에는 조합원 지위 양도 금지 시점의 조기화 방안이 언제든 탄력을 받을 수 있습니다.

조합원 지위 양도가 가르는 재건축 아파트값

입주권 이슈로 성사된 두 건의 실거래로 압구정 아파트의 위상은 하늘을 찔렀습니다. 80평인 대형 평수 아파트가 80억 원을 찍어 화제였는데, 그로부터 몇 달 만에 다시 60평대가 80억 원을 돌파했습니다. 두 건의 실거래에서 확인할 수 있듯이 '조합원 지위가 양도되냐, 그렇지 않느냐'가 재건축 아파트 가격을 결정하는 중요한 기준이 됩니다. 여기에다가 재건축 아파트 가격은 재건축 단계별로 계단식으로 뜁니다. 추진위원회 설립, 조합설립, 안전진단 통과 등 사업 진도가 나갈수록 가격이 수억 원씩 오릅니다.

재건축 아파트를 매수할 때는 입주권이 나오는지, 본인이 매수한 시점의 재건축 단계가 어디에 있는지 정확히 확인해야 합니다. 재건축 단계에 따라 가격이 수억 원씩 뛴다는 점도 감안해야 합니다. 만약 법 개정에 따라서 안전진단 통과 이후 조합원 지위 양도가 금지된다면 최소 10년 이상 집을 매도하지 못할 수 있다는 점도 참고해야 합니다.

토지거래허가제,
무주택자에겐 기회다

토지거래허가제는 윤석열 정부에서도 풀리지 않은 대표적인 부동산 규제 중 하나입니다. 토지거래허가제는 투자가 아니라 실거주 목적일 때만 부동산 거래를 허가해주는 제도인데요, 집값이 오를 지역에 투자하고 싶은 다주택자에겐 악재로 작용하지만 무주택자나 1주택자에겐 이만큼 좋은 매수 기회가 없습니다.

부동산 규제는 집값 흐름에 따라 강화되기도 하고 풀리기도 하는데요, 집값 급등기를 지나서 조정기로 접어들면 정부는 선물 꾸러미를 풀 듯 부동산 규제를 하나둘 풀어주기 시작합니다. 윤석열 정부역시 출범 초기부터 부동산 규제를 완화했습니다. 문재인 정부에서급등했던 집값이 미국발 금리인상 충격으로 언제 그랬냐는 듯이 급격하게 하락세로 돌아섰기 때문입니다. 집값이 원상태로 돌아와 안정되면 정부로서는 반길 일이지만 단기에 변동성이 커지면 또 다른부작용이 발생합니다. 그러면 정부는 집값 경착륙을 막으려고 부동산 규제 완화 카드를 하나둘 꺼내기 시작합니다.

윤석열 정부가 집값 하락과 함께 부동산 규제 완화로 시작했지만 무조건 한 방향으로만 규제를 풀지는 않습니다. 정권 출범 직후부터 재건축 안전진단 규제를 풀고 1기 신도시 특별법을 추진할 것처럼 분위기가 조성되었지만 실제로는 규제 완화 속도를 조절했습니다. 윤석열 정부의 첫 국토부 장관인 원희룡 전 장관은 1기 신도시 재건 축에 대해 '30만 가구, 100만 대한민국의 민생 문제'라며 촘촘한 설 계를 강조했고, 실제 마스터플랜은 정권 출범 3년 차에 발표하겠다 고 했습니다. 규제 완화는 만만한 작업이 아닙니다. 집값과 주택공 급, 도시계획 등 고차방정식을 부작용 없이 풀어나가야 합니다.

아울러 마지막까지 손을 대지 않은 부동산 규제도 있습니다. 바로 토지거래허가제인데요, 각종 개발사업 이슈로 투자 수요가 갑자기 몰려 집값이 오를 가능성이 있는 지역을 중심으로 토지거래허가구 역을 1년 단위로 연장합니다.

마지막 남은 규제, 토지거래허가제

토지거래허가제는 각종 정비사업이나 신도시 개발사업으로 집값 혹은 땅값이 급격하게 뛸 것으로 예상될 때 해당 지역의 주택이나 토지를 매수하려는 사람은 반드시 구청의 허가증을 받도록 한 제도 입니다. 구청은 실제로 거주할 목적(예컨대 실거주 의무 2년 등)이 있는지 확인하고 부동산 거래 허가증을 발급해줍니다. 본인은 다른 곳에 살면서 투자 목적으로만 주택을 사려는 사람들, 대표적으로 전세를 낀 매매(갭투자)가 토지거래허가구역에서는 원천 차단됩니다. 허가증을 받은 무주택자여도 주택 매수 후 세입자를 들일 수 없으며, 최소 2년의 실거주 의무를 지켜야 합니다.

토지거래허가제는 원래 3기 신도시처럼 신규택지 개발사업에 시행한 규제였습니다. 그런데 문재인 정부에서 도심 내 주택매매 규제로 활용하기 시작했습니다. 개발 호재로 도심 아파트값이 뛰기 시작하자 집값 잡는 수단으로 활용한 것입니다.

대표적인 지역이 서울 송파구 잠실동과 강남구 일부 지역(삼성동, 청담동, 대치동)입니다. 총 2조 원 규모의 서울 송파구 잠실 마이스(MICE) 사업으로 송파구와 강남권 일부 지역의 집값이 급등할 조짐을 보이자 정부는 2021년 이 지역을 토지거래허가구역으로 지정했습니다. 잠실 마이스 사업은 잠실종합운동장 일대에서 주경기장 주변을 제외한 35만 m² 부지에 전시·컨벤션시설, 야구장, 호텔, 상업·업무시설 등을 건설하는 프로젝트로 잠실 일대 집값에는 호재로 작용합니다. 토지거래허가구역으로 지정되면서 이 지역에선 2년 실거주 목적이 아니면 아파트를 살 수도 없고, 당연히 전세를 낀 매매인 갭투자도 안 됩니다. 서울 용산구 용산 정비창 개발 사업 인근도 토지거래허가제가 적용되어 실거주 목적, 실경영 목적이 아니면 아예 지분이 딸린 주택을 매수할 수 없습니다.

정부뿐 아니라 서울시도 토지거래허가제를 도입했습니다. 재건축 규제를 보름 만에 다 풀겠다던 오세훈 서울시장도 목동, 여의도, 성

서울시 토지거래허가구역 4곳 재지정(총 4.57km²)

지정기간: 2022년 4월 27일 이후 1년 연장

1. 압구정 아파트 지구 24개 단지(1.15km²)
2. 여의도 아파트 지구와 인근 16개 단지(0.62km²)
3. 목동 택지개발 사업지구 14개 단지(2.28km²)
4. 성수 전략정비구역(0.53km²)

자료: 서울시

수동 등 재건축 단지가 밀집한 서울의 웬만한 지역을 토지거래허가 구역으로 묶었습니다. 규제를 완화해 재건축은 활성화하기로 했지 만, 한편으로는 이로써 집값이 과열되는 것은 막으려는 조치입니다. 사실 이름이 토지거래허가제이지, 문재인 정부 초기에 논란이 된 '주택거래허가제'나 다름없습니다.

서울시는 2023년 11월 잠실과 강남 지역에 대한 토지거래허가구 역을 다시 연장하면서 비아파트는 허가제를 풀었습니다. 드디어 토 지거래허가제 일부를 완화한 것인데, 비아파트 규제는 풀렸지만 아 파트에 대해선 여전히 규제를 유지했습니다.

잠실 아파트 3억 원 급락, 누구에게는 기회

서울 도심 내 개발 예정지에 전격적으로 지정된 토지거래허가제 의 영향력은 예상보다 큽니다. 대표적으로 서울 송파구 잠실동의 수 만 가구가 밀집한 '엘리트' 아파트 집값에 영향을 줬습니다. '엘리트'는 잠실동 일대의 잠실엘스, 리센츠, 트리지움 3개 단지를 묶어서 부르는 별칭인데요, 이 지역은 지하철 2호선과 9호선을 낀 초역세권에 한강이 가깝고 놀이공원, 병원, 대치동 학원가에 대한 접근성이 좋아 투자 수요와 전세 수요가 꾸준한 곳입니다. 그런데 잠실 마이스 사업 계획 발표 직후 이 일대는 토지거래허가구역으로 묶였습니다. 전세를 낀 매매인 갭투자가 원천 차단되고 실수요자만 아파트를 매매할 수 있습니다.

이에 따라 초대형 개발 호재에도 잠실 아파트값은 단기 과열되지 않았습니다. 갭투자가 원천 차단되었기 때문에 2022년 하반기 이후 집값 조정기에는 집값이 평균보다 큰 폭으로 하락했습니다. 트리지움 30평대 아파트가 처음으로 20억 원 아래로 내려가 고점 대비 3억 원 이상 하락했습니다. 실거주 목적이 아니라면 아파트를 매수할 수 없다 보니 집값 하락기에 다른 지역보다 매수자를 구하기가 더 어려워진 것입니다.

오세훈 서울시장이 당선되고 윤석열 정부가 출범했지만 토지거래허가제는 계속 풀리지 않았습니다. 서울시는 도리어 2023년 6월 말 삼성, 청담, 대치, 잠실 4개 지역에 대해 토지거래허가구역을 1년 연장했습니다. 해당 지역 주민들은 토지거래허가제 연장 철폐를 요구하며 강하게 반발했지만 서울시는 집값 과열을 차단하려는 조치라고 설명합니다. 정부나 서울시는 재건축 규제를 완화하는 대신 집값 과열을 막는 수단으로 앞으로도 토지거래허가제를 계속 유지할 가능성이 높습니다.

실거주 목적이 아니라 단순 투자 목적으로 주택에 투자하려는 사람에게는 토지거래허가제가 악재입니다. 갭투자로 강남 3구 아파트 매수를 희망하는 투자자라면 더더욱 규제가 풀렸으면 할 텐데요, 반면 무주택자나 강북권에서 강남권 상급지로 갈아타기를 원하는 1주택자라면 토지거래허가제만큼 좋은 기회가 또 없습니다. 집값 조정기라면 잠실 아파트 가격이 다른 지역 대비 빠르게 하락할 테니 저가 매수 기회로 활용할 수 있겠죠.

게다가 토지거래허가구역으로 지정된 지역은 정부나 서울시가 공인한 개발 호재지역입니다. 장기적으로 집값 상승 가능성이 매우 높다고 볼 수 있습니다. 실제로 2022년 하반기 20억 원 아래로 떨어졌던 30평대 잠실 아파트는 2023년 이후 서울 주요 지역 중 가장 빠른 속도로 가격이 반등합니다. 토지거래허가구역에 적용되는 2년 실거주 의무를 채운 뒤에는 자유롭게 매도도 가능합니다. 1주택자 양도세 비과세 혹은 공제 혜택을 받으려면 2년 실거주 의무를 채워야 하는 만큼 무주택자라면 토지거래허가제를 매수 기회로 활용하는 적극적인 역발상도 해볼 수 있습니다.

규제 완화 반사효과,
한 달 만에 4억 원 뛴 아파트

재건축 규제 완화 기대감 속에서 서울 강남권을 중심으로 아파트값이 한 달여 만에 무려 수억 원씩 뛰었습니다. 여기저기서 신고가 거래도 속출했습니다. 반대로 1기 신도시의 경우에는 정권 중후반부에나 마스터플랜이 예고되면서 실망 매물이 나왔습니다. 정부의 부동산 정책에 따라 집값이 울고 웃었습니다.

민간 재건축 사업의 불확실성을 키우는 것은 정부 규제입니다. 정부의 규제가 강화될수록 재건축 사업 기간이 늘어나고 그만큼 재건축 투자수익률은 떨어집니다. 5~10년 만에 사업이 종료되면 그나마 운이 좋은 편이지만, 운이 나쁘면 30년 가까이 소요되기도 합니다. 그래서 규제 완화 여부에 따라 재건축 아파트 가격이 예민하게 반응합니다.

문재인 정부에서는 민간 재건축 사업을 규제로 꽁꽁 묶어놨습니다. 집값 자극 우려 때문이었습니다. 하지만 서울 도심에서 양질의 주택을 공급하려면 재건축 사업을 언제까지나 규제로 틀어막을 수만은 없습니다. '집값 안정화냐, 주택공급이냐'라는 선택지를 두고 적어도 윤석열 정부 5년 동안은 후자에 무게가 실렸습니다. 서울 아파트 평균 매매가격이 14억 원으로 정점을 찍은 이후 2022년 하반기 금리인상기에 집값이 조정을 받기 시작하면서 민간 재건축 규제 완화를 위한 명분도 생겼습니다.

재건축 아파트에 미치는 규제의 영향이 어느 정도인지 가늠할 잣대는 가격이겠지요. 재건축 규제 완화 기대감에 2022년 3월 대통령 선거 직후부터 재건축 아파트값이 크게 뛰기 시작했습니다. 재건축 규제뿐 아니라 다주택자에 대한 재산세, 종합부동산세(종부세), 양도세 등 세금 완화 계획까지 연달아 나오면서 강남 재건축 단지를 중심으로 아파트값은 더 올랐습니다. 향후 5년 동안 민간 재건축 규제 완화 정책이 차례차례 나올 때마다 수혜 대상이 되는 아파트의 가치가 오르고 투자자들의 주목을 받을 것입니다. 재건축은 추진위원회 설립부터 마지막 단계인 준공까지 한 단계씩 밟을 때마다 프리미엄이 계속 붙습니다. 단계별로 가격이 계단식으로 뜁니다.

수요 억제에서 규제 완화로 부동산 정책이 180도 달라진 첫 시점인 2022년 3~4월 강남 아파트값이 그랬습니다. 실거래가격 기준으로 한 달여 만에 평균 4억 원 상승했습니다. 국회 국토교통위원회 소속 김회재 더불어민주당 의원이 한국부동산원으로부터 제출받은 '대선 직후 서울 아파트 거래 현황(2022년 3월 10일~4월 12일)' 자료를 보면 대선 이후 이뤄진 강남·서초구 아파트 거래는 총 59건입니다. 이 중에서 절반가량(49.2%(29건))이 직전 거래가격 대비 가격이 오른 신고가 거래였습니다. 강남·서초구 상승 거래 아파트들의 평균 집값은 25억 원대를 찍었습니다. 직전 최고가 평균인 21억 원 대비 평균 4억 원이나 올랐습니다.

40세 강남 아파트, 한 방에 10억씩 오른 이유

재건축 규제 완화 호재로 강남구 개포우성1단지는 2022년 3월에 전용 158.54m²(48평)가 51억 원에 거래되었습니다. 직전 거래가격인 36억 원 대비 15억 원 오른 가격입니다. 이 아파트는 9개 동에 총 690가구로, 1983년에 지어진 대표적인 재건축 단지입니다. 최고 층이 15층에 용적률은 178%로 재건축 사업성이 보장된 아파트입니다.

실거래가를 분석해보면 압구정 아파트도 신고가 행진을 이어갔습니다. 1982년에 지어진 강남구 압구정 신현대11차 전용 183.41m²(61평)는 3월에 59억 5,000만 원(4층)에 매매되었습니다. 직전 실거래는 2021년 1월로 당시 5층이 50억 원에 거래되었습니다. 지은 지 40년이나 된 아파트가 대선 직후에 10억 원이나 급등한 겁니다. 1984년 입주한 강남구 개포동 경남1차 123.28m²(38평)도 마찬가지입니다. 2022년 3월에 4층이 34억 3,000만 원에 매매되었는데 직전 거래는 2021년 5월로 같은 층이 32억 원에 실거래되었습니다. 이 아파트는 1년도 되지 않아서 2억 3,000만 원이 올랐습니다. 강남권을 중심으로 재건축 아파트가 몇 개월 안에 수억 원씩 급등하는 사례가 2022년 상반기에 허다했습니다.

주목할 점은 강남과 서초구 아파트 상승 거래 비중이 전체 서울 아파트 상승 거래 비중보다 훨씬 높았다는 사실입니다. 대선 직후 한 달간 서울 아파트 실거래 건수는 640건입니다. 이중 직전 최고가 대비 집값이 상승한 거래가 204건으로 전체 실거래 건수에서 31.9%를 차지하는데요, 같은 기간 강남·서초 지역의 상승 거래 비중은 이보다 훨씬 높은 50%였습니다. 서울 아파트라고 해도 재건축 호재가 있는 강남권 집값이 훨씬 더 크게 움직인 겁니다. 재건축 규제 완화 기대감이 실거래 가격에 반영되었다고 해석할 수 있습니다.

집주인의 호가가 반영된 한국부동산원의 주간 아파트 매매가격 변동률 통계도 비슷한 흐름을 보였습니다. 2022년 대선 직후 강남구와 서초구 아파트값 강세가 뚜렷했습니다. 대선 전인 2022년 초까지만 해도 하락세를 기록했던 강남 3구 아파트 매매가격이 대선 직후 반등해서 상승폭을 키웠습니다.

2024년 마스터플랜을 기다리는 분당, 일산, 평촌

재건축 호재로 주목받는 1기 신도시 집값 흐름도 살펴볼 필요가 있습니다. 분당, 일산, 평촌 등 1기 신도시 아파트값 역시 대선 직후 들썩였다가 2022년 하반기 조정을 받았습니다. 당장이라도 1기 신도시 재건축을 시작할 것처럼 분위기를 띄운 정치권에서 선거철이 지난 후 한 발 빼는 듯한 모습을 보였기 때문인데요, 2022년 8월 정부가 발표한 주택공급 대책에서는 1기 신도시 재건축을 위한 구체적인 방안이 제시되지 않았습니다. 재정비를 위한 마스터플랜을 2024년까지 마련하겠다는 구상안만 나왔습니다.

1기 신도시는 용적률 규제가 완화되지 않으면 재건축 사업성을 확보하기 어렵기에 마스터플랜이 필요합니다. 30만 가구의 재건축 밑그림이 2024년 이후에 나올 것이라는 공식 발표에 실망 매물이 나오기 시작하면서 1기 신도시 집값은 2022년 8월 이후 낙폭을 키우며 하락세였습니다. 부동산 정책에 따라 집값이 예민하게 반응한 셈입니다. 다만 2023년 하반기 특별법 통과로 1기 신도시에 대한 규제 완화 방안이 확정되었고, 2024년 연초에 정부가 업무계획을 내놓으면서 윤석열 정부 내에서 1기 신도시 재건축 착공을 약속했습니다.

빗장 풀린 대출 규제, 이렇게 활용하라

월급을 15년이나 모아야 살 수 있는 집

서울에서 직장인이 월급을 모아 아파트를 사려면 무려 15년(PIR)이나 걸립니다. 월급을 한 푼도 쓰지 않는다고 극단적으로 가정해도 이렇게 내집을 마련하는 게 힘듭니다. 집값은 물가상승률보다 훨씬 가파르게 상승했지만 소득은 거북이걸음을 했습니다. 월급만으로는 살 수 없는 집, 대출은 부동산 투자의 필수 코스가 되었습니다.

　　재건축이나 재개발 투자가 유망하다고 한들, 막상 투자하려니 투자금이 부족합니다. 서울에서 집을 사려면 최소한으로 잡아도 수억 원이 필요합니다.

　　서울 아파트 평균 가격은 2022년 기준 13억 원이고, 경기도는 6억 원 수준입니다. 2023년에는 가격이 하락하긴 했지만 서울 기준으로 여전히 12억 원을 넘습니다. 10억 원을 훌쩍 웃도는 아파트를 현금으로만 살 수 있는 능력자는 우리나라에 많지 않습니다. 2020년 이후 집값이 빠르게 오르다 보니 소득 증가율이 집값 상승률을 따라가지 못하는 실정입니다.

'내돈내산 집'은 몇몇 현금부자의 이야기일 뿐 대다수인 평범한 사람들에겐 애초부터 가능한 꿈이 아니라는 사실을 통계가 말해줍니다. KB부동산 시세 기준으로 2023년 서울 아파트 평균 매매가격은 약 12억 원인데요, 이는 2017년(문재인 정부 출범 초기) 평균 매매가격인 6억 4,000만 원에 비해서 6억 원 가까이 오른 가격입니다. 불과 5년 사이에 집값이 2배로 뛰었습니다.

　집값이 비싸기로 소문난 강남 3구 아파트값은 이보다도 더 올랐습니다. 전국 '톱'에 드는 강남구는 집값이 정점을 찍은 2022년 상반기에 평균 아파트값이 26억 원에 달했습니다. 이보다 5년 전 가격인 12억 9,000만 원에 비해서는 13억 원이나 올랐습니다. 직전 5년 동안 해마다 강남 아파트값이 2억~3억 원씩 크게 상승한 것이지요.

　아파트를 포함한 종합 주택 매매가격 기준(한국부동산원)으로 보면 전국 주택가격은 2021년 한 해에만 9.93% 올랐습니다. 집값변동률은 2017년 1.48%, 2018년 1.10%였다가 2019년에는 0.36% 하락했습니다. 하지만 이듬해 2020년 5.36%로 뛰었고, 2021년에는 10% 가까이 치솟았습니다.

　2021년 한 해 상승률 9.93%는 한국부동산원이 집값 변동률 통계를 작성한 2004년 이래 두 번째로 높다고 합니다. 역대 가장 높은 상승률은 2006년(노무현 정부)으로, 당시 변동률은 11.58%였습니다. 민간 통계인 KB시세나 정부 공식 통계인 한국부동산원 통계로 집값이 가파르게 상승했다는 사실을 어렵지 않게 확인할 수 있습니다.

　그러니 평범한 직장인이라면 월급만 꼬박꼬박 모아서는 아파트를 절대 매수할 수 없습니다. 2022년 하반기 이후 서울 아파트값이 조정을 받았다고는 해도 서울 아파트 평균 가격은 여전히 10억 원이 넘는 데다 신혼부부들이 선호하는 6억 원 이하 서울 아파트는 10채 가운데 고작 1채밖에 되지 않고, 마찬가지로 경기도 아파트의 절반은 6억 원이 넘습니다.

월급만 모아서 집을 사기란 사실상 불가능

사람마다 집값 수준에 대한 평가는 다를 수 있지만 나라별로 비교하는 표준 지표가 있는데요, 바로 '소득 증가율 대비 집값 상승률' 지표입니다. 구체적으로 소득대비 주택가격 배수(PIR)로 나타낼 수 있습니다. 연봉 대비 집값이 어느 정도인지를 보여주는 통계지요. PIR은 해마다 국토교통부가 국토연구원에 의뢰해서 공식적으로 통계를 낸 뒤 발표합니다.

2020년 7~12월 표본 5만 1,000가구를 대상으로 국토연구원이 실시한 2020년 주거실태조사에 따르면, 자가 가구의 연소득 대비 주택가격 배수(PIR)는 수도권이 8배를 기록했습니다. 즉 월급을 한 푼도 쓰지 않고 꼬박꼬박 모아 수도권 집을 사려면 8년이 소요된다는 의미입니다. 수도권에 거주하는 사람이 수도권에 소재한 주택을 매수하려면 최소 8년간 소득을 저축해야 합니다. 직전 해인 2019년 수도권 PIR은 6.8배였습니다. 집값이 급등하면서 1년 사이에 PIR이

8배로 상승한 것입니다.

수도권 중 특히 집값이 비싼 서울만 따로 보면 PIR은 훨씬 더 올라갑니다. 정부 산하 연구기관인 국토연구원은 서울 집값이 급등했던 2021년에는 서울의 PIR을 공식적으로 발표하지 않았습니다. 그래서 해마다 "서울 PIR을 왜 공개하지 않나? 일부러 조사 안 하는 것이냐?"고 언론의 공격을 받곤 했습니다. 서울 PIR이 워낙 높다 보니 집값이 오르는 동안에는 통계를 집계하거나 발표하는 게 부담스러운 게 아니냐는 비판도 나왔지요.

국토연구원 대신 민간회사인 KB국민은행이 매년 통계치를 발표하고 있습니다. 집값이 급등세를 기록한 2021년 3분기 기준으로 KB국민은행이 산출한 서울 부동산의 소득대비 주택가격비율(PIR)은 17.6배였습니다. 서울 사람은 월급을 17년 이상 한 푼도 쓰지 않고 저축해야 서울에서 집 한 채를 매수할 수 있다는 뜻입니다. 서울 PIR은 2018년 말 14.3배, 2019년 말 14.5배, 2020년 말 16.8배로 매년 조금씩 오르더니 2021년에는 급기야 17배를 돌파했습니다.

2023년 말에 국토교통부가 드디어 서울 PIR도 공개했는데요, 2022년 기준으로 15.2년이라고 발표했습니다. 전국 기준으론 6.3년입니다. 민간 통계나 정부 공식 통계에서 PIR 흐름을 보면 결론은 똑같습니다. 직장인이 월급만 모아서 아파트를 사는 것은 사실상 불가능하다는 사실입니다.

2020년 강남 갭투자가 대세가 된 이유

집값 상승률이 소득 증가율을 압도하는 상황에서 주택을 매수하는 현실적 방법은 2가지입니다. 대출을 받아서 투자하거나 전세를 낀 매매, 즉 갭투자를 하는 방법이죠. 실제로 통계를 보면 주택가격이 가파르게 상승한 2020년 이후로 갭투자가 급증했습니다. 같은 기간에 가계대출도 폭발적으로 늘었습니다.

2020년 전후 갭투자는 부동산 투자자에게 보편적인 투자 방식이 되었습니다. 집값이 10억 원인데 전세가격이 8억 원이라면, 2억 원만 있으면 매수가 가능하기 때문입니다. 집주인 되는 것(2억 원)이 세입자가 되는 것(8억 원)보다 돈이 덜 드는 투자 방식입니다. 임대차시장에서 전세 선호 현상이 뚜렷한 우리나라에서만 가능한 독특한 부동산 투자 방식이지요.

당시 규제의 빈틈도 작지 않았습니다. 정부 규제가 강화되기 전에는 갭투자자의 전세대출도 어렵지 않았지요. 예컨대 10억 원짜리 집을 8억 원 전세 끼고 매수하는 동시에 본인은 전세대출을 받아서 다른 집에서 임차인으로 거주하는 투자 방식이 한동안 가능했습니다. 유주택자도 얼마든지 은행에서 전세대출을 받을 수 있었습니다. 본인은 살기에 좀 불편한 주택에서 세입자로 거주하면서 강남 아파트에 갭투자하는 '몸 테크'가 유행했습니다. 강남 아파트를 보유한 강북 세입자가 '몸 테크'로 성공한 사례도 적지 않았습니다.

하지만 정부는 갭투자를 차단하려고 무주택자에게만 전세대출을 허용하는 쪽으로 규제를 차츰 강화했습니다. 1주택자도 전세대출을 받는 게 불가능한 건 아니지만 보유 주택가격이 중저가일 때만 가능하도록 대출 규제를 조였습니다. 갭투자가 유행하자 주택가격 기준은 계속 낮아졌습니다.

대출 레버리지(지렛대)는 젊은 부동산 투자자들이 선호합니다. 2020년 이후 기준금리가 0%대로 진입하면서 2030세대들이 부동산 시장의 큰손으로 등판합니다. 젊은 부동산 투자자들은 대출을 지렛대(레버리지) 삼아서 공격적으로 아파트를 매수합니다. 대출이자보다 아파트를 매매해서 얻을 것으로 기대되는 시세차익이 훨씬 크다고 판단한 젊은 층에서 초저금리 시대 대출 레버리지를 적극 활용합니다. 이른바 '영끌대출'을 한 것이지요. 영끌대출을 할 때는 주택담보대출은 물론이고 신용대출, 마이너스통장 대출까지 총동원합니다. 영혼까지 끌어모아 대출을 받아 부동산 투자에 '올인'하는 투자 방식입니다. 2020년 이후 우리나라 부동산 시장의 주도권이 4050세대에서 2030세대로 넘어가는데, 이때 영끌대출이 널리 유행했습니다.

집값 상승기에 갭투자와 영끌대출이 급증하자 정부는 규제를 강화했습니다. 문재인 정부 후반기부터 부동산 규제, 특히 대출 규제가 단계적으로 강화됩니다. 우선은 고가주택 보유자, 유주택자의 전세대출을 막았습니다. 주택담보대출한도를 줄였고, 마이너스통장 대출한도도 절반까지 줄였습니다. 그래도 영끌대출이 꺾이지 않자 주택가격을 기준으로 아예 대출을 막아버리는 규제도 도입합니다. 가격이 15억 원을 넘는 강남 아파트는 아예 대출을 막아버립니다.

분양 아파트는 분양가격이 9억원을 넘어서면 중도금대출을 아예 막았습니다.

강화된 대출 규제로 부동산 시장의 진입장벽은 이전보다 더 높아졌습니다. 현금이 부족한 무주택자마저 집을 사고 싶어도 그림의 떡이 된 것이지요. 보유 현금이 부족한 젊은층을 중심으로 "대출 규제를 풀어달라"는 요구가 빗발쳤습니다. 교육·의료 여건이 좋은 강남권 상급지로 갈아타고 싶은 1주택자 역시 불만이 많았습니다. 강남 아파트(15억 원 이상)는 아예 대출이 막혀버리고 분양가격이 높은 강남권 새 아파트는 중도금대출이 안 나오니까 "현금부자만 집을 사라는 말이냐"라는 비판도 쇄도했습니다. 이 같은 불만이 극에 달했던 2022년 상반기 대통령 선거에서 여야를 막론하고 대출 규제 완화 공약이 쏟아졌습니다.

확 풀린 대출 규제 ①: 내 대출한도, 얼마까지 늘었을까?

부동산 규제의 핵심은 대출 규제입니다. 문재인 정부에서 강화한 대출 규제는 윤석열 정부 들어 2022년 이후 사실상 대부분이 풀렸습니다. 정부가 나서서 "빚내서 집 사라"라고 했던 박근혜 정부 시절로 돌아갔죠. 확 풀린 대출 규제에 맞춰서 생애최초 주택구입자, 다주택자, 고가주택 보유자들은 대출 전략을 세워야 합니다.

정부가 부동산 시장에 개입하는 방법은 다양합니다. 양도세, 재산세, 종합부동산세, 취득세 등 세금정책을 쓰는 게 대표적이죠. 새 아파트의 분양권을 누가 가져가냐를 결정하는 청약제도를 건드릴 수도 있습니다. 재건축 규제를 강화한다거나, 반대로 대규모 공급대책을 내놓기도 합니다. 하지만 가장 강력한 '한 방'은 대출 규제입니다. 부동산 투자자로선 집을 사려면 당장 돈이 있어야 하니까요. 17년 치 월급을 꼬박 모아 현금으로 집을 살 게 아니라면 결국 대출을 받아야 합니다.

대출 규제는 한번 정해졌다고 해서 그대로 유지되지 않습니다. 부동산 정책 중에서도 가장 변화무쌍하다고 할 수 있습니다. 집값 상승기에는 대출 규제를 강화하는 쪽으로, 하락기에는 대출 규제를 완화하는 쪽으로 정책이 냉탕·온탕을 왔다 갔다 합니다. 박근혜 정부에선 "빚내서 집 사라"는 시그널로 읽힐 만큼 대출 규제를 확 다 풀었습니다. 반대로 집값이 급등했던 문재인 정부에선 "영끌 대출 말라"며 모든 수단을 동원해 대출을 막으려 했습니다. 윤석열 정부에선 어떤가요? 미국발 금리인상으로 집값이 크게 조정을 받자 모두의 예상보다 훨씬 빠른 속도로 대출 규제를 풀었습니다.

2022년부터 대출 규제가 풀린 배경 중 하나는 역시 금리입니다. 미국의 금리인상 기조에 따라 우리나라 기준금리가 단기에 급등했습니다. 기준금리에 연동되는 변동금리 대출을 받는 대출자의 이자 부담도 많이 늘었습니다. 정부가 굳이 대출 규제를 강화하지 않아도 대출받는 사람들이 스스로 알아서 신중해졌습니다. 늘어만 가던 가계부채 총액이 일시적으로 감소하는 이례적인 상황이 벌어질 정도였습니다. 금리인상과 더불어 강력한 대출 규제가 그대로 유지된다면 부동산 경기가 급속히 냉각될 것이란 우려마저 나옵니다. 대내외적 상황을 종합 고려해볼 때 대출 규제를 풀어야 할 타이밍이라고 정부가 판단했습니다.

대출 규제는 윤석열 정부 초기인 2022년 상반기부터 하나둘 풀렸습니다. 우선은 주택담보대출비율(LTV)가 늘었습니다. 생애최초 주택구입자는 소득이나 집값 수준과 상관없이 집값의 80%(LTV 80%)까지 대출받을 수 있습니다. 무주택자나 일시적 1주택자가 받을 수 있는 주택담보대출한도는 대폭 올라갔습니다. 대출이 금지되었던 15억 원 이상 고가 아파트도 이제는 주택담보대출을 받을 수 있습니다. 분양가격과 상관없이 아파트 중도금대출도 모두 나옵니다. "설마 이것까지 풀어주겠어?" 싶었던 다주택자 대출도 이제 가능해졌습니다. 그야말로 대출 규제 빗장이 모두 풀렸습니다.

물론 전방위적인 대출 규제 완화가 영원히 지속되리라는 보장은 없습니다. 그동안의 부동산 정책 수명을 고려해보면 길어야 3~5년이었습니다. 더구나 대출 규제만큼 시시각각 바뀌는 부동산 정책도 없습니다. 이제 막 풀린 대출 규제는 시장 상황, 가계부채 증가 속도, 금리 수준에 따라서 어느 날 갑자기 강화하는 쪽으로 바뀌게 될 것입니다.

이를 뒤집어 말하면 그동안 대출에 목말랐던 부동산 투자자라면 대출 레버리지를 활용해 주택을 매수할 좋은 타이밍이 온 것입니다. 더구나 2022년 하반기 이후 집값이 고점 대비 큰 폭으로 하락했습니다. 전고점까지만 가격을 회복해도 안전하게 시세차익을 확보할 기회가 많아졌습니다. 어느 지역의 어떤 주택을 매수할 것이냐, 감당할 만한 수준의 대출인가 등은 꼼꼼하게 따져봐야겠지만 적어도 대출이 안 나와서 집을 못 사는 시기는 아닌 것입니다. 그러므로 규제 완화 타이밍에 대출 레버리지를 어떻게 활용할지 전략적인 접근이 필요합니다.

생애최초는 소득도 안 보고 집값의 80%까지

대출 규제 중에서 생애최초로 주택을 매수할 때 적용하는 규제가 가장 먼저, 파격적으로 완화되었습니다. 주택을 담보로 대출을 받을 때 적용하는 주택담보대출비율(LTV)을 80%로 상향한 것인데요, 서울 강남 3구와 용산구와 같은 규제지역에 적용하는 LTV가 50%이고, 그 외 지역에서 적용하는 LTV가 최대 70%라는 점을 감안할 때 생애최초 주택 구입자에게는 상당히 느슨한 기준이 적용됩니다. 집값의 80%까지 대출을 받을 수 있기 때문입니다. 생애최초 주택 구입자는 무주택자인 데다 대부분 2030세대 젊은 층일 가능성이 높기에 실거주 목적의 실수요자에게 먼저 대출 빗장을 푼 것입니다.

예컨대 생애최초로 주택을 구입하는 사람은 6억 원짜리 주택을 매수하면 6억 원의 80%인 4억 8,000만 원까지 대출이 나옵니다. 본인이 보유한 현금 1억 2,000만 원만 있으면 6억 원짜리 주택을

생애최초 주택구매자 주택담보대출한도

	종전	현행
주택가격	투기과열지역 9억 원 이하	제한 없음
	조정대상지역 8억 원 이하	
소득(부부합산)	1억 원 미만	제한 없음
LTV	60~70%	80%
DSR	40%(총대출 1억 원 초과시)	40%(총대출 1억 원 초과시)
대출한도	4억 원	6억 원

자료: 금융위원회

살 수 있으니, 주택구입 자금이 충분치 않은 청년이나 신혼부부 혹은 무주택자들에겐 적은 돈으로 주택을 매수하는 방법이 생긴 것입니다.

물론 생애최초 대출은 그전에도 이용 가능했지만 한도가 크지 않고 조건이 까다로워 실제로 이용할 수 있는 대상자가 많지 않았습니다. 규제가 완화되기 전에는 주택담보대출비율(LTV)이 서울과 수도권 등 투기지역, 투기과열지구에서 60%이고 그 외 지역에서 70%를 적용했습니다. 일반 대출보다는 집값의 20~30%가량 한도가 더 나오긴 했지만 대출한도가 4억 원이었습니다. 규제가 완화된 2022년 7월부터는 대출한도가 6억 원으로 종전 대비 2억 원 늘었습니다. 총 대출액이 6억 원 이내라면 지역과 상관없이 LTV 80%를 적용한다는 것도 달라진 점입니다.

생애최초 대출 규제를 완화하면서 기존에 적용해왔던 소득 기준, 주택가격은 '묻지도 따지지도 않는다'는 점이 중요한 포인트입니다. 2022년 7월 이전에는 생애최초 대출 대상자가 되려면 조건이 정말 까다로웠습니다. 우선 연소득이 8,000만 원 이하여야 했고, 담보로 잡은 주택의 시세가 지역별로 5억 원 혹은 6억 원 이하여야 했습니다. 대출한도도 상품에 따라 조금 다르지만 4억 원 이하였습니다. 생애최초 대출의 LTV가 80%까지 완화되더라도 기존의 조건들(대출한도가 4억원 이하로 묶이거나 대출 가능한 주택 가액이 6억 원 이하여야 하거나, 8,000만 원 이하 소득 기준)이 유지되었다면 규제 완화로 인한 효과가 별로 크지 않았을 겁니다.

주택금융공사가 취급하는 생애최초 디딤돌대출이나 보금자리론 등은 대부분 소득 기준, 대상주택 기준, 대출한도 등이 따로 정해져 있습니다. 그래서 이 대출을 받으려고 알아봤다가 생각보다 조건이 까다로워 포기하는 사람들이 많았습니다. 2022년 7월 이후부터는 생애최초 대출 LTV가 80%로 상향되었고, 소득 기준도 안 따지기 때문에 '과연 내가 저 조건을 충족할까' 고민하지 않아도 됩니다.

통계상으로 생애최초로 주택을 매수하는 사람은 전체 매수자의 약 25% 전후라고 합니다. 4명 중 1명이 처음으로 집을 사는 사람입니다. 서울 기준으로는 30%인데, 주택 매수자 10명 중에서 3~4명 정도는 LTV 80% 수준으로 완화된 대출을 받을 수 있습니다. 물론 대출 규제에는 LTV만 있는 게 아닙니다. 뒷부분에서 상세하게 다루겠지만 DSR(총부채원리금상환비율) 40% 규제가 동시에 적용됩니다. 총 대출액이 1억 원을 넘는 대출자라면 생애최초 주택 매수자도 DSR 규제는 피해갈 수 없습니다.

지역과 집값에 따라 달랐던 LTV

대출 규제의 종류를 좀 더 상세히 알아보죠. 대출 규제는 복잡해 보이지만 크게 2가지만 확인하면 됩니다. LTV와 DSR입니다.

우리나라 주택담보대출 규제는 LTV와 DTI, 그리고 가장 최근 시행한 DSR, 이렇게 3가지가 있다고 보면 됩니다. 이 중에서 대출한도를 좌우하며 가장 실질적인 힘을 발휘해온 규제는 LTV입니다. LTV는 대출받을 때 담보로 잡은 주택의 시세를 기준으로 담보가치를 인정해주는 비율을 뜻합니다. DTI는 주택담보대출을 받는 사람의 소득에 따라 대출한도를 정하는 규제입니다. DTI 규제가 LTV 대비 느슨한 편이라서 그동안 대출 가능 여부나 대출한도를 결정하는 결정적 기준은 LTV였다고 봐도 무방합니다.

LTV는 부동산 시장 분위기나 가계부채 수준에 따라 시기별로 계속 바뀝니다. 윤석열 정부 출범 초기까지만 해도 서울 등 투기지역의 LTV는 40%, 수도권 등 조정지역은 50%를 적용했습니다. 그 외 지방(비규제지역)은 70%였습니다. 그런데 실제로 대출을 받을 때는 LTV 40% 혹은 50%만큼 대출한도를 다 받지도 못했습니다. 만약 집값이 9억 원을 넘으면 LTV가 투기지역은 20%, 조정지역은 30%로 줄기 때문입니다. 게다가 서울 아파트의 경우는 시세 15억 원을 넘으면 LTV가 0(제로)이었습니다.

예를 들어 서울에서는 15억 원이 넘는 아파트를 담보로 대출받고 싶어도 대출이 안 나왔습니다. 같은 지역의 시세 12억 원짜리 집이라면 9억 원까지는 40%인 3억 6,000만 원이 나오고, 12억 원에서 9억 원을 뺀 3억 원에 대해서는 20%를 적용해 6,000만 원 대출이 가능합니다. 결과적으로 12억 원 아파트의 경우 3억 6,000만 원 더하기 6,000만 원 하면 총 4억 2,000만 원만큼 대출한도가 나왔습니다.

서울이 아니라 수도권의 조정대상지역이라면 대출한도는 이보다는 조금 더 나왔습니다. 가령 수원 영통의 12억짜리 아파트를 담보로 대출을 받는다면 9억 원까지는 4억 5,000만 원이 나오고, 12억 원에서 9억 원을 뺀 차액인 3억 원에 대해서는 9,000만 원 대출이 가능합니다. 결과적으로 합치면 5억 3,000만 원 대출을 받을 수 있었습니다. 같은 가격의 서울 주택보다는 1억 원 정도 대출한도가 여유가 있었습니다.

이런 식으로 종전에는 지역별, 주택가격별로 대출한도가 차등 적용되었습니다. 그러다 보니 내가 사는 지역의 주택담보대출 LTV가 얼마인지, 가능한 대출한도가 어느 정도인지를 계산하는 것이 복잡하고 어려웠습니다.

LTV 풀었더니 마포 아파트 대출한도가 2배로

생애최초 주택대출 완화를 신호탄으로 대출 규제 완화 2탄, 3탄, 4탄이 나왔습니다. 2탄의 주인공은 무주택자와 처분조건부 1주택자입니다. 2023년 이후로 무주택자와 처분조건부 1주택자가 집을 사면 규제지역에서는 LTV 50%, 비규제지역에서는 70%를 적용합니다. 처분조건부 대출은 1년 안에 기존 집을 처분하기로 약정하고 새 집에 대해 대출받은 경우를 뜻합니다.

2023년 이후 전국에서 규제지역으로 남은 곳은 단 4곳밖에 없습니다. 서울 강남구, 서초구, 송파구 등 강남 3구와 용산구입니다. 이들 4곳에서 주택담보대출을 받는 무주택자나 처분조건부 1주택자는 집값의 50%까지 대출이 나옵니다. 그 밖의 지역이라면 일괄적으로 집값의 70%까지 대출이 나옵니다.

이전까지는 서울은 집값이 12억 원이라면 9억 원까지는 LTV 40%, 그 초과 금액은 LTV 20%를 차등 적용했지만 복잡한 LTV 규제가 하나로 통합되었습니다. 간단하게 12억 원 아파트라면 규제지역에선 6억 원(LTV 50% 적용시) 나옵니다. 종전 규제를 적용할 경우 가능한 4억 2,000만 원에 비해서는 2억 원 가까이 대출한도가 더 나옵니다. 때마침 정부가 114곳에 달했던 규제지역을 단 4곳으로 축소했기 때문에 강남 3구와 용산구가 아니라면 서울 지역 주택담보대출한도는 LTV 70%로 대폭 올라갑니다. 만약 12억짜리 마포구 아파트라면 이론적으로는 대출한도가 4억 2,000만 원에서 8억 4,000만 원으로 종전 대비 2배 더 나옵니다.

물론 소득 수준과 대출이자 부담은 따로 따져봐야 하긴 합니다. 소득 수준에 따라 DSR 규제를 또 받아야 하니까 실제로 8억 원까지 대출이 가능한 사람은 많지 않습니다. 대출금리도 올라서 원하는 만큼 한도를 다 채워 주택대출을 받기가 쉽지 않습니다.

확 풀린 대출 규제 ②:
족쇄 풀린 15억 아파트와 다주택자

현금이 부족한 투자자가 갭투자로만 매수 가능했던 강남 아파트를 대출받아 투자할 수 있는 길이 열렸습니다. 15억 원 초과 아파트 대출 금지가 전격 폐지되었기 때문입니다. 대출 규제를 의식해 15억 원 이하에서 거래되던 한강변 아파트는 앞으로 가격이 더 오를 수 있습니다. 여기에다가 중도금대출 규제 폐지로 서울 분양가격은 더 오를 것으로 예상됩니다.

15억 원 초과 아파트에 대한 주택담보대출 규제가 폐지되었습니다. 15억 원 초과 아파트가 몰려 있는 강남 3구 아파트도 이제는 대출받아 투자할 길이 열렸습니다. 고가 아파트 대출 규제는 도입 초기부터 논란이 되었습니다. 2019년 12월 대출 금지 규제가 발표되었을 당시부터 '위헌'이라는 주장이 나왔습니다. 15억 원이 넘는다는 이유로 개인이 소유한 주택에 대해 은행 대출을 막는 것은 재산권 침해라는 논리였습니다.

2019년 이전까지만 해도 LTV를 활용해 대출 '한도' 규제만 해왔던 정부가 주택 가격대별로 대출 가능 여부를 따지는 규제를 새롭게

도입했습니다. 부동산 투자자나 시장 전문가들의 예상을 뛰어넘는 수준의 강도 높은 규제였고, 이로써 한동안 서울 강남권 아파트값 상승세가 주춤했습니다. 하지만 이후에 서울 아파트값 평균 가격이 13억 원대를 돌파하면서 '15억 원을 초과하는 아파트가 고가주택이 맞냐'는 의문이 제기되었습니다. 도리어 상급지로 이사하고 싶은 1주택자들 위주로 주택대출이 막히자 거주이전의 자유를 침해했다는 반론이 강하게 나왔습니다.

논란 끝에 윤석열 정부에서 15억 원 초과 아파트에 대한 대출 규제가 풀리면서 강남 아파트들도 다른 아파트처럼 LTV 50%가 적용됩니다. 15억 원 아파트를 매수한다면 최대 7억 5,000만 원까지 대출받을 수 있습니다. 그동안에는 현금이 부족한 투자자들이 오로지 전세를 낀 매매인 갭투자로만 강남 아파트를 매수할 수 있었다면, 규제 완화 이후엔 대출 레버리지가 가능해졌습니다.

너무 비싸다고? 고가 아파트 집값 전망

그렇다고 모든 사람이 LTV 50%만큼 대출한도를 이용하기는 쉽지 않습니다. 총부채원리금상환비율(DSR) 규제에 따라 연소득 제한에 걸릴 수 있어서입니다. 예컨대 만기 40년, 주택담보대출 금리 연 4.5%를 적용하고 다른 대출이 없다는 조건에 따라 LTV 40%만큼 대출한도를 받으려면, 적어도 연소득이 8,000만 원 이상은 되어야 합니다. 15억 원보다 더 비싼 주택을 매수한다고 치면, 연소득 기준은 1억 원 이상으로 훨씬 더 올라갑니다. 15억 원 이상 주택대출 규제가 풀렸지만 결국 소득이 어느 정도 뒷받침되는 사람에게나 유리한 셈이지요. DSR에 따른 대출한도 제한에 대해서는 다음 장에서 좀 더 상세하게 다루겠습니다.

15억 원 초과 아파트 대출 규제 폐지 효과로 부동산 시장의 분위기가 달라집니다. 단지 15억 원 초과 아파트에만 영향이 있는 게 아니라 15억 원 미만 아파트도 규제 완화 영향권 안에 들어올 수 있어서입니다. 이전까지는 서울 주요 지역 아파트값이 15억 원 대출 금지선을 의식해 13억~14억 원 사이에서 억눌린 채 주춤했습니다. 대출이 나와야 투자가 가능한 수요층을 감안해 집주인들이 일부러 호가를 15억 원 이상으로 올리지 않은 효과입니다. 주로 한강변 아파트들이 그랬습니다.

하지만 대출 금지 규제가 폐지됨에 따라 시세 14억 원 전후 아파트를 보유한 집주인들이 굳이 15억 원 이하의 호가를 고민할 필요가 없어졌습니다. 애매한 가격대에서 저평가된 한강변 아파트를 중심으로 집값이 꿈틀거릴 여지가 생겨난 것이지요. 특히 대출금리가 정점을 찍고 하락세가 뚜렷해지는 시점으로 진입하게 되면 한강변 아파트들 위주로 저가 메리트가 부각되면서 투자 수요가 몰릴 가능성이 있습니다.

더구나 대출 규제의 '끝판왕'이라 할 다주택자 규제도 다 풀렸습니다. 그동안에는 무주택자나 1주택자에게만 대출이 나왔습니다.

'다주택자=악'이라는 이분법적인 잣대에 따라 문재인 정부에서는 다주택자에게 폭탄급으로 규제를 강하게 적용했는데요, 대출 규제가 대표입니다. 반대로 '다주택자=주택공급자'라는 달라진 정책 방향에 따라 윤석열 정부에선 다주택자 대출 규제를 풀었습니다. 물론 무주택자와 똑같은 금액의 대출한도가 나오는 건 아니지만 다주택자도 집값의 30%까지 대출(LTV 30%)을 받을 수 있습니다. 다주택자가 이전보다 주택을 매수하는 방법이 다양해진 만큼 주택 매수 수요층이 더욱 두꺼워졌습니다.

분양가격 9억 원 넘어도 나오는 중도금대출

새 아파트 분양을 받으면 내야 하는 중도금에 대한 대출 규제도 사라졌습니다. 분양가격이 얼마인지와 상관없이 은행에서 중도금대출이 다 가능합니다. 아파트 청약에 당첨되어 새 아파트를 분양받으면 단계별로 대금을 치러야 합니다. 계약금, 중도금, 잔금 순서로 납입하고 최종적으로 새 아파트에 입주합니다.

치열한 경쟁을 뚫고서 아파트 청약에 당첨되면 전체 분양가격의 10~20%를 계약금으로 먼저 냅니다. 계약금은 청약 당첨 발표 이후 곧바로 치르는 것이 통상적입니다. 이후에는 분양가격의 60% 수준을 중도금으로 몇 차례 나눠서 납입합니다. 입주 시점 임박해서는 나머지 금액을 잔금으로 냅니다. 이 중에서 분양가격의 절반 이상을 차지하는 중도금이 수분양자에겐 가장 부담이 되는 금액인데요, 보통은 3~6차례에 걸쳐 나눠 내야 합니다.

중도금대출 규제가 폐지되기 전에는 분양가격이 9억 원을 초과하면 중도금대출이 나오지 않았습니다. 새 아파트를 분양받으려면 계약금과 중도금을 스스로 마련해야 한다는 말이죠. 10억 원 아파트라면 약 7억 원을 처음부터 손에 쥐고 있어야 새 아파트 분양을 받을 수 있었습니다. 현실을 보면 서울에서 입지가 좋은 새 아파트 분양 가격은 9억 원을 훌쩍 넘깁니다. 서울 인기 단지의 경우 보유 현금이 없으면 청약 기회조차 없었습니다. 하지만 중도금대출 규제가 폐지된 이후에는 계약금 정도만 있어도 과감하게 청약에 도전할 수 있습니다.

그런데 분양가격이 9억 원을 넘으면 왜 중도금대출이 안 나왔을까요? 주택담보대출은 이미 다 지은 아파트나 주택을 담보로 은행에서 대출해줍니다. 돈을 빌려주는 은행으로선 담보가 확실하기에 대출을 막을 이유가 없습니다. 집값이 시세의 절반 이하로 떨어져야만 은행이 손해를 보는 구조니까 주택담보대출만큼 남는 장사가 없습니다. 하지만 분양 아파트는 아직 아파트가 완성되기 전 단계라서 리스크(위험)가 큽니다. 분양에 성공하더라도 최소 3년 이상의 공사 기간이 소요됩니다. 그래야 아파트가 완성됩니다. 은행들은 아직 존재하지도 않는 아파트를 담보로 중도금대출을 해주면 돈 떼일 위험이 클 수밖에 없습니다. 그래서 은행들이 중도금대출을 주저하게 됩니다. 특히 예상과 달리 미분양이라도 나면 자금압박을 받는 건설사가 파산할 위험도 있습니다.

정부 산하의 주택도시보증공사(HUG)는 이 같은 주택 분양시장의 불확실성을 낮추고 미분양 우려를 줄이고자 분양보증을 해주고 있습니다. 주택도시보증공사가 분양보증을 해주면 청약 당첨자는 은행에서 중도금대출을 받을 수 있습니다. 다만 보증 조건이 붙는데 바로 분양가격 9억 원 이하입니다. 주택도시보증공사는 분양가격이 터무니없이 높을 경우 미분양 위험이 커지기 때문에 분양에 대해 보증을 해줄 수 없습니다. 그래서 중도금대출의 기준이 생긴 것입니다. 미분양 위험에 대비한 리스크 관리 기준선으로 볼 수 있으나, 한편으론 정부가 민간 아파트 분양가격을 통제할 때 간접적으로 주택도시보증공사의 보증제도를 활용하기도 합니다.

이 같은 분양가격 통제는 앞서 설명한 대로 재건축 최대어로 꼽히는 서울 강동구 둔촌주공에서 논란이 되었습니다. 둔촌주공은 20평대 아파트마저 분양가격이 9억 원을 넘어서 중도금대출이 안 나오는 상황에 직면했습니다. 청약에 당첨되고도 계약을 포기해야 하는 무주택자가 속출할 우려가 생겼죠. 이에 따라 정부는 둔촌주공 분양 시점에 맞춰서 2022년 말 중도금대출 금지선을 9억 원에서 12억 원으로 올렸습니다.

하지만 이 아파트 30평대 분양가격도 12억 원을 넘어서 역시 미계약 우려가 다시 제기되었습니다. 분양시장의 뜨거운 열기가 2023년 초반 급속도로 식으면서 중도금대출이 안 나오는 둔촌주공의 인기도 떨어진 것입니다. 정부는 결국 2023년에는 아예 중도금대출

금지 기준을 없앴습니다. 이에 따라 분양가격에 상관없이 분양대금의 60% 수준인 중도금대출을 받을 수 있는 길이 열렸습니다.

물론 이 같은 규제 완화 기조가 언제까지나 유지되지는 않을 겁니다. 중도금대출 기준 폐지에 따라 서울 아파트 분양가격은 앞으로 더 오르겠죠. 분양시장 개입 필요성을 느낀 정부가 언제든 다시 중도금대출 규제 카드를 꺼낼 가능성이 있습니다.

DSR 강화된다는데
DSR이 뭐지?

앞으로 대출 규제의 핵심은 LTV가 아니라 DSR입니다. LTV가 대폭 완화된 상황에서 총대출액이 1억 원을 넘으면 DSR 40%가 적용됩니다. 강화된 DSR에 따라 고소득자가 아닌 평범한 직장인들은 대출한도가 1억 원 이상 감소할 수 있습니다. LTV는 완화되었지만 소득 수준에 따라 빚 갚을 능력을 따지는 DSR은 당분간 유지될 확률이 높습니다.

앞 장에서 대출 규제 '3총사'에는 LTV와 DTI 그리고 DSR이 있다고 했는데요, DSR 규제만 유일하게 규제 완화 대상에서 빠졌습니다. 도리어 DSR 규제는 단계적으로 강화되었습니다. DSR 규제는 DTI와 비슷하게 소득을 기준으로 대출한도를 결정하지만 계산 방식이 더 정교하고 복잡합니다.

쉽게 말하면 '돈을 빌리는 사람'의 '돈 갚을 능력'을 꼼꼼하게 따져서 대출한도를 계산하는 규제입니다. 연간 갚아 나가야 할 대출 원금과 이자를 연소득으로 나눴을 때 이 비율이 40%(은행이 아닌 금융회사는 50%)를 넘지 못하도록 대출한도를 제한하는 규제입니다. DTI

는 주택담보대출만 놓고 따지지만 DSR은 대출자의 주택담보대출뿐 아니라 신용대출, 마이너스통장 대출, 카드론 등 대부분 대출액과 이자를 합산해서 '갚아야 할 돈'으로 넣고 계산합니다. 그만큼 갚아야 할 대출액이 커지겠죠. 연소득이 1억 원인 직장인이 있다면 그는 DSR 40%를 기준으로 금융회사에 갚아야 할 대출 원금과 이자를 모두 합친 금액이 4,000만 원을 넘지 않아야 합니다.

DSR 규제는 2020년 전까지만 해도 큰 힘을 발휘하지 않았습니다. 대출받는 사람보다는 대출해주는 금융회사 전체 대출액을 가지고 계산하는 식으로 엄격하게 적용하지 않았습니다. 그래서 DSR 규제는 유명무실한 규제였는데요, 하지만 LTV 규제는 대폭 풀리고 DSR 규제는 깐깐해지면서 LTV보다 DSR 규제가 대출한도에 훨씬 막강한 힘을 발휘하게 되었습니다. 대출 규제의 큰 흐름이 DSR로 넘어갔다고 봐도 무방합니다.

우리나라는 그동안 담보로 잡은 주택의 시세에 연동해서 대출한도를 정하는 LTV 위주로 대출 규제를 적용해왔습니다. 반면 금융 선진국들은 대부분 DSR 제도를 이용해 대출 규제를 해왔습니다. 담보 가치보다는 대출자의 돈 갚을 능력 위주로 대출 여부를 결정한 것이지요. 왜냐하면 LTV는 대출 규제로서는 결정적 약점이 있기 때문입니다. 글로벌 금융위기와 같은 예상치 못한 상황에서 집값이 폭락한다면 대출자도, 금융회사도 모두 큰 위험에 빠질 수 있습니다. 2008년 이후 유럽 금융위기 사태나 미국의 서브 프라임 모기지 사태가 대표적입니다.

글로벌 금융위기를 겪으면서 한때 60% 이상이었던 우리나라 LTV가 40% 수준으로 낮아졌습니다. LTV 40%를 적용하면 돈을 빌려준 은행은 집값이 대출 시점 대비 60%까지 급락(LTV 40%)해도 돈을 떼일 위험이 없습니다. 대출받은 사람이 돈을 못 갚으면 담보로 잡은 집을 경매에 넘겨 원래 집값의 40% 이상만 받으면 손해를 보지 않으니까요.

하지만 대출자는 은행과는 상황이 다릅니다. 갚을 능력도 없는데 과도한 대출을 받았다가 나중에 못 갚으면? 자기 집을 경매로 뺏겨야 합니다. 집값이 급락해 담보가치가 대폭 떨어지면 대출자는 나중에 쪽박을 찹니다. 본인이 살던 집을 담보로 잡았다면 살던 집에서도 내몰리게 됩니다. 이런 LTV의 취약점을 보완해 DSR 규제가 우리나라의 중요한 대출 규제로 자리 잡게 된 것입니다.

대출액이 1억 원을 넘으면 DSR 규제

은행에서 대출한도를 계산할 때 대출액이 1억 원을 초과하면 LTV와 DSR을 동시에 적용합니다. 한마디로 요약하면 갚을 능력 범위(DSR 40%) 내에서만 집값의 50~70%(LTV 50~70%) 이내로 대출이 나옵니다. 은행이나 정부는 DSR 도입으로 가계부채 관리가 좀 더 수월해졌습니다.

DSR은 박근혜 정부 시절 처음으로 나왔습니다. 처음에는 은행별로 전체 대출에 대해서 일괄적으로 40%를 적용했는데, 지금은 대출받는 사람(차주별)로 시행합니다. 과거에는 은행이 취급한 가계대출 전체 합산액을 기준으로 DSR 40% 이하인지, 그 이상인지만 따졌다면 지금은 대출받은 개개인에게 DSR 40%를 엄격하게 적용합니다. 갚아야 할 빚에는 은행의 주택담보대출뿐만 아니라 2금융권의 신용대출, 카드대출도 모두 포함됩니다. 2022년 1월부터는 개인별로 총대출액이 2억 원을 넘으면 DSR 40%를 적용했는데, 2022년 7월부터는 대출액이 1억 원만 넘어도 DSR 40%를 적용합니다. 총대출액이 2억 원에서 1억 원으로 낮아지면서 DSR 규제를 받는 대출자가 대폭 늘었습니다.

연봉 5,000만 원 직장인, 시세 12억 원 아파트로 주택담보대출 받는 경우

(만기 30년, 금리 연 4.2% 가정)

조건	대출한도
LTV 50%만 적용시	6억 원
DSR 40% 적용시(주담대만 있다고 가정)	3억 8,150만 원

예를 들어보겠습니다. 연봉 5,000만 원인 직장인이 대출액 1억 원을 초과해서 은행에서 대출을 받으면 이 사람에게는 DSR 40%가 적용됩니다. 연간 갚아야 할 대출 원금과 이자를 합쳐서 연소득의 40%를 넘지 않아야 합니다. 대출액에는 주택담보대출 외에 신용대출, 카드대출 등 대부분 대출이 다 포함됩니다. 기존에 신용대출을 받은 상태에서 주택담보대출을 추가로 받는 상황이라면, 1년간

갚아야 할 대출 원금과 이자에는 주택담보대출뿐 아니라 신용대출 원금과 이자도 포함된다는 뜻입니다. 연봉 5,000만 원인 직장인이 오로지 주택담보대출만 받는다고 가정하고 대상 대출이 만기 30년에 금리가 연 4.2%라고 한다면, DSR 40% 적용 시 대출한도는 3억 8,000만 원으로 나옵니다.

연소득 5,000만 원 직장인, 대출한도 2억 원 감소

LTV 규제를 설명할 때 서울 강남권에서 시세 12억 원짜리 주택을 담보로 대출받을 경우 대출한도가 LTV 50%를 적용해 6억 원 가능하다고 했습니다. 하지만 여기에 다시 DSR을 적용해보면 한도가 줄어듭니다. 만약 연소득 5,000만 원인 직장인이라면 이 한도만큼 다 받을 수 없습니다. DSR 40% 적용 시 한도가 3억 8,000만 원으로 줄기 때문입니다. LTV만 적용했을 때보다 대출한도가 2억 원 넘게 쪼그라듭니다. 소득이 많은 사람은 DSR 영향이 크지 않지만 소득이 적은 사람일수록 대출한도에 미치는 DSR의 위력은 커집니다.

소득이 적은 사람들에 대한 대출 역차별이라고 볼 수도 있습니다. 그래서 앞으로 DSR 규제도 LTV처럼 완화할 것이란 기대도 없지 않았으나 그럴 가능성은 거의 없습니다. 우리나라는 전 세계적으로 가계부채가 가장 많은 나라입니다. 선진국 대다수가 DSR 규제를 강화하는 추세인데, 가계부채 수준이 세계 최상위인 우리나라만 거꾸로

가는 것은 현실적으로 쉽지 않은 선택이니까요.

우리나라 대출 규제를 간단히 요약하면 생애최초 주택구입자나 무주택자, 일시적 1주택자에게는 LTV 규제가 풀렸습니다. 생애최초 주택대출은 LTV 80%가 적용되고, 그 밖에 무주택자도 규제지역 50%, 비규제지역 70%로 대출한도가 대폭 상향되었습니다. 그만큼 대출 레버리지를 일으키기가 쉬워졌습니다. 심지어 다주택자도 집 값의 30%까지 대출을 받을 수 있습니다. 15억 원 아파트에 대한 주택담보대출도 허용되어 집값의 50%까지 가능해졌으며, 중도금대출 규제 제한은 사라졌습니다. 수분양자가 분양가격에 상관없이 대출 받을 수 있습니다.

하지만 잊지 말아야 할 점은 LTV 한도 내에서 DSR이 또다시 적용된다는 것입니다. 소득이 많은 사람은 DSR 영향이 거의 없지만 그렇지 못한 평범한 일반 직장인이라면 DSR이 LTV보다 훨씬 더 중요합니다. 앞으로 추가로 LTV 대출 규제가 완화된다고 해도 소득이 뒷받침되지 않으면 완화된 대출 규제를 100% 활용하기가 어렵습니다.

신혼부부와 사회 초년생을 위한 대출 꿀팁 3가지

월급 생활자인 평범한 사람들에게 DSR 40%는 대출 문턱을 높이는 규제입니다. 하지만 피해갈 방법이 없지 않습니다. 사회 초년생이라면 현재 소득의 최대 50%까지 추가로 소득을 인정해줍니다. 만기 40년 이상 초장기 주택담보대출을 활용해 DSR 영향을 줄이거나 정책성모기지상품처럼 DSR이 적용되지 않는 상품을 활용할 수도 있습니다.

LTV 규제가 완화되었더라도 강화된 DSR 때문에 소득이 적은 사회 초년생이나 신혼부부는 자신이 원하는 만큼 대출을 받지 못합니다. 앞에서 말씀드린 대로 15억 원 초과 아파트에 대한 대출 금지가 풀렸지만 연소득 1억 원은 초과해야 LTV 한도 수준의 대출을 받을 수 있습니다. 즉 고소득자가 아니라면 DSR 문턱을 넘기가 만만치 않은 것이지요.

해법은 2가지가 있습니다. 연소득을 늘리거나, 연간 갚아야 할 원금과 이자를 줄이는 방법입니다. DSR은 '연간 갚아야 할 대출 원금과 이자를 합한 금액'을 '연소득'으로 나눈 비율입니다. 이 비율이

40%를 넘으면 안 됩니다. 40%를 넘기지 않으려면 첫째로는 분모를 키우거나, 둘째로는 분자를 줄이면 됩니다. 물론 이것이 말처럼 쉽지는 않습니다.

몇 년 동안 거북이걸음으로 슬금슬금 오르는 연봉이 대출 시점에 딱 맞춰 갑자기 확 인상될 리가 없습니다. 갚아야 할 원금과 이자를 줄이기도 어렵습니다. 그런데 이런 고민을 하는 신혼부부나 사회 초년생을 위해 정부가 합법적으로 빠져나갈 구멍을 몇 개 만들었습니다. 이 구멍만 잘 활용해도 DSR 문턱을 넘기가 수월해집니다.

이왕이면 마흔 살 전에 대출받자

만 39세 이하 대출자는 지금 벌고 있는 소득이 아니라 장래에 벌 수 있는 미래소득을 인정받는 방법으로 대출한도를 늘릴 수 있습니다. DSR의 분모를 키우는 방법인데요, 연령대별로 일정 비율씩 미래소득을 인정받을 수 있습니다.

나이가 어릴수록 추가로 인정받는 소득 비율이 더 높습니다. 예를 들어 만 20~24세 직장인은 현재 소득의 51.6%(만기 30년 기준)를 추가로 인정받을 수 있습니다. 만 25~29세라면 31.4%가 추가됩니다. 만 30~34세 직장인은 만기 20년 대출 기준으로 17.1%를 미래소득으로 인정받고, 만 35~39세는 만기 15년 기준으로 6.8%를 더해서 소득이 늘어납니다. 미래소득 제도의 마법입니다.

미래소득을 DSR에 적용하는 것은 나름 합리적인 이유가 있습니다. 대출 만기는 수십 년인데 대출자의 현재 소득만 가지고 향후 빚을 갚을 능력을 평가하는 것은 논리적으로 앞뒤가 맞지 않습니다. 대출을 갚아 나가는 과정에서 대출자의 소득은 해마다 늘어날 확률이 높기 때문입니다. 하지만 정작 대출받는 시점은 인생을 통틀어 가장 수입이 적을 때입니다.

다만 기억해야 할 점은 DSR에서 미래소득을 인정받을 수 있는 대출자의 연령대가 만 39세까지로 제한되어 있다는 겁니다. 마흔이 되기 전에 대출을 받아야 미래소득이 인정되어 DSR 규제를 그나마 덜 받을 수 있습니다.

미래소득을 인정받으면 그렇지 않은 경우와 비교해 대출한도가 얼마나 늘어나는지 계산해보겠습니다. 미래소득 인정 비율이 가장 높은 연령대인 만 24세 기준으로 연봉이 3,500만 원이고 다른 빚이 없다고 가정하면, 현재 소득의 51.6%를 인정받아 미래소득이 5,306만 원으로 책정됩니다.

이 사람이 만기 30년에 연 4.55%의 금리로 주택담보대출을 받는다면 대출한도가 3억 4,660만 원 나옵니다. 미래소득을 인정받지 않았을 때의 대출 가능금액 2억 2,900만 원보다는 1억 원 넘게 한도가 늘어납니다.

이 대출자가 사고 싶어 하는 주택이 시세 6억 원대 아파트라면 LTV 70%(비규제지역) 적용시 4억 2,000만 원 한도가 나오지만 DSR을 적용하면 2억 2,900만 원으로 한도가 확 줄어듭니다. 하지만 DSR

계산을 할 때 미래소득을 인정받으면 3억 4,660만 원까지 대출받아 DSR의 영향을 좀 더 줄일 수 있습니다.

물론 이 대출자가 한 달에 갚아 나가야 할 대출 원금과 이자가 월급의 절반 이상을 차지하기 때문에 '과연 이만큼의 대출을 감당할 수 있을지'는 별도로 따져봐야 합니다. 한 달에 은행에 갚아야 할 대출 원리금이 170만 원인데 월급 실수령액은 270만 원 전후입니다. 이런 경우는 본인 능력을 초과한 무리한 대출이라고 봐야겠지요. 대출한도뿐 아니라 만기나 금리 수준까지 개개인의 상황에 따라서 잘 따져보고 대출을 받아야 하는 이유입니다. 이 주제는 다음 장에서 다루겠습니다.

미래소득을 인정받는 것 외에 부부합산 소득을 이용하는 방법도 있습니다. 연소득이 높지 않은 신혼부부라면 두 사람의 소득을 합산하면 인정받을 수 있는 소득이 이론적으로 두 배가 되기 때문에 DSR을 산출할 경우 대출한도를 늘릴 수 있습니다. 부동산 규제 가운데 결혼을 하면 좋아지는 사례 중 하나입니다.

만기는 초장기로, DSR에서 빠지는 대출을 찾자

DSR 계산을 할 때 분자에 해당하는 '갚아야 할 대출 원금과 이자'를 줄이면 역시 대출한도가 늘어납니다. 대출을 더 받고 싶은 상황에서 "원금과 이자를 줄이라"라고 하니 말이 안 된다고요? 대출총액을 줄이라는 말이 아니라 연간 갚아야 할 대출액과 이자를 줄여야 한다는 뜻으로 이해하면 됩니다. 대출 만기를 활용하면 이 같은 마법이 가능해집니다. 만기가 길면 길수록 해마다 갚아야 할 원금은 줄어듭니다. 시중은행에서 취급하는 주택담보대출 만기는 통상 30년 혹은 35년입니다.

만약 30년 만기로 대출을 받고, 거치 기간이 없다고 가정할 때 대출을 받은 최초 시점부터 만기시까지 30년간 원리금을 나눠 갚아야 합니다. 만기를 35년으로 늘린다면 똑같은 원금을 35년 동안 나눠서 갚기 때문에 해마다 갚아야 할 원금은 30년 만기일 때보다는 줄어듭니다.

더구나 은행들은 2022년부터 만기가 40년이 넘는 새로운 대출상품을 출시했습니다. DSR 규제가 2022년 7월부터 강화되자 은행들이 40년 만기 주택담보대출, 10년 만기 신용대출 상품을 판매하기 시작한 것입니다. 주택담보대출뿐 아니라 신용대출 만기도 10년으로 길어지면 매년 갚아야 할 원금이 축소되어 역시 DSR을 낮출 수 있습니다.

실제로 2023년 폭발적인 인기를 끌었던 주택금융공사의 정책성 대출상품 특례보금자리론의 만기는 50년이었습니다. 이 상품은 더구나 DSR 규제에서 예외를 인정받았습니다. 시중은행들도 2023년 7월부터 50년 만기 주택담보대출을 경쟁적으로 출시해서 한 달 만에 1조 원 넘게 팔렸는데요, 정부가 민간 은행의 50년 만기 주택담보대출이 규제 회피용 상품이라고 지적하면서 석 달 만에 판매가 중단되었습니다. 대출 만기가 길수록 대출한도가 늘어나는 대표적 사례라고 볼 수 있습니다.

다만 만기가 늘면 대출금리는 더 올라가 이자 부담 총액이 증가하겠죠. 결과적으로 나에게 맞는 만기와 대출이자 부담의 '황금비율'을 따져 계산해야 합니다. DSR이 강화되어도 가급적이면 본인의 미래소득이 높게 나오도록(분모) 하고 대출 만기를 길게 잡으면(분자) DSR 40% 문턱을 넘을 수 있습니다.

DSR 계산식에 포함되지 않는 정책 상품을 활용하는 방법도 유용합니다. 2023년에 1년 한시로 나온 특례보금자리론이 그랬습니다. 특례보금자리론은 연 4%대 고정금리가 적용되는 주택담보대출입니다. 금리가 가파르게 오르는 시기에 무주택자들이 시중은행 대출 상품보다 낮은 금리에 대출받을 수 있도록 정부가 1년 한시로 내놨습니다. 기존의 정책 상품인 보금자리론, 적격대출, 안심전환대출을 하나로 통합한 상품입니다.

특례보금자리론은 무주택자의 주택 구입자금이나 기존대출 상환, 전세금 반환 등 용도도 다양했습니다. 특히나 DSR을 따지지 않고 최대 5억 원까지 대출을 받을 수 있다는 점이 가장 큰 특징이었죠. 기존의 보금자리론은 대출자의 연소득을 따졌지만 특례보금자리론은 연소득을 보지 않고 주택가격 9억 원 이하라면 5억 원 한도로 대출이 가능했습니다. 매력적인 조건 때문에 2023년 한해 43조 원이나 팔렸습니다.

2년 안에 아이 낳으면 연 1%대 초저금리 대출

저출산이 사회적 문제가 되면서 대출금리를 출산과 연계한 특례대출도 나왔습니다. 정부가 2024년부터 신생아 특례대출을 공급합니다. 대출 신청일 기준으로 2년 안(2023년 이후 출생아)에 출산할 경우 최저 1%대 금리의 대출을 받을 수 있습니다. 물론 조건은 있습니다. 주택가액이 9억 원 이하여야 하고, 부부합산 소득은 1억 3,000만 원 이하여야 합니다. 전용 85m² 이하 주택이어야 한다는 면적 기준도 있습니다.

특례보금자리론은 면적 기준이 없었지만 신생아 특례대출은 면적 조건을 충족해야 한다는 점도 새로운데요, 세금을 투입해 시중은행 대비 많게는 2~3%포인트 낮은 금리에 공급하기 때문에 조건이 다소 까다로운 것은 사실입니다. 2023년 정부가 공급한 특례보금자리론 금리가 연 4%였는데도 폭발적인 인기를 끌었다는 점을 감안하면 신생아 특례대출의 금리 메리트는 훨씬 좋다고 볼 수 있습니다. 서울 기준으로 아파트 매물 중에서 9억 원 이하 비중은 약 40% 수준입니다. 서울에서도 도봉구, 노원구, 금천구, 강북 등은 80% 이상이 9억 원 이하 매물인 반면 서초구나 강남구, 용산구 등은 10%가 채 되지 않습니다.

2024년 이후 출산 계획이 있는 강북권 신혼부부 위주로 초저금리 대출 혜택을 볼 수 있습니다. 정부의 DSR 규제로 젊은 층의 대출 한도가 희망하는 만큼 많이 나오지 않을 수 있지만 특례보금자리론,

신생아 특례대출 등 예외적인 정책성 대출이 꾸준히 나오기 때문에 미리 좌절할 필요는 없습니다. 정책성 상품은 대체로 금리도 저렴하므로 상황에 맞게 적절하게 이용할 필요가 있습니다.

　2024년부터는 혼인 증여재산 공제도 가능합니다. 신혼부부가 양가에서 결혼자금을 증여세 부담 없이 3억 원까지 받을 수 있습니다. 부모나 조부모 등 직계존속으로부터 혼인신고일을 기점으로 전후 각 2년 안에 총 4년간 재산을 증여받는 경우 기본공제 5,000만 원(10년간)에 1억 원을 추가로 공제받을 수 있기 때문에 신혼부부의 부동산 투자금으로 활용할 수 있습니다.

1년 새 두 배 오른 금리,
대출 전략을 다시 짜라

미국발 금리인상 기조에 따라 한국은행의 기준금리가 1년 만에 두 배나 뛰었습니다. 연 2%대 대출을 받아 부동산에 투자했던 시대가 지나갔습니다. 2024년 상반기 이후 금리인하 전망이 나오고 있지만 한번 올라간 금리가 예전으로 돌아가려면 상당한 시간이 걸립니다. 그렇기에 앞으로 부동산 투자에서 주요 변수는 여전히 '금리'가 될 수밖에 없습니다.

　　대출 만기를 늘리고 미래소득을 인정받아 DSR 대출한도를 늘려놨다고 해도 중요한 문제가 하나 남았는데, 그것은 바로 대출 이자 부담입니다. 금리인상기라면 대출한도 못지않게 대출금리 수준이 중요합니다.

　　수년간 유지해온 초저금리 시대가 끝나고 2022년 하반기 이후 대출금리가 급격하게 올랐습니다. 이는 한국은행의 기준금리가 급속도로 올랐기 때문인데요, 주택담보대출은 한국은행 금융통화위원회가 정하는 기준금리에 따라서 움직입니다. 한은의 기준금리가 올라가면 대출금리도 따라 올라갑니다. 반대로 한은의 기준금리가 떨어지면 대출금리도 하락합니다.

최근 몇 년 동안 기준금리는 역사상 유례를 찾아보기 힘들 정도로 빠르게 움직였습니다. 금리가 움직이는 방향도 급속도로 바뀌었습니다. 기준금리는 2018년 11월 1.75%를 기록한 이후 네 번 인하되었습니다. 이 기간에 0.5%까지 내렸습니다. 사실상 기준금리 0%대 시대에 가계대출은 폭발적으로 늘었습니다. 기준금리가 급격하게 하락하자 이에 연동하는 은행 대출금리가 연 2%대까지 하락했기 때문입니다. 대출이자에 대한 부담이 크지 않으니까 너도나도 은행에서 돈을 빌려 부동산에 투자한 것입니다. 초저금리 시대에 2030세대의 영끌대출이 급격하게 늘면서 부동산 시장에도 큰 영향을 줬습니다. 영끌대출로 부동산 시장에 유입된 막대한 자금이 집값을 끌어올리는 주요인이 되었습니다.

하지만 2021년 하반기부터 분위기가 조금씩 달라집니다. 미국의 금리인상 기조에 맞춰 한국은행이 금리를 올리기 시작했습니다. 2020년 5월 0.5%였던 기준금리가 2021년 8월 0.75%로 0.25%포인트 올라갑니다. 이것이 금리인상의 신호탄이 되었습니다. 같은 해 11월, 이듬해인 2022년 1월과 4월, 5월, 7월, 8월, 10월, 11월과 2023년 1월에 기준금리가 빠르게 올라갔습니다. 결국 2023년 1월 기준금리는 3.5%까지 올라갑니다. 2020년 5월에서 2023년 1월까지 2년 8개월 동안 기준금리는 0.5%에서 3.5%로 무려 3%포인트 올랐습니다.

"너 이자 얼마 내니?" 한도만큼 중요한 금리

2021년 하반기부터의 급격한 기준금리인상에 따라 은행의 주택담보대출 금리도 빠르게 올랐습니다. 2021년 12월 주택담보대출 혼합형(고정형) 금리는 최저 연 3.6%~최고 연 4.97%였는데, 이듬해 상반기에 1.6%포인트 뜁니다. 연 6%대로 주택담보대출 금리가 껑충 뛰었습니다.

만약 대출금액이 3억 원이라면 연간 갚아야 할 대출이자가 2021년 12월 1,200만 원(연 4% 적용)에서 2022년 4월에는 1,800만 원(연 6% 적용)으로 넉 달 만에 600만 원이나 늘어난 겁니다. 최고 금리 기준으로 본다면 직장인의 한 달 월급만큼 이자 부담이 불어난 거죠. 대출자들은 이자만 내는 게 아닙니다. 1~2년의 거치 기간이 지나면 원금도 쪼개서 상환해야 합니다.

4대 시중은행의 주택담보대출 금리 추이

날짜	최고	최저
2021년 6월	4.05	2.37
2022년 1월	5.23	3.68
2022년 4월	5.34	3.42
2022년 6월	5.68	3.69
2023년 1월	8.11	5.08
2023년 2월	6.89	4.95
2024년 1월	5.48	3.42

자료: KB국민, 신한, 우리, 하나은행 각사, 단위: %

금리는 왜 이렇게 갑자기 올랐을까요? 근본적으론 미국의 금리인상 기조 때문입니다. 한국은행(한은)의 기준금리는 미국의 연방준비제도(연준)의 금리인상 기조를 따라갈 수밖에 없습니다. 한국의 금리가 미국 금리보다 낮으면 국내에 투자했던 외국인 자금이 더 높은 투자수익률을 낼 수 있는 국외로 빠져나가는 것은 필연입니다. 그러니 외국인들의 투자금을 국내에 묶어두려면 우리가 미국보다 일정 수준 이상 금리를 높게 유지해야 합니다.

그런데 미국이 자국의 인플레이션을 잡기 위해서 단기간 시장이 예상치 못한 수준으로 금리를 확 올려버렸습니다. 연준은 2022년 5월 금리를 0.5%포인트 인상하는 '빅스텝'을 단행하고, 같은 해 6월에는 한 방에 0.65%포인트를 올리는 자이언트스텝까지 단행합니다. 이에 따라 한은은 한국과 미국의 금리 역전을 막으려고 금리를 급하게 올리기 시작합니다.

2023년 상반기 이후 연준과 한은의 금리인상 속도가 주춤하고 있지만 단기간 오른 금리가 과거 수준으로 돌아가는 데는 상당 기간이 소요됩니다. 고금리의 장기화입니다. 과거처럼 0%대의 초저금리 시대가 다시 도래하리라는 보장도 없습니다. 초저금리 시대에는 '대출을 얼마나 받을 수 있느냐'가 부동산 투자자들의 관심사였다면, 앞으로는 '대출 원리금을 감당할 수 있냐'가 중요한 투자 포인트가 되었습니다. '영끌대출'이나 '묻지 마 투자'보다는 내가 감당할 수 있는 수준으로 대출 레버리지를 활용해야 합니다.

'변동금리냐, 고정금리냐?' 이 기준으로 선택하자

고금리 시대에 부동산 투자의 성패를 가르는 핵심은 대출상품입니다. 미리 생각해봐야 하는 변수도 많습니다. DSR 40% 규제에 걸리지 않으려면 만기를 길게 잡아야 한다고 했는데요, 그에 못지않게 중요한 게 원리금 부담을 낮추는 것입니다. 대출을 받는 시점에 당장 원리금 부담을 낮추고 싶은 대출자라면 변동금리를 선택합니다. 장기적으로 금리 변동에 따른 위험을 피하고 싶으면 고정금리를 선택하죠. 주택대출을 받아야 하는 부동산 투자자는 '변동금리 대출이냐, 고정금리 대출이냐', 선택의 기로에 서게 됩니다.

흔히 금리인상기에는 변동금리 대출보다 고정금리 대출이 유리하다고 합니다. 6개월 혹은 1년 단위로 금리가 바뀌는 변동금리는 변동 주기 때마다 이자 부담이 팍팍 늘어나기 때문입니다. 현 수준의 금리로 고정해놓으면 금리인상에 따른 심적인 압박감은 덜 수 있습니다.

하지만 대출을 받는 시점 기준으로 신규대출의 고정금리는 대부분 해당 시점의 변동금리보다 높기 마련입니다. 당장은 변동금리를 받으면 매달 갚아야 하는 대출 원리금 부담이 작기 때문에 고정금리 선택을 꺼리게 됩니다. 고정금리를 선택했더라도 2021년 초저금리 때와 비교하면 절대적 금리가 이미 높은 수준에 올라와 있으니 좀 억울하다는 생각이 들 수도 있습니다.

그렇다면 대출자들은 고정금리와 변동금리 중에서 실제로 어떤 상품을 선택했을까요? 한은의 기준금리인상이 예고된 시점에서도 고정금리보다는 변동금리를 선택하는 사람이 더 늘었다는 통계가 있습니다. 금리인상 쓰나미가 몰아닥친 2022년 3월 기준으로 은행에서 신규로 대출을 받은 사람 중 고정금리 선택 비중은 20%였다고 합니다. 이보다 한 달 전에 고정금리를 선택한 비율인 22%에 비해 오히려 비중이 축소되었습니다. 당장은 금리가 오를 가능성이 높더라도 향후 몇 년 안에 다시 금리가 하락하면 변동금리 대출이 유리해질 수 있다는 경험치가 쌓였기 때문입니다.

변동금리 대출을 받으면 6개월 혹은 1년 단위로 금리가 조정되기 때문에 2022년 3월 대출자는 2023년 3월에 금리가 조정됩니다. 1년 안에 금리인상 기조가 꺾일 것이라고 확신한다면 고정금리보다 변동금리를 선택하는 게 유리할 수 있습니다. 금리인상기라고 무조건 고정금리만 선택할 일은 아닙니다. 금리의 방향성이 애매하다 싶을 때는 변동금리 대출이 고정금리보다 1%포인트 이상 금리가 싸다면 변동금리를 선택하고, 금리 차이가 1%포인트 이내라면 고정금리를 선택하는 것도 선택의 기준이 될 수 있습니다.

이자 부담을 줄이기 위해 정책성 대출상품을 활용하는 것도 중요합니다. 정책성 대출상품은 고정금리라서 금리 변동성에 대한 고민을 덜 수 있으니까요. 정책성 대출상품 중에선 생애최초 주택담보대출로 보금자리론과 디딤돌대출이 있습니다. 소득 요건, 주택가액 요건 등을 충족하면 신혼부부나 생애최초 대출자, 저소득자는 낮은 금리로 대출을 받을 수 있습니다. 특례보금자리론이나 신생아 특례대출 등 한시적으로 받을 수 있는 대출 기회를 놓치지 않아야 합니다. 디딤돌대출은 시중은행 대출상품 대비 많게는 1%포인트가량 낮습니다. 보금자리론은 이보다 금리가 높긴 하지만 40년 만기 기준으로 역시 시중은행 평균 금리보다는 쌉니다. 금리가 바닥을 쳤던 2020년에 고정금리로 연 2%대 보금자리론을 받은 영끌 대출자는 금리 인상기에도 활짝 웃었습니다.

고정금리 연 2% 받은
영끌족은 웃었다

금리인상기에 영끌족은 불어나는 이자 부담에 밤잠을 못 이룹니다. 이자 폭탄을 피하려면 가급적 대출 자산을 줄이고 금리를 낮출 수 있는 다양한 방법을 모색해야 합니다. 특히 모바일로 여러 금융회사 상품을 한눈에 비교해서 금리가 더 낮은 상품으로 갈아탈 수 있는 원스톱 대환대출 서비스를 활용할 수 있습니다.

금리인상기엔 신규 대출자뿐 아니라 기존대출자들도 딜레마에 빠집니다. 금리가 올라 대출 원리금 부담이 대폭 늘었기 때문입니다. 하지만 최소 2년간은 보유주택을 매도할 수 없는데, 다음과 같은 2가지 이유 때문입니다.

첫째로는 집값이 매수 시점보다 올랐더라도 1주택자 양도세 비과세 혜택을 받으려면 최소 2년은 보유해야 하기 때문입니다. 양도세를 비롯해 취득세나 중개수수료 등 각종 비용도 따져봐야 합니다. 시세차익의 상당 부분을 양도세로 낸다면 투자수익률이 확 줄어들 수밖에 없습니다.

집을 당장 못 파는 두 번째 이유는 집값이 하락했기 때문입니다. 2020년 영끌족은 단기간 집값이 대폭 상승하는 쾌감을 맛봤지만 2022년 이후에는 급격한 금리인상에 따라서 집값이 극적으로 하락했습니다. 지역별로는 영끌족이 집중 매수한 노도강(노원구, 도봉구, 강북구) 아파트값이 고점 대비 수억 원 이상 하락했습니다. 집값 조정기에는 집을 팔려는 사람은 많아지는 반면 매수하려는 사람은 줄어듭니다. 이같은 지역은 급매가 아니면 집을 팔기 어렵습니다. 거래절벽, 거래 빙하기에 영끌족은 자의반 타의반 버티기를 선택합니다.

이미 받은 대출도 "이자 깎아주세요"

고금리가 언제까지 이어질지 판단하기 어려울 때는 장기적인 출구전략을 짜야 합니다. 우선 여유가 된다면 대출 원금을 일부라도 상환해야 합니다. '빚 다이어트'입니다. 원금을 중도에 상환할 경우 중도상환 수수료가 붙기 때문에 추가 비용도 함께 고려해야 합니다.

신용대출이 많은 영끌족이라면 금리인하요구권을 이용하는 것도 부담을 낮추는 방법입니다. 금리인하요구권은 취직, 이직, 승진, 소득증가, 신용등급 상승 등으로 대출 이후에 신용등급이 좋아지면 신청 가능합니다. 금융소비자 보호가 중요해진 요즘 금융당국의 권고에 따라 금융회사들이 합리적 이유가 있다면 금리인하요구권을 대체로 수용하는 편입니다. 객관적인 자료 증명이 가능하다면 대출자의 권리를 적극 주장해야 합니다.

금리인상기에는 대출을 연장할 때 변경된 금리 적용일을 대출 만기일로 맞춰야 합니다. 대개는 대출 연장 시점 기준으로 변경된 금리를 적용하곤 하는데, 금리가 올라가는 시점에는 하루라도 금리 변경을 늦추는 것이 대출자에게 유리할 수 있습니다.

대출상품을 갈아타는 방법도 있습니다. 정부가 지원하는 안심전환대출 상품은 2022년 9월에 무려 25조 원이 풀렸습니다. 기존에 받은 변동금리 대출을 금리가 낮은 고정금리 대출로 갈아타는 상품입니다. 굳이 정책성 상품만 찾을 필요는 없습니다. 2023년 이후 나온 온라인 원스톱 대환대출 서비스를 활용해 여러 은행의 대출상품을 비교해보고 클릭 한 번에 대출을 갈아탈 수 있습니다.

◢◣ "이자 300만 원 줄였어요." 온라인 대출 갈아타기

온라인 대출 플랫폼(예: 네이버, 카카오페이, 토스, 핀다 등)이나 각 금융회사의 앱을 이용해 신용대출, 주택담보대출, 전세대출 갈아타기도 가능합니다. 신용대출 갈아타기는 2023년 5월 시작했는데, 약 6개월 동안 대출자 총 11만 2,000여 명이 신용대출 상품을 갈아탔습니다. 직접 금융회사를 방문할 필요 없이 온라인으로 클릭 한 번에 금리가 더 낮은 타 금융회사 상품으로 대출을 대환할 수 있는데, 평균 신용대출 이자가 1.6%포인트 떨어졌습니다.

2024년 1월부터는 주택담보대출과 신용대출 갈아타기도 가능해졌습니다. 특히 주택담보대출의 경우 일주일 만에 1조 원의 대출 갈아타기가 일어날 정도로 반응이 폭발적이었습니다. 대출을 갈아탄 사람의 평균 대출금리는 약 1.5%포인트 떨어져 연간 이자 상환액이 평균 337만 원 감소했습니다. 예컨대 2018년 10월에 A은행에서 연 6.2% 금리(혼합형, 5년 고정)에 2억 7,000만 원을 대출받은 사람이 2024년 1월 대출비교 플랫폼을 이용해 B은행의 금리 연 3.8%(혼합형, 5년 고정)의 주택담보대출로 갈아탔습니다. 이 대출 갈아타기로 이 사람의 원리금 상환액은 월 13만 원이 줄어듭니다. 금리는 6%대에서 3%대로 절반 가까이 줄었습니다.

2018년은 본격적으로 금리가 하락하기 전 시점이기 때문에 고정금리로 대출받았다면 연 6%대 금리가 적용되었습니다. 주택담보대출은 대출받은 지 3년이 지나면 중도상환수수료를 내지 않습니다. 따라서 고금리 시기에 대출을 받은 사람은 3년이 지나면 반드시 대출 갈아타기를 시도해야 합니다.

2024년부터는 온라인 플랫폼을 이용해 모든 은행의 주택담보대출 상품을 한눈에 비교할 수 있고, 은행에는 서류를 내러 딱 한 번만 방문(인터넷은행은 비대면으로만 진행)하면 되기 때문에 절차도 그리 복잡하지 않습니다. 기존에는 한 달 이상 걸린 대출 갈아타기가 온라인 플랫폼을 이용하면 7일 이내에도 가능합니다.

대출자들이 꼭 알아야 하는 부동산 규제지역

부동산 규제지역으로 지정되면 대출한도가 줄어들고, 부동산 세금 부담은 늘어납니다. 주택청약 시에는 청약 조건도 까다로워집니다. 정부의 부동산 정책에 따라서 규제지역은 100곳을 넘었다가 4곳으로 확 줄기도 합니다. 내가 투자하려는 지역이 규제지역인지 아닌지 먼저 파악하는 것이 부동산 투자의 기본입니다.

앞에서 설명한 LTV를 계산할 때 빼놓지 않고 나오는 부동산 용어가 '규제지역'입니다. 내가 투자할 곳의 LTV 한도가 얼만큼인지 파악하려면 우선 이 지역이 규제지역인지 아닌지부터 알고 있어야 합니다. 대출뿐 아니라 아파트 청약, 양도세 등을 결정할 때도 규제지역인지 아닌지가 정말 중요합니다.

부동산 규제지역은 투기지역, 투기과열지구, 조정대상지역, 이렇게 3가지로 나뉩니다. 이 3가지에 포함되지 않는 지역이라면 비(非)규제지역이라고 합니다. '규제지역이냐 아니냐' 혹은 '규제지역 중에서도 어느 지역에 속하냐'가 부동산 투자시에 매우 중요합니다.

3가지 규제지역 중에서 조정대상지역이 가장 광범위하며, 가장 많은 규제를 받습니다. 예컨대 조정대상지역으로 지정되면 주택담보대출비율(LTV) 50% 적용을 받습니다. 그 외 지역은 최대 70%를 적용하니, 대출한도에서 벌써 차이가 많이 나지요. 2022년까지는 시세 15억 원 이상 주택의 주택담보대출이 가능한지도 규제지역 제도로 판가름 났습니다. 투기지역, 투기과열지구라면 시세 15억 원 초과 주택은 대출이 금지되는 반면 그렇지 않은 지역은 대출이 나옵니다. 대표적으로 서울 대부분 지역과 세종시, 과천 성남 분당, 수원 용인 수지, 기흥 등이 15억 원 대출 금지 규제를 받았습니다.

윤석열 정부에서는 규제지역 종류와 상관없이 규제지역의 무주택자에 LTV를 50%를 적용합니다. 비규제지역은 70%입니다. 다주택자는 '규제지역 30%, 비규제지역 60%'로 단순하게 통합해서 규제를 이해하기가 좀 더 수월해졌습니다.

대출 규제뿐 아니라 부동산 세금도 '어느 지역이냐'에 따라 다르게 적용됩니다. 예컨대 1주택자 기준으로 조정대상지역에서는 양도세 비과세 혜택을 받으려면 2년 보유하면서 2년 거주해야 합니다. 그 외 지역이라면 2년 보유만 하면 됩니다. 조정대상지역의 취득세는 2주택자와 3주택자 기준으로 8%, 12%가 적용되었습니다. 비규제지역이라면 그냥 1~3% 혹은 8%입니다. 보유세도 조정대상지역은 1.2~6%이지만 그 외 지역은 최대 3%였습니다. 물론 정권에 따라서 세율이 조금씩 달라지는데, 그렇더라도 기본적인 부과 기준은 규제지역 여부입니다.

강남 3구와 용산 빼고 모두 해제

2023년 기준으로 부동산 규제지역은 단 4곳만 남았습니다. 서울 강남 3구에 속하는 서초구, 강남구, 송파구와 용산구입니다. 이들 지역에 대해서만 무주택자 및 일시적 1주택자 기준으로 LTV 50%가 적용되고, 나머지 지역은 70%를 적용합니다. 문재인 정부에서 한때 112곳에 달했던 규제지역이 현재 단 4곳으로 대폭 축소되었습니다.

부동산 규제지역

투기지역	서울시 용산구, 서초구, 강남구, 송파구
투기과열지구	서울시 용산구, 서초구, 강남구, 송파구
조정대상지역	서울시 용산구, 서초구, 강남구, 송파구
민간택지 분양가상한제 적용지역	서울시 용산구, 서초구, 강남구, 송파구

* 2023년 6월 말 기준

규제지역 해제 여부를 결정하는 기구는 주거정책심의위원회(주정심)입니다. 주정심은 매년 6월과 12월에 정기적으로 개최됩니다. 정기 회의가 아니더라도 집값이 급등하거나 반대로 너무 하락하면 필요할 때마다 임시로 회의를 개최할 수 있습니다. 집값 급등기에는 주정심 임시회의에서 규제지역을 신규 지정하는 게 투자자의 관심사였다면, 반대로 집값 침체기에는 미분양 위험이 크거나 집값이 하락한 지역 위주로 규제지역을 어느 정도 해제할지가 투자자의 관심사입니다.

규제지역 중 강도 높은 규제를 받는 조정대상지역은 2022년 상반기에만 해도 101곳이었습니다. 이전까지만 해도 조정대상지역이 112곳에 달했는데 윤석열 정부 들어서 대구와 전남 등 11곳이 규제지역에서 해제되었습니다. 같은 해 9월에는 세종시 이외의 모든 지방 지역이 조정대상지역에서 풀려났습니다. 수도권 중에서는 안성, 평택, 양주, 파주, 동두천이 조정대상지역에서 해제되었습니다. 이런 식으로 하나둘씩 규제지역이 축소되면서 2023년에는 강남 3구와 용산만 남았습니다.

물론 규제지역은 영구적이지 않습니다. 집값 상승기, 집값 하락기마다 주정심에서 예고 없이 변경할 수 있기 때문입니다. 현재는 4곳인 규제지역이 아예 사라질 수도 있지만 반대로 다시 100곳으로 늘어날 가능성도 있습니다. 윤석열 정부에서 규제지역 제도 전반을 재검토하기로 했기 때문에 다른 형태의 부동산 규제 방식이 도입될 가능성도 있습니다.

규제지역에서 풀려난 지역에서 신규로 주택을 산다면 LTV 한도가 올라갈 뿐 아니라 취득세가 중과되지 않으며 2년의 실거주 의무 없이 양도세 비과세 혜택(1주택자)을 누릴 수 있습니다. 다만 조정대상지역에서 해제되기 전에 취득한 주택이라면 2년의 실거주 의무를 지켜야 양도세 비과세 혜택을 볼 수 있으므로, 지금 시점에서 '규제지역이냐 아니냐'만 볼 게 아니라 주택 취득시점의 상황도 따져봐야 합니다.

지방 부동산, 이제 옥석을 가려야 할 때

2020년에서 2023년 사이에 집값 급등 이슈로 규제지역으로 지정되었다가 집값 하락으로 규제지역에서 풀려난 지역이 많았습니다. 세종시의 경우 행정수도 이전 이슈로 2020년 한때 전국 집값 상승률 1위를 기록했습니다. 세종시는 일찌감치 투기과열지구에 편입되어 가장 높은 강도의 부동산 규제를 받아왔습니다. 하지만 2021년 이후 세종시 집값이 확연하게 꺾이자 세종시민들은 규제지역 해제를 강력하게 요구했습니다. 끝없는 집값 하락에 결국 세종시도 규제지역에서 풀려납니다.

규제지역에서 해제되어 부동산 규제를 받지 않는다고 해서 곧바로 투자 유망지역으로 보기는 어렵습니다. 정부 규제가 언제나 후행적이어서 그렇습니다. 정부가 규제지역에서 해제한다고 발표했다면 이미 해당 지역은 '더는 집값이 오르지 않는 지역'이라고 볼 수 있습니다. 규제지역 해제로 일종의 '낙인효과'가 발생할 수 있습니다.

실제로 2022년 6월에 규제지역에서 해제된 대구나 전남은 규제지역 해제 이후에도 단기간에는 집값이 크게 반등하지 않았습니다. 부동산 투자시에는 규제지역 해제 여부와 함께 미분양 물량, 해당 지역의 입주 물량, 주택매매 거래량 등도 동시에 챙겨봐야 하는 이유입니다. 집값이 하락한 데에는 분명히 이유가 있습니다. 특히 규제지역에서 해제된 지방 부동산에 투자할 때는 옥석을 가리는 눈이 필요합니다.

트렌드

3

집값이 오르든 내리든
청약은 옳다

집값이 오르든 내리든
언제나 '옳은' 주택청약

아파트 청약은 부동산 투자 방식 중에서 가장 안전하게 가장 높은 수익을 낼 수 있는 투자입니다. 청약에 당첨되면 새 아파트를 시세보다 저렴하게 살 수 있는데요. 입지가 좋은 인기 단지 청약에 당첨만 되면 20% 안팎의 수익률을 얻을 수 있습니다. 2023년부터는 전매제한 규제까지 풀리면서 부동산 청약의 메리트는 더 커졌습니다.

아파트 청약은 안전하고 가성비 좋은 부동산 투자입니다. 정부의 직간접적인 가격 규제로 분양가격이 주변 아파트 시세보다 저렴한 데다 쾌적하고 편리한 새 아파트에 거주할 기회를 얻을 수 있기 때문이죠.

앞에서 설명한 대로 분양가상한제가 적용된 아파트라면 주변 시세의 80% 수준 혹은 그 이하에서 분양가격이 책정됩니다. 분양가상한제 적용 아파트가 아니더라도 대부분은 분양가격이 시세보다는 낮습니다. 구조적으로 건설사들이 주택도시보증공사의 분양보증을 받으려면 분양가격을 시세보다 마음대로 높게 잡을 수 없습니다. 따라서 입지가 좋은 인기 단지 청약에 당첨만 되면 20% 안팎의 수익률을 얻을 수 있습니다.

특히 집값 상승기에는 투자수익률이 더 올라갑니다. 분양권에 당첨된 이후 공사 기간 3~5년을 기다려 입주하는데, 이 기간에 집값이 상승하면 추가 수익을 기대할 수도 있습니다. 우리나라는 다른 나라와 달리 이 같은 '선분양'이 보편화했습니다. 건설사들이 다 만들어진 집을 분양하는 게 아니라(후분양) 아파트를 짓기 전에 먼저 아파트를 매수할 사람을 찾아 분양하는 것을 분양제도라고 합니다. 건설사는 대략 어느 정도 면적에 어떤 타입으로 몇 가구 분양하겠다고 알리는 입주자 모집공고를 합니다. 입주자 모집공고를 보고 한국부동산원의 청약홈에서 청약 신청을 하고, 운 좋게 당첨되면 3년 이상 공사 기간을 거쳐 새 아파트에 입주합니다. 청약 당첨자로서는 3년 전 수준의 집값을 먼저 치르고 새 아파트를 매수하는 셈이지요. 구축 아파트를 매수할 때는 목돈이 한꺼번에 들어가지만 분양 아파트라면 계약금, 중도금, 잔금을 6~8회 나눠 내기 때문에 갑자기 큰돈을 마련할 필요가 없다는 것도 장점이라고 할 수 있습니다. 집값 상승기에는 청약의 매력이 더 부각될 수밖에 없는 이유입니다.

집값 하락기에도 아파트 청약은 안전한 투자방법입니다. 분양가격이 주변 시세보다 저렴한 편이기 때문에 집값 하락에 따른 타격이 상대적으로 덜하죠. 분양가상한제가 적용된 아파트라면 집값이 시세 대비 20%가량 떨어져도 투자자는 손해를 보지 않습니다. 본인이 만족할 만한 수준의 수익률이 아니라면 거주 만족도가 높은 새 아파트에서 거주하다가 적절한 타이밍에 매도해도 되므로 선택지가 좀 더 다양합니다.

부동산 규제 완화 기조 속에서 2023년부터는 아파트 분양권 전매 제한도 풀렸습니다. 분양권 전매제한은 분양권 매매를 금지하는 것입니다. 문재인 정부에서는 입주자 모집공고일 기준으로 최대 10년간은 분양권을 거래하지 못하도록 했습니다. 그런데 이 규제가 윤석열 정부에서 풀렸습니다. 서울 지역은 대부분 모집공고일로부터 1년이 지나면 분양권을 거래할 수 있습니다. 규제지역으로 묶인 서울 강남구, 서초구 송파구, 용산구도 전매제한 기간이 종전 최대 10년에서 3년으로 단축되었습니다. 청약 당첨자가 반드시 거주하지 않아도 분양권만 팔아 수익을 낼 수 있으니 분양권 거래 시장이 활성화될 것이란 기대감이 커졌습니다.

◤ **분양가가 평당 5,000만 원인데 '싸다'고 한 이유**

집값 급등기인 2020년 이후 3년 동안 서울과 수도권 아파트 청약 열기는 뜨거웠습니다. 수도권 아파트 청약에 신청자가 수만에서 수십만 명 몰렸습니다. 서울 아파트 청약 경쟁률이 평균 100 대 1을 넘은 적도 있습니다. 청약 당첨자의 청약통장 가점이 '만점'인 사례도 심심치 않게 등장했습니다. 만점짜리 통장의 등장은 당시 청약 경쟁이 얼마나 치열했는지를 보여주는 사례입니다.

2021년은 주택청약 시장에서 신기록이 쏟아진 해였습니다. 서울 서초구 반포동 '래미안 원베일리'(신반포3차, 경남 재건축)가 그 주인공이 었습니다. 재건축으로 지어진 이 아파트는 총 2,990가구 중 일반분양 물량이 224가구였습니다. 아파트에 거주했던 입주민(조합원)이 대다수 물량을 가져가고, 일반인이 청약할 수 있는 일반분양 물량은 224가구에 불과했습니다. 오랜만에 나온 강남권 최상급지 래미안 원베일리 일반분양을 놓고 청약시장에서 '혈투'가 벌어졌습니다.

래미안 원베일리 청약 경쟁률

평형(전용)	가구	청약자(명)	경쟁률
46.9m²A	2	3,747	1,873.5 대 1
59.9m²A	112	1만 3,989	124.9 대 1
59.9m²B	85	6,768	79.6 대 1
74.9m²A	8	4,301	537.6 대 1
74.9m²B	6	2,828	471.3 대 1
74.9m²C	11	4,483	407.5 대 1

자료: 한국부동산원

래미안 원베일리 일반분양 물량의 분양가격은 3.3m²당(평당) 5,653만 원으로 당시 역대 최고가였습니다. 서울 최상급지인 반포동 노른자위 땅에 올라가는 새 아파트라는 점에서 역대 최고 수준의 분양가격이 예고되긴 했는데요, 부동산 전문가들이나 청약 당첨자들은 평당 5,653만 원의 분양가격을 두고 '싸다'는 평가가 나왔는데 그 이유가 있습니다.

래미안 원베일리는 문재인 정부에서 사실상 처음으로 민간택지에 분양가상한제가 적용된 아파트였습니다. 민간택지는 민간이 보유한 땅을 말합니다. 그동안 분양가상한제는 한국토지주택공사(LH) 등 공공이 보유한 공공택지에만 적용되었는데요, 문재인 정부는 2019년 하반기 분양가상한제를 민간택지로 확대하겠다고 발표했습니다. 코로나19 등으로 분양가상한제 도입이 지연되어 2021년 서울 서초구 원베일리에 사실상 처음 적용하게 됩니다.

분양가상한제 효과로 래미안 원베일리 분양가격은 주변 시세와 비교해 절반 수준에 불과했습니다. 비슷한 지역의 우리나라 '대장' 아파트로 꼽히는 서초구 반포동 아크로리버파크와 래미안퍼스티지는 이미 평당 1억 원을 넘어섰습니다. 래미안 원베일리는 비슷한 입지에 신축 아파트인데도 분양가격이 5,000만 원이었으니 '여전히 싸다'는 반응이 나온 것이지요. 참고로 서울 민간 아파트 평당 평균 분양가격은 2023년 상반기 기준으로는 3,000만 원, 2023년 연말 기준으로는 3,400만 원을 기록했습니다.

서울에서 분양가상한제 적용을 받는 지역이 강남 3구와 용산구 등 4곳으로 축소된 이후에는 비강남권 분양가격이 치솟았습니다. 2024년 초 분양한 서울 광진구 '포제스 한강'의 분양가격은 평당 1억 1,500만 원으로 역대 최고가를 기록했습니다. 기존 최고가는 분양가상한제를 적용받은 서울 서초구 '메이플자이'로 평당 6,705만 원입니다. '분양가상한제를 적용받느냐, 안 받느냐'에 따라 분양가격은 그야말로 천차만별입니다.

당첨되면 14억 원 차익, 만점 청약통장도 등장

래미안 원베일리 일반분양 가격은 20평대인 전용 49m² 기준으로 9억 원대, 전용 59m² 기준으론 12억~14억 원대, 전용 74m² 기준으론 15억~17억 원대입니다. 당시에 인근 아크로리버파크의 동일 면적 시세와 비교하면 최대 14억 원의 시세차익이 가능합니다. 청약에 당첨만 되면 앉아서 14억 원을 벌 수 있었다는 뜻입니다.

다만 래미안 원베일리는 대형 면적의 일반분양 물량은 배정되지 않았는데요, 그러다 보니 중소형 주택형의 경쟁률이 '역대급'이었습니다. 1순위 청약에서만 3만 6,116명이 몰려 평균 경쟁률이 161.2 대 1로 당시 서울 청약 평균 경쟁률보다 1.3배 높았습니다. 분양가격 9억 2,000만 원으로 단 2가구를 모집한 46m² 주택형에는 3,747명이 몰려 경쟁률이 1,873.5 대 1로 역시 역대급이었습니다.

청약제도 민영주택 가점제

	만점
무주택기간	32점
부양가족 수	35점
청약통장 가입기간	17점
총점	84점

급기야 84점 만점짜리 청약통장이 등장합니다. 6가구만 모집한 74m²B 주택형에서 무주택 기간 15년 이상(32점), 청약통장 가입 기간 15년 이상(17점)을 채우고 본인과 부양가족 포함 7인 이상(35점)이

세대원인 당첨자가 나왔습니다. 당시 서울에서 만점 청약통장이 등장한 것은 같은 해 1월 강동구 힐스테이트 리슈빌 강일 이후 두 번째였습니다. 이 아파트 청약 당첨자들의 평균 청약 가점도 치솟았습니다. 가장 인기 있었던 주택형의 최저 당첨 점수는 78점, 평균은 80.5점이었습니다.

청약 당시 래미안 원베일리는 중도금대출이 나오지 않아 본인 보유자금 100%로 분양대금을 치러야 했습니다. 2023년 이후부터는 모든 분양 아파트에 대해 분양가격과 상관없이 중도금대출이 가능하지만 2021년에는 분양가격이 9억 원 이상이면 대출이 나오지 않았습니다. 래미안 원베일리는 모든 타입에서 분양가격이 9억 원을 초과했습니다. 이런 제약 조건에서도 청약 경쟁률이 최고 수준으로 오를 만큼 청약 열기가 뜨거웠습니다. 민간 아파트 분양가상한제와 집값 상승기가 겹친 2020~2021년에는 대한민국 청약시장에 '광풍'이 불었다고 해도 지나친 말이 아닙니다.

청약통장,
지금 당장 만들자

청약통장은 하루라도 빨리, 지금 당장 만들어야 합니다. 청약통장 가입 기간과 무주택 기간이 길고 부양가족이 많을수록 청약 당첨 가능성이 높아집니다. 아무래도 이 조건을 채우기 힘든 1인 가구와 무자녀 신혼부부에게도 추첨제 물량이 배정되기 때문에 '청포족(청약 포기자)'이 될 필요는 전혀 없습니다.

    윤석열 대통령이 대통령 선거 후보자 시절에 "집이 없어서 청약 통장을 못 만들어봤다"라고 했다가 논란이 된 적이 있습니다. 단순 실수였다고 해명했는데도 반대편의 집중 공격을 받았습니다. 당시 아파트 청약이 워낙 이슈였기에 실언의 파장은 생각보다 오래갔습니다. 집이 없는 무주택자들에게 청약통장은 없어서는 안 될 필수품입니다. 아파트 청약은 청약통장 만들기가 출발점입니다.

    그런데 우리나라 청약제도는 매우 복잡합니다. 시기별로 청약제도가 자주 바뀌었습니다. 부동산 전문가들조차 헷갈린다고 할 정도입니다. 하지만 큰 틀에서 보면 단순합니다. '무조건 청약 가점이 높아야 당첨 가능성이 높다'는 사실만 기억하면 됩니다. 앞서 소개한 서울 서초구 래미안 원베일리 사례처럼 경쟁이 치열한 아파트 청약이라면 심지어 84점 만점 통장을 갖고 있어야 당첨됩니다.

청약 당첨의 당락을 좌우하는 청약점수는 무주택 기간, 청약통장 가입 기간, 본인과 부양가족 숫자 중심으로 따져 항목별 점수를 합산하면 나옵니다. 무주택 기간이 길고 통장 가입 기간이 길어야 점수가 올라가기 때문에 하루라도 빨리 청약통장을 만들어야 합니다. 래미안 원베일리 만점통장의 경우 청약통장 가입 기간이 15년이 넘었습니다. 부양가족 숫자도 중요합니다. 자녀가 많거나 부모를 부양하는 경우 가점을 많이 받습니다. 래미안 원베일리 청약 만점자는 본인을 포함해 부양가족이 7명이었다는 사실이 나중에 알려져 이슈가 되었습니다.

청약통장을 만들어 아파트 청약에 도전하기로 했다면 당첨 가능성이 높은 청약 1순위 조건도 알고 있어야 합니다. 기본적으로 만 19세 이상이어야 하고, 본인 포함해 함께 사는 세대원 모두 무주택자여야 합니다. 국민주택(전용 85m² 이하)의 경우 세대원 모두 과거 5년 이내에 다른 주택 당첨 사실이 없어야 하고, 주택 건설지역 및 인근 거주자여야 1순위로 청약 신청이 가능합니다.

인기가 많은 규제지역(강남 3구와 용산구)이라면 청약통장 최소 가입 기간 2년을 채워야 하며, 납입 횟수는 24회 이상이어야 합니다. 수도권은 청약통장에 가입한 지 1년이 지나야 하고, 12회 이상 납부해야 합니다. 민영주택 1순위는 지역별로, 면적별로 청약통장 예치금 기준이 다른데요, 서울 기준으로 전용 85m² 이하는 예치금이 300만 원 이상은 되어야 합니다. 모든 면적에 도전하려면 좀 더 많은 1,500만 원이 필요합니다.

아파트 청약은 어디서 할까요? 한국부동산원 청약홈(www.apply home.co.kr)에서 온라인으로 신청합니다. 청약 당첨 여부도 청약홈에서 확인합니다. 청약 가점이나 1순위 조건도 복잡하지만 청약 당첨자를 뽑는 방식은 더 복잡합니다. 물론 청약홈에서 내 조건을 넣으면 청약가점을 자동으로 계산해주므로 크게 걱정할 필요는 없습니다. 하지만 어떤 식으로 가점을 계산하고 어떻게 당첨자를 가리는지 기본적인 기준을 알아야 나에게 맞는 청약 전략을 세울 수 있습니다.

신혼부부와 다자녀 가족도 강남 아파트 '특공'

복잡한 청약제도를 뜯어보죠. 청약은 특별공급(특공)과 일반공급으로 나눠서 신청할 수 있습니다. 신혼부부, 다자녀, 노부모 부양 등의 조건을 충족하는 사람들에겐 특별공급 방식으로 청약 우선권을 줍니다. 이 조건을 맞추지 못한다면 가점제 혹은 추첨제로 당첨자를 가리는 일반분양에 도전할 수 있습니다. 만약 자녀가 많거나, 결혼한 지 얼마 되지 않았거나, 자녀가 7세 이하로 어리거나, 부모를 부양하는 사람이라면 특별공급으로 청약에 도전하는 경우 당첨 가능성이 올라갑니다.

특별공급 제도는 기준이 해마다 바뀌었는데요, 가장 최근에 바뀐 2022년 기준으로 전용 85m^2 이하로 공급되는 국민주택의 경우 특별공급 비중이 85%로 매우 높습니다. 일반공급 물량은 15%입니다. 입주자 모집공고에서 총 100가구가 청약 물량으로 나왔다면 특별공급으로 85가구를 배정한다는 의미입니다. 일반공급 비중이 절반 이하로 낮기 때문에 청약 신청자가 조건만 충족한다면 특별공급에 도전하는 것이 유리하겠죠.

민영주택은 국민주택과 달리 특별공급 비중이 57%로 절반을 약간 웃도는 수준입니다. 국민주택은 국가의 지원을 받아서 한국토지주택공사 등 공공이 지은 아파트를 말하고, 민영주택은 일반 건설사들이 지은 아파트를 뜻합니다. 민영주택이 국민주택보다 일반분양 물량 비중이 더 높은 것은 사실이지만 역시 특별공급 비중이 절반 이상인 만큼 특별공급 기준을 충족하는 무주택자의 선택권이 넓다고 볼 수 있습니다.

신혼부부나 다자녀가구 등에 우선권을 주는 특별공급은 원래는 분양가격 9억 원 이하 아파트에서만 물량이 나왔습니다. 예를 들면 서울 강남구 래미안 원베일리처럼 모든 주택 유형이 분양가격 9억 원을 초과하는 단지라면 처음부터 특별공급 물량이 배정되지 않습니다. 하지만 서울 아파트 평균 가격이 10억 원을 훌쩍 넘다 보니 특별공급 기준선을 상향해야 한다는 요구가 많았습니다. 2023년 이후 서울 대부분 지역이 분양가상한제가 적용되지 않기 때문에 평균 분양가격은 더 올라갈 수밖에 없고요. 실제로 2023년 말 서울 민간 아파트 평당 분양가격은 3,400만 원을 돌파했습니다. 이 같은 상황을 종합적으로 판단해 정부에서 특별공급이 가능한 분양가격 기준을 없애버렸으므로 1순위 무주택자들이 강남권 인기 단지에서도 특별공급 청약 도전이 가능해졌습니다.

1인 가구와 무자녀 신혼부부, 청약 포기하지 말자

일반공급도 알아보죠. 특별공급만큼이나 일반공급 제도도 조금 복잡합니다. 일반공급은 가점제와 추첨제로 당첨자를 가립니다. 가점제는 청약가점이 높은 사람에게 당첨권을 주는 방식인데요, 청약 광풍이 불었던 2020~2022년에는 전용 85m² 이하 분양은 서울 기준 모두(100%) 가점제로 당첨자를 가렸습니다. 청약 가점이 일반분양 당첨의 당락을 기르는 절대적 기준이었던 셈이지요. 이렇게 가점제만으로 청약 당첨자를 가리면 무주택 기간, 부양가족 수, 청약통장 가입 기간 등에서 높은 점수를 만들 수 있는 40대 이상 무주택자가 절대적으로 유리할 수밖에 없습니다.

더 넓은 면적인 30평대 이상(85m² 초과)의 분양에서는 추첨제와 가점제가 절반씩이었습니다. 일반분양 물량으로 100가구가 나왔다면, 이 중에서 50가구는 청약가점이 높은 사람 순서대로 당첨권을 주고 50가구는 무작위 추첨으로 뽑는 방식이지요. 청약 가점이 낮아서 당첨 가능성이 크지 않은 20대와 30대라면 민영주택의 전용 85m² 초과 추첨 물량에 도전하는 게 그나마 당첨 가능성을 높이는 방법이었습니다.

문재인 정부 후반기에는 일반분양 물량을 줄이고 특별공급 물량을 대폭 늘리는 방향으로 청약제도를 개편했습니다. 무주택 기간이 길고 부양가족 수가 많은 사람에게 아파트 분양 당첨 기회를 주는 것이 '공정하다'고 봤기 때문입니다. 하지만 이 같은 청약제도는 20대와 30대에게는 역차별이나 마찬가지였습니다. 특별공급 혹은 가점제 위주의 일반분양 청약제도에서는 20대와 30대가 소외된 것이지요. 20대·30대 '청포족'(청약을 포기한 사람들)이 늘어난 이유는 이 같은 청약제도의 '맹점' 때문이었습니다.

그래서 2030세대가 구축 아파트를 '영끌' 매수한 이유는 가점제 위주의 청약제도와 무관치 않다는 해석도 나왔습니다. 30대가 40대나 50대를 제치고 구축 중심의 부동산 시장에서 '큰손'이 된 것도 이 무렵이었습니다.

청약제도에 대한 청년층의 불만이 폭발했고, 결국 2023년부터 청약제도가 개편됩니다. 청약으로 부동산에 투자하려는 무주택자라면, 청약 가점을 높이는 노력도 중요하지만 새로 바뀐 청약제도의 특징을 잘 알고 전략을 세워야 합니다.

달라진 청약제도에 따라
젊으면 추첨제, 나이 들면 가점제

40대와 50대에 절대적으로 유리했던 청약제도가 근본적으로 바뀌었습니다. 연령대별 수요에 맞게 청약제도가 개편되었습니다. 2030세대는 추첨제 물량이 확대되는 중소형 아파트를 공략해야 하고, 4050세대는 가점제 물량이 늘어난 중대형 아파트를 공략해야 합니다. 저출산 시대에 신혼부부를 위한 특별공급제도도 신설되었습니다.

개편된 청약제도에 따라 연령대별로 청약 전략을 달리 세워야 합니다. 2023년부터 시행된 새로운 청약제도는 연령대별 '수요 맞춤형'이라고 할 수 있습니다. 청년이나 1인 가구, 신혼부부처럼 세대 구성원이 많지 않거나 부동산 투자금이 충분치 않은 청약 희망자에겐 중소형 아파트 공급 물량이 대폭 늘어납니다. 이와 달리 부양가족이 많고 자금 여력도 있는 중장년층에게는 중대형 아파트 배정 물량이 이전보다 늘어납니다.

강남 3구와 용산구 등 투기과열지구 기준으로 살펴보면 전용 85㎡ 이하의 중소형 아파트에는 추첨제 물량이 40~60% 배정됩니다. 추첨으로 청약 당첨자를 가리기 때문에 무주택 기간이나 부양가족 수 등은 중요하지 않습니다. 그만큼 2030세대의 당첨 가능성이 올라갑니다.

이전까지만 해도 서울(투기과열지구)에서 전용 85m² 이하(30평대 이하)의 중소형 분양 아파트는 가점제 100%였습니다. 추첨제 물량은 없었으므로 무주택 기간이 길고 부양가족이 많은 40대 이상 세대주가 분양을 받기에 절대적으로 유리했습니다. 아울러 전용면적 85m² 초과도 이전에는 가점제와 추첨제 비율이 각각 50%였습니다. 결국 중대형까지 합쳐 보면 가점제가 높은 사람이 절대적으로 유리한 청약제도였습니다.

2017년 8·2 부동산 대책부터 청년들이 청약시장에 발을 들이기 어려웠습니다. 수도권 공공택지와 투기과열지구 일반공급의 가점제 비율이 75%에서 100%로 확대되어 2030세대의 아파트 청약 당첨 기회는 사실상 '낙타가 바늘구멍 들어가기'가 되었습니다. 운이 좋게도 20~30대가 대형 면적 청약에서 추첨제(50%)로 당첨되었더라도 마냥 웃을 수만은 없었습니다. 모아놓은 돈이 많지 않은 젊은 세대는 대형 아파트의 분양가격을 감당하기 힘드니까요. 그러니 청약에 당첨되고도 계약을 포기해야 했습니다. 오죽하면 대형 평수 추첨제는 '금수저 청약'이란 말까지 나왔습니다. 10억 원이 넘는 분양대금을 치르려면 부모의 경제적 도움이 필수였습니다. 결과적으로 금수저만 청약이 가능했습니다.

1인 가구는 대단지 중소형 아파트를 노려라

문재인 정부에서 폐지했던 전용 85m² 이하 중소형 면적의 추첨제가 2023년 이후 부활했습니다. 우선은 가장 작은 면적인 전용 60m² 이하 구간에 새로운 청약제도(투기과열지구 기준)가 생겼습니다. 이 면적에선 가점제 40%, 추첨제 60%를 적용합니다. 청약 가점이 높지 않은 젊은 층이 도전할 경우 당첨 확률이 예전보다 상당히 높아졌습니다. 이보다 면적이 넓은 전용 60m² 초과 전용 85m² 미만은 가점제 70%, 추첨제 30%를 적용합니다. 이전까지만 해도 100% 가점제였다는 점을 감안하면 역시 추첨제 비중이 확대되었다고 보면 됩니다. 이에 따라 2030세대의 경우 면적은 좁지만 상대적으로 분양가격이 저렴한 60m² 이하 서울 중소형 아파트 청약에 도전하는 전략을 세워야 합니다.

주택청약 제도

종전(투기과열지구 기준)	
85m² 이하	가점제 100%, 추첨제 0%
85m² 초과	가점제 50%, 추첨제 50%

현행(투기과열지구 기준)	
60m² 이하	가점제 40%, 추첨제 60%
60m² 초과 85m² 미만	가점제 70%, 추첨제 30%
85m² 이상	가점제 80%, 추첨제 20%(조정대상은 가점제 50%, 추첨제 50%)

자료: 국토교통부

특히나 2023년 이후 청약제도 개편은 1인 가구에 직접 영향을 줍니다. 혼자 사는 가구는 그동안에는 청약시장에 발조차 들여놓지 못했습니다. '부양가족 수가 몇 명이냐'를 따지는 가점제 위주에서는 1인 가구는 소외될 수밖에 없었습니다. 우리나라 1인 가구는 2021년 이후 전체 가구 수의 40%를 웃돕니다. 10가구 중에서 4가구는 1인 가구인 셈이지요. 주민등록인구 통계상 1인 가구가 우리나라의 대표 가구 유형이 되었습니다. 가점제 위주의 청약제도를 추첨제로 바꾼 이유 중 하나가 1인 가구의 '급증'이라고 할 수 있습니다. 개편된 청약제도에선 몇 사람이 함께 사느냐를 따지지 않는 추첨 물량이 대폭 확대되었기 때문에 1인 가구도 청약으로 부동산 투자가 가능해졌습니다.

4050세대는 중대형 아파트 가점제에 도전

개편된 청약제도는 젊은 층에게만 유리하고 40대와 50대는 종전 대비 불이익을 받게 되는 걸까요? 흔히 '청약은 제로섬 게임'이라고들 합니다. 한정된 물량을 두고 청약 신청자들끼리 경쟁해야 하기 때문인데요, 누군가에게 기회가 더 주어지면 누군가는 그만큼 기회를 잃는 것 아니냐는 해석이 나올 법합니다. 그런데 개편된 청약제도에서는 꼭 그렇지 않습니다. 전용 60m² 이하 면적에는 추첨제 비중을 늘려 2030세대에게 기회를 주지만, 반대로 전용 85m²

초과의 중대형 면적에서는 추첨제 비중을 줄이고 가점제 비중을 확대합니다.

이전에는 전용 85m² 초과에서 가점제 비중이 50%였는데, 개편된 제도에서는 이 비중이 80%(투기과열지구 기준, 조정대상지역은 30%→50%)로 늘어났습니다. 가점제가 유리한 4050세대의 중대형 분양 아파트 당첨 확률이 올라가도록 제도를 개편한 것입니다. 중대형의 경우 분양 가격이 비싼 만큼 이 가격을 감당할 수 있는 4050세대가 물량을 더 많이 배정받는 게 합리적이죠. 청약제도의 부작용으로 꼽히는 '금수저 청약'도 사라질 수 있습니다.

종전 청약제도에서 등장했던 래미안 원베일리의 만점통장은 어떻게 보면 웃픈(웃을 일이지만 서글프기도 한) 일입니다. 만점통장을 써서 당첨된 청약자는 7인 가족이 전용 74m²에 입주합니다. 아무리 입지가 뛰어난 아파트라고 해도 7인 가족이 20평대 아파트에서 거주하는 것은 말처럼 쉽지 않습니다. 문재인 정부가 '공정'을 이유로 가점제 위주의 청약제도를 운영하면서 벌어진 '웃픈' 일입니다.

2년 안에 아이 낳으면 신생아 특별공급

윤석열 정부 들어 첫 청약제도 개편(2023)에서는 1인 가구와 청년 층에 대한 추첨제 물량을 확대했다면, 두 번째 개편(2024)에선 신혼 부부에게 더 많은 기회를 줍니다. 가장 큰 변화는 신생아 특별공급

제도가 신설되었다는 점입니다. 2024년 3월 이후 입주자 모집공고 일로부터 2년 안에 임신하거나 출산 사실을 증명하면 특별공급 물량을 우선 공급받습니다. 공공분양의 경우 분양물량의 20%에서 최대 35%로 늘어나고, 민간분양도 20%가 우선 배정됩니다.

생애최초와 신혼부부 특별공급 자격에서 배우자의 결혼 전 주택 소유와 당첨이력을 배제해준다는 점도 중요한 변화입니다. 기존에는 결혼 전 배우자가 주택을 갖고 있었거나 청약 당첨이 되었다면 결혼 후 청약자격에 제한이 있었는데, 2024년 3월 이후로는 결혼 전 배우자의 이력과 상관없이 청약 신청이 가능합니다.

신혼부부의 주택청약 횟수도 기존 부부 합산 1회에서 부부 각각 1회, 총 2회로 늘어납니다. 같은 날짜에 당첨자를 발표하는 같은 아파트 청약이라도 부부가 각자 청약통장으로 신청할 수 있습니다. 만약 중복 당첨된다면? 먼저 신청한 사람의 당첨으로 인정해줍니다. 이렇게 2번의 청약 기회를 활용하면 청약 당첨 가능성은 2배로 올라가겠죠. 달라진 청약제도에 따라 2024년 이후 임신과 동시에 결혼을 계획한 예비 신혼부부라면 한 사람은 신생아 특공으로, 다른 한 사람은 신혼부부 특공으로 청약 전략을 짜도 좋습니다.

아울러 부부 둘 다 청약통장을 유지하는 게 유리합니다. 2024년 3월부터 민영주택 일반공급 가점제에서 청약저축 가입 기간 점수를 계산할 때 배우자 통장의 보유 기간 50%를 인정해주기 때문입니다. 최대 3점을 가점으로 줍니다. 다만 청약통장 가입 기간 합산점수는 최대 17점으로 종전과 같습니다. 예컨대 청약자 본인이 청약통장을

5년(7점), 배우자가 4년(6점)을 유지하고 있다면 본인 청약 때 배우자 보유 기간의 2분의 1인 2년(3점)을 더해 10점을 인정받게 됩니다.

다자녀 특별공급 요건이 기존 만 19세 미만 자녀 3명 이상에서 2명 이상으로 낮아지는 것도 중요한 변화입니다. 만약 최근 2년 안에 둘째 자녀를 두었다면 노부모 부양 자격을 제외한 모든 특별공급에 도전할 수 있습니다.

윤석열 정부의 두 번째 청약제도 개편에서는 '결혼'이 주택마련의 패널티가 되지 않도록 배려했다는 점에서 의미가 있습니다. 또한 부동산 정책에 저출산 대책을 더해 출산에 대한 인센티브를 강화했습니다. 신생아 특별공급 비중을 확대하면서 동시에 연 1%대 낮은 금리의 신생아 특별대출까지 공급합니다. 자녀 출산 계획이 있는 신혼부부라면 이런 좋은 기회를 놓치지 말아야겠지요.

한 번밖에 쓸 수 없는 청약통장, 신중하게 사용하자

청약통장은 인생에서 한 번밖에 쓸 수 없으므로 신중하게 사용해야 합니다. 나쁜 의도는 전혀 없었는데도 청약 상식이 부족해 '부정청약'으로 몰리면 수년간 청약 신청 기회도 박탈당합니다. 계약금, 중도금, 잔금을 어떻게 치를지 미리 자금계획을 세우지 않고 '묻지 마 신청'을 하면 청약 당첨이 되어도 낭패입니다.

청약에 도전하기 전에 꼭 알고 있어야 할 3가지 사항이 있습니다. 첫째, 청약통장은 딱 한 번만 사용할 수 있다는 점입니다. 둘째, 아무 단지나 되는대로 '묻지 마 청약'을 했다간 아까운 청약통장을 날릴 뿐 아니라 자칫하면 수년간 '미분양 무덤'에서 헤어나오지 못할 수 있다는 점입니다. 셋째, 청약에 당첨되면 계약금, 중도금, 잔금을 어떻게 조달할지 청약 신청 전에 꼼꼼하게 자금 스케줄을 짜야 한다는 것입니다.

청약 당첨되었는데 계약 포기하면 벌어지는 일

무엇보다 한 번 사용한 청약통장은 다시 사용할 수 없다는 점을 명심해야 합니다. 치열한 경쟁을 뚫고서 청약에 당첨되었는데 "내가 원했던 주택 유형이 아니야" "분양가격이 너무 높아" 등 이런저런 이유로 계약을 포기하거나 나중에 부정청약으로 판명되어 청약이 강제 취소되는 경우가 많은데요, 이렇게 되면 길게는 10년 동안 청약에 재도전하지 못합니다. 10년 후 재도전이 가능해지더라도 기존에 쌓아놨던 청약 가점은 날아가고 이때부터 다시 제로에서 시작해야 합니다.

부정청약으로 당첨되어 나중에 당첨이 취소되는 사례가 의외로 많습니다. 2021년 7월 국토교통부가 발간한 '주택청약 질의 회신집'(FAQ)을 보면 청약 당첨자 대비 부적격 당첨자 비율이 연간 9.5%나 되는 걸 확인할 수 있습니다. 부적격 당첨자 비율은 매년 9~11% 수준입니다. 100명 중에서 10명은 당첨되고도 부적격으로 자동 취소되는 것이지요.

'부적격'이라고 하니까 뭔가 나쁜 의도를 갖고 불법, 탈법적인 방법을 동원해 청약을 신청한 것처럼 보이지만, 사실 대부분은 청약제도에 대해 '잘 몰라서' 걸리는 경우가 허다합니다. 그래서 국토교통부에서는 알쏭달쏭한 청약제도에 대해 다음과 같이 예를 들어 이해하기 쉽게 설명해줍니다.

Q 유주택자인 아내의 친정부모(60세 미만)와 같은 세대별 주민등록표에 등재되어 있으면, 남편이 청약 신청 시 무주택 세대 구성원 자격 인정을 받을 수 있나요?

A 부부 모두 무주택자이지만 아내와 같은 세대별 주민등록표에 등재된 장인·장모가 주택을 소유하고 있다면 무주택 세대로 인정되지 않습니다. 이 같은 사실을 모른 채 청약을 신청할 때 무주택자라고 체크한다면 당첨이 취소될 수 있으므로 각별히 유의해야 합니다.

Q 청약에 당첨되었으나 개인 사정으로 계약을 포기한 경우, 재당첨 제한 등 청약 제한 사항이 적용될까요?

A 당첨자로 관리되는 경우 계약 체결을 포기하거나 해지해도 실제 공급계약 체결 여부와 무관하게 당첨자로 관리됩니다. 즉 청약통장 재사용이 제한됩니다. 분양대금을 대출로 충당하려고 했다가 여의치 않게 되어 청약 당첨을 포기한 경우도 부정청약으로 분류됩니다.

Q 1주택자가 주택을 매도해 무주택자가 되는 경우, 무주택 기간 산정 시점은 언제부터일까요?

A 건물 등기사항증명서상 등기접수일, 건축물대장등본상 처리일을 기준으로 산정해야 하며, 해당 서류가 존재하지 않으면 재산세 과세대장상 납부대상자 변경일을 기준으로 무주택 기간을

산정합니다. 청약 신청시 본인의 무주택 기간을 체크해야 하므로 무주택 기준일을 잘 알고 있어야 합니다.

청약에 당첨되고도 부적격으로 판명되면 규제지역, 분양가상한제 지역의 경우 당첨일로부터 10년간 재도전을 할 수 없습니다. 청약 과열지역은 7년이고, 분양전환 공공임대주택의 경우 면적별로 1~5년 등의 재당첨 제한 기간이 적용됩니다. 물론 재당첨 제한 기간은 청약제도가 바뀔 때마다 늘기도 하고, 줄기도 합니다. 본인이 재당첨 제한 대상자인지, 재당첨 제한 기간이 얼마나 되는지 정확한 정보를 알고 싶다면 한국부동산원 청약홈 사이트의 청약 제한사항 항목에서 찾아보면 됩니다.

청약 당첨만 되면 로또? 돈 없으면 꽝!

둘째, 청약에 도전하기 전에 필요 자금을 어떻게 조달할지 구체적인 계획을 세워야 합니다. 당첨만 되면 '로또'라고 생각해 자금조달 계획을 세우지 않고 청약하는 경우가 흔합니다. 운이 좋게 당첨되었지만 정작 매수자금을 마련하지 못하면 '꽝'입니다.

분양대금 가운데 10~20%를 계약금으로 내야 합니다. 청약 당첨자 발표 후 며칠 지나지 않으면 바로 납입해야 합니다. 계약금 납입 이후엔 분양대금의 약 30~40%에 해당하는 중도금을 내야 합니다.

중도금은 사업장별로 납입 횟수가 조금씩 다르지만 대개는 한꺼번에 내지 않고 기간별로 3~6차례 나눠 납입합니다. 그리고 입주 시점에 맞춰 잔금을 치러야 합니다. 이 중 어느 단계에서라도 돈을 마련하지 못하면 계약은 취소됩니다. 중도금을 못 내면 계약금도 날리는 것이죠. 여기에다 최장 10년간 청약에 재도전할 수 없으니 패널티가 의외로 큽니다.

계약금은 통상 본인 돈으로 내고 나머지는 대출을 받는 경우가 많습니다. 서울의 경우 2022년까지는 중도금대출이 안 나오는 아파트가 많았습니다. 분양가격 9억 원이 넘으면 은행에서 중도금대출을 해주지 않았기 때문인데요, 2023년 이후엔 분양가격과 상관없이 중도금대출을 받을 수 있게 되었습니다.

중도금대출 규제가 폐지되면서 서울 강동구 둔촌주공 일반분양 당첨자들의 자금조달 계획이 한결 여유로워졌습니다. 중도금대출은 간혹 건설사가 건설사 신용으로 돈을 빌려 대납하는 경우도 있지만 이는 통상적이진 않습니다. 2022년 12월 분양한 둔촌주공의 경우 중도금을 총 6회 나눠 납입해야 합니다. 첫 중도금은 분양 이듬해인 2023년 6월에 냅니다. 중도금대출은 입찰을 통해 6개 은행에서 취급하기로 했는데, 대출금리는 연 4% 후반대 수준입니다. 대출금리는 기준금리(신규 코픽스)에 1%포인트를 얹은 수준에서 하기로 했는데요, 변동금리인 만큼 6개월 단위로 금리가 바뀝니다.

중도금을 완납하면 잔금을 치러야 합니다. 잔금은 보통 분양대금의 약 30~40% 수준입니다. 잔금대출을 받아서 분양대금을 치르는 경우도 많은데, 중도금대출을 받은 사람이라면 중도금대출을 상환하고 이를 잔금대출로 갈아탑니다. 잔금대출은 주택담보대출의 일종입니다. 따라서 주택담보대출처럼 LTV와 DSR 적용을 받습니다.

일반적으로 LTV는 해당 주택의 시세를 기준으로 하지만 분양주택의 경우는 시세가 없습니다. 그래서 은행의 감정가격을 기준으로 대출한도가 정해집니다. 일반적인 시세가 아니라 은행이 생각하는 적정가격이기 때문에 은행별로 대출한도가 다를 수 있습니다. 예컨대 분양가격 10억 원 아파트의 잔금대출 시점의 감정가격이 10억 원을 넘는 사례도 있습니다.

분양가격보다 은행의 감정가격이 더 높으면 대출한도가 늘어날 수 있습니다. 특히 강남 3구와 용산구를 제외하고 서울 대부분 지역이 비규제지역으로 풀려 LTV 70%를 적용하기 때문에 감정가격이 얼마만큼 나오냐에 따라서 대출한도가 달라집니다. 다만 잔금대출도 DSR에 포함되기 때문에 소득 수준에 따라 대출자별로 한도가 달라질 수 있다는 점을 참고해야 합니다.

자금조달 계획을 세우면서 자칫 빠뜨리기 쉬운 비용이 취득세입니다. 취득세는 부동산 세금 편에서 다루겠지만 통상 잔금 납입일로부터 60일 이내에 내야 한다는 점에 유념해야 합니다. 취득세는 주택가격에 따라 세율이 다릅니다. 1주택자나 일시적인 2주택자가 9억 원 이상의 주택을 취득하면 3% 세율이 적용됩니다. 10억 원짜리 아파트라면 3,000만 원이 필요합니다. 이 밖에도 지방교육세와 농어촌특별세를 별도로 내기 때문에 입주시 필요자금이 예상보다 많을 수 있다는 점에 유념해야 합니다.

　다만 주택가격이 12억 원 이하로 생애최초 주택 취득시에는 200만 원 범위 안에서 취득세가 감면됩니다. 그 대신 취득세를 감면받은 사람은 3년 안에 해당 주택을 팔거나 증여하면 안 되며, 다른 사람에게 전세나 월세 등 임대할 수도 없습니다.

'묻지 마' 청약은 위험하니
공부하고 또 공부하자

청약이 가성비 좋은 부동산 투자라고 하더라도 '묻지 마' 청약은 위험합니다. 한때 인기가 높았던 인천 송도에서 미분양이 나오기도 했고, 공급 폭탄이 쏟아진 대구에서 유명 브랜드 아파트가 청약 미달사태를 맞기도 했습니다. 입지 조건, 합리적 분양가격, 공급 물량을 분석해 나에게 맞는 청약을 해야 합니다.

주택청약이 가성비 좋은 부동산 투자방법인 것은 맞지만 아무 지역이나 되는대로 '묻지 마 청약'을 하면 위험합니다. 예컨대 분양가 상한제가 적용되는 아파트라 분양가격이 싸다고 해서 입지 요건도 안 따지고 청약했다간 미분양에 물리기도 합니다. 국토교통부는 매월 전국 주요 지역의 미분양 물량을 공개하는데, 청약신청을 하기 전에 미분양 통계를 확인하면서 해당 지역의 분양시장 분위기를 파악해야 합니다.

청약열기가 뜨거웠던 2022년 4월의 통계를 살펴볼까요? 전국의 미분양 주택은 총 2만 7,180가구로 전월 2만 7,974가구 대비 2.8%

⑺⁹⁴가구) 감소했습니다. 그런데 '청약불패'로 인식해왔던 수도권과 서울에서 미분양이 조금씩 늘고 있었습니다. 수도권의 미분양 물량이 2,980가구로 전월 2,921가구 대비 1.7%⑷⁹가구) 증가했습니다. 전년도 말 1,509가구 대비로는 2배 확대되었습니다. 서울 분위기도 비슷했습니다. 2022년 3월 미분양 물량이 180가구에서 4월 360가구로 2배 늘었습니다.

절대적 기준으로 보면 미분양 물량이 결코 많다고 할 수는 없습니다. 통계적으로 유의미하게 미분양 위험을 이야기할 단계는 아니었습니다. 하지만 서울에서 미분양이 나왔다는 사실 자체에 주목해야 하는 시점이었죠. 한때 청약했다 하면 수백 대 일의 청약 경쟁률을 찍었던 서울과 수도권에서도 미분양 물량이 나온 것은 그냥 넘어갈 일은 아니었습니다.

'청약불패'라는 말만 믿고 청약했다가는 제 발등을 찍을 수 있습니다. 미분양 통계를 참고로 최근 몇 개월 사이의 청약시장 분위기를 파악해 미분양 우려는 없는지 면밀히 분석해야 합니다.

미분양 난 대구 수성구와 인천 송도는 왜?

국토교통부의 미분양 통계를 살펴보면 대구시는 2022년 4월 미분양 물량이 6,827가구로 전월 6,572가구 대비 3.9%⑵⁵⁵가구) 늘었습니다. 대구 미분양 물량은 2011년 말 8,672가구를 기록해 정점을 찍었는데, 10여 년 만인 2022년 4월 통계가 전고점에 근접한 것입니다. 대구 미분양 물량은 2020년 말 280가구에 불과했으나 2021년 말 1,977가구로 늘었고, 2022년 2월에는 4,561가구로 두 배가량 증가했습니다.

실제 분양 단지를 보면 2022년 대구 소재 분양 아파트 8곳 모두 청약 미달사태가 벌어졌습니다. 대구에서 '핫 플레이스'로 불리는 수성구의 유명 브랜드 아파트마저 미분양이 나면서 당시에 부동산 투자자들이 충격에 빠졌습니다. 대기업 브랜드도 미분양을 피해갈 수 없을 만큼 분양시장이 좋지 않다는 사실을 확인한 것입니다. 지방 부동산 침체 우려와 함께 아파트 공급 물량 확대에 따라 대구 부동산 경기가 본격적으로 꺾이기 시작했습니다.

인천 송도 아파트 사례도 있습니다. 인천시 연수구 송도랜드마크시티 6공구 A17블록에서 1,533가구로 조성하는 한 유명 브랜드 아파트의 경우 2021년 11월 진행한 1순위 청약 경쟁률이 평균 13 대 1이었습니다. 비교적 높은 경쟁률이었는데도 청약 당첨자의 35%인 530명이 최종적으로 계약하지 않는 사태가 벌어졌습니다. 경쟁률 수준을 감안할 때 이 같은 대규모 미계약 사태는 누구도 예상하지 못했습니다.

미계약 배경을 두고 다양한 추정이 나왔습니다. 우선 분양가격이 높아 중도금대출이 안 나온 게 미계약 첫째 이유로 꼽혔습니다. 근본적으로는 향후 송도 집값이 꺾일 것이라는 전망이 우세했기 때문입니다.

미계약 이후 추가로 진행한 무순위청약으로 미계약 물량이 완판되기는 했지만 35% 계약 미달사태의 여진은 송도에서 한동안 지속되었습니다.

미분양을 피하려면 확인해야 할 통계들

미분양 위험이 있는지 확인해보려면 미분양 통계를 찾아보는 방법도 있고, 국토교통부와 주택도시보증공사(HUG)가 매달 공개하는 미분양 관리지역을 확인할 수도 있습니다. 미분양 관리지역이란 미분양 주택 수가 1,000가구 이상인 시군구 중 주택도시보증공사가 미분양 관리를 위해 선정한 지역을 말합니다. 미분양 관리지역은 미분양이 증가하거나 증가할 우려가 있거나 미분양 해소가 저조한 경우 선정됩니다. 이 요건 가운데 하나라도 충족하면 지정됩니다.

이런 지역에서 건설사들이 주택부지를 매입하거나 분양하려면 주택도시보증공사의 예비심사 또는 사전심사를 받아야 합니다. 주택을 마구잡이로 공급하지 못하도록 정부가 직접 관리하는 지역으로 보면 됩니다.

2022년 7월 말 기준으로 미분양 관리 지방은 9곳이었습니다. 대구 중구와 동구, 남구 달서구 등 4곳과 울산 울주군, 강원 평창군, 전남 광양시, 경북 경주시와 포항시입니다. 대구는 미분양 물량이 확대되고 있는 데다 적정 수요 대비 공급 물량이 일시적으로 급증해 미분양 관리지역으로 묶였습니다. 2023년 11월 기준으로 대구 미분양 아파트는 1만 328가구로 늘어나 전국 시도 가운데 가장 많습니다. 포항시와 경주시도 1,000가구가 넘어서 미분양 관리지역으로 13개월 연속 지정되었습니다.

청약을 신청할 때는 해당 단지의 입지 분석도 중요합니다. 좋은 입지라고 해도 분양가격이 과도하지 않은지, 가격 거품은 없는지 면밀히 따져봐야 합니다. 대규모 공급계획이 예고된 지역이라면 공급 과잉 문제도 짚어봐야 합니다. 위험을 경고하는 징후들은 각종 통계로 확인할 수 있습니다.

이런 청약도 있다
'줍줍'과 사전청약

청약 당첨자가 이런저런 사정으로 계약을 하지 않아서 나오는 무순위청약 물량도 좋은 기회가 될 수 있습니다. '줍줍'이라고도 불리는 무순위청약은 신청자격 요건이 일반 청약보다 까다롭지 않습니다. 특히 입주 시점이 가까운 무순위청약 물량이라면 단기에 거액의 차익을 거둘 수도 있어 '로또 중 로또'라고 불립니다.

주택청약에 입문하면 자주 듣는 단어가 있습니다. '줍줍'입니다. '줍고 또 줍는다'는 뜻의 신조어로 2020년 이후 줍줍 청약이 높은 인기를 끌었습니다.

줍줍의 공식 명칭은 무순위청약입니다. 일반분양 청약에 당첨된 사람이 여러 가지 이유로 당첨권을 포기하거나 청약이 취소되어서 추가 당첨자를 찾는 물량인데요, '로또'처럼 무작위로 추첨해서 추가 당첨자를 가리기 때문에 청약점수는 중요하지 않다는 게 중요한 특징입니다.

특히 2023년부터는 무순위청약을 할 수 있는 자격요건 중 '해당 지역 거주자' 조건도 삭제되어 거주지역과 상관없이 '전국구'로 무순위청약에 도전할 수 있습니다.

일반적인 분양은 한국부동산원 청약홈에서 청약을 신청하지만 무순위청약은 건설사 홈페이지 등에서 따로 청약 신청을 받기도 합니다. 건설사들은 줍줍 물량이 나오면 일정 시점에 공고하고, 자사 홈페이지 등에서 청약을 진행합니다.

줍줍으로 높은 시세차익을 노리려면 어느 지역, 어느 단지에서 줍줍 물량이 몇 가구 나오는지 사전 정보를 얻는 게 무엇보다 중요합니다. 평소에 남다른 관심으로 줍줍 정보를 잘 챙겨야 하다 보니 부동산 투자에 관심이 많은 젊은 층을 중심으로 줍줍 물량 정보를 실시간으로 공유하는 온라인 커뮤니티의 인기가 많습니다.

줍줍 물량은 나오는 시점도 다양합니다. 단기간 시세차익을 많이 볼 수 있는 줍줍 물량은 입주 직전 무순위청약을 하는 경우입니다. 왜냐하면 줍줍으로 나오는 물량은 3년 전 분양가격 기준으로 계약하기 때문입니다.

분양시점의 시세보다 입주시점 시세가 많이 올랐다면 줍줍으로 얻을 수 있는 시세차익은 훨씬 더 커집니다. 2024년 2월 101만명의 청약 신청자가 몰린 서울 강남구 개포동 '디에이치 퍼스티어 아이파크' 무순위청약이 대표적인 사례입니다. 입주 직전 '줍줍'으로 3채가 나왔는데, 당첨만 되면 무려 최대 20억원의 시세차익을 기대할 수 있었습니다.

반년 만에 시세차익 10억 원, 성수동 대박 '줍줍'

'연예인 아파트'로 알려진 서울 성수동 '아크로 서울포레스트'가 줍줍의 대표 단지입니다. 2020년 5월 아크로 서울포레스트 3가구의 주인을 찾는 줍줍 청약이 진행되었는데 26만 명이 몰렸습니다. 이 아파트는 분양가격이 최고 37억 5,800만 원에 달하는 초고가 아파트입니다. 당첨 후 하루 만에 분양가의 10%를 계약금으로 내야 하고 4개월 후에 10%를 중도금으로 추가 납입해야 하는 만큼 보유 현금이 충분한 사람들이 제한적으로 무순위청약에 도전할 것이란 예상이 많았습니다. 하지만 뚜껑을 열어보니 신청자 26만 명을 돌파해서 우리나라 '줍줍의 역사'를 새로 썼습니다.

놀라운 사실이 하나 더 있습니다. 26만 명 중에서 절반 이상(60%)은 30대 이하였다는 점입니다. 2020년 줍줍 청약제도는 유주택자여도, 청약통장이 없어도, 해당 지역에 거주하지 않아도, 가점이 낮아도 누구나 신청할 수 있었습니다. 전국구로 개방된 성수동 줍줍 청약에 20대와 30대가 대거 몰려들었습니다. '일단 청약부터 넣고 보자'는 사람이 많았습니다.

아크로 서울포레스트 3가구 무순위청약 모집에 몰린 26만 4,325명 가운데 11만 9,847명(45%)이 30대(출처: 김상훈 국민의힘 의원실 자료)였는데, 이는 40대(5만 8,009명)의 2배에 달합니다. 20대 청약자는 3만 9,812명(15%)이었습니다. 전체 참여자의 60%가 30대 이하인 셈이지요. 분양가격이 17억 4,100만~37억 5,800만 원에 달했음에도 역대 최다 인원이 동원되었습니다. 다만 당첨의 행운은 모두 40대에게 돌아갔습니다.

시세차익이 얼마나 되기에 이렇게 많은 사람이 몰렸을까요? 청약 당첨자의 매도 정보를 분석해보니 불과 6개월 만에 10억 원의 차익을 실현했습니다. 줍줍 당첨자 중 한 사람은 준공시점인 2021년 말 이 아파트에 입주하지 않고 바로 매도했습니다. 분양가격 18억 원에 매도가격은 28억 원이었습니다. 줍줍 당첨 이후 반년 만에 10억 원의 차익을 손에 쥔 것입니다.

줍줍 당첨 후 곧바로 매도하지 않고 6개월 기다린 이유는 분양권 전매제한이 걸렸기 때문입니다. 당시에는 입주시점까지는 분양권을 거래할 수 없는 규제가 있었습니다. 그 대신에 실거주 의무는 없어서 입주일 이후 곧바로 차익을 실현했습니다. 이처럼 전매제한이나 실거주 의무 여부, 무순위청약 자격 등 부동산 정책이 부동산 투자 수익률에 미치는 영향이 상당하다는 사실을 성수동 줍줍 사례에서도 확인할 수 있습니다.

당첨만 되면 단기간 수억 원의 차익을 볼 수 있다는 입소문이 나면서 줍줍 열풍이 확산되었습니다. 그러자 정부는 줍줍 규제를 단계적으로 강화했습니다. 성수동 아파트 사례처럼 원래는 청약통장 없이 전국 어느 지역 거주자나 줍줍 청약을 할 수 있었는데 차츰 거주지역 제한과 청약 자격 제한을 걸기 시작했죠.

다만 정부는 2022년 12월 무순위청약의 지역규제는 다시 철폐했습니다. 정부는 금리인상과 주택가격 하락 여파로 무순위청약 물량이 늘어나자 해당 지역 거주 요건을 폐지하기로 한 것입니다. 그래서 지금은 유주택자도 거주지역과 상관없이 무순위청약에 도전할 수 있습니다.

청약보다 빠른 사전청약에서 주의할 점

'사전'이라는 이름이 붙은 청약도 있습니다. 원래 청약은 건설사가 입주자 모집공고를 한 이후에 주택 면적, 타입별로 입주를 희망하는 사람들에게 신청을 받는데요, 보통은 아파트 공사를 시작하기 전에 청약하기 때문에 실입주까지는 최소 3년이 소요됩니다. 그런데 사전청약은 이 같은 일반적 청약보다 1~2년 앞서서 받는 청약을 말합니다. 사전청약에 당첨된 사람이 실제 새 아파트에 입주할 때까지는 일반 청약보다 1~2년 더 걸리니까 입주자 모집공고 이후를 기점으로 최소 4~5년 후라고 보면 됩니다. 길게는 7년 이상이 걸릴 수도 있습니다. 사전청약에 당첨되었다면 입주할 때까지는 상당히 오랜 시간이 걸리는 것입니다.

사전청약 제도는 이명박 정부에서 시행했다가 사라진 후에 문재인 정부에서 다시 부활했습니다. 남양주 왕숙, 하남 교산, 인천 계양, 고양 창릉, 부천 대장 등 3기 신도시를 사전청약 방식으로 분양했습니다. 3기 신도시 사전청약은 2021년 7월에 시작했는데, 입주까지는 오랜 시간이 걸리는데도 사전청약을 한 이유가 있습니다. 주택가격이 급등하는 시기에 주택 매수 수요를 사전청약으로 흡수하려는 것입니다.

사람들이 일반적 청약보다 1~2년 앞서서 분양권을 갖게 되면 그만큼 부동산 시장에서는 집을 사려는 사람이 줄어들겠죠. 매수수요가 감소하면 집값이 안정될 수 있다고 본 겁니다. 한편으론 사전청약으로 3기 신도시 같은 대규모 주택공급이 가시화되었다는 확실한 신호를 부동산 시장에 보낼 수도 있습니다.

그럼 사전청약을 하면 부동산 투자자에게 뭐가 좋을까요? 우선 사전청약은 일반 청약처럼 규제가 촘촘하지 않다는 게 장점입니다. 사전청약 당첨자는 나중에 사정이 생기면 자유롭게 청약을 포기할 수 있으며, 청약을 포기해도 특별한 패널티가 없습니다. 일반 청약처럼 재당첨 제한 규제를 받지 않습니다. 본청약까지는 1~2년 더 기다려야 하고, 입주까지 5년 이상 대기해야 하는 만큼 규제를 깐깐하게 적용하지 않는 겁니다.

다만 민간 건설사가 공급하는 사전청약은 재당첨 규제를 받는다는 점을 알고 있어야 합니다. 사전청약은 공공택지에서 하는 청약이 있고, 민간 건설사가 공급하는 청약이 있습니다. 민간 건설사가 공급하는 사전청약은 본청약에서 당첨권을 포기하면 청약통장 재사용이 제한됩니다. 따라서 사전청약을 할 때는 민간 청약인지, 3기 신도시와 같은 공공택지 청약인지 확인하는 것이 필수입니다.

사전청약의 두 번째 장점은 청약에 당첨되어도 계약금을 바로 납입하지 않는다는 점입니다. 당장 여유자금이 없는 20~30대라면 사전청약으로 분양권을 확보한 이후 본청약까지 1~2년 동안 계약금 등을 마련할 수 있습니다.

사전청약의 세 번째 장점은 경쟁률이 높지 않다는 점입니다. 3기 신도시를 예로 들면 신도시 입지에 따라 조금씩 다르겠지만 일반적인 청약 대비로는 경쟁률이 낮아서 그만큼 당첨 확률도 올라갑니다.

전매제한 완화와 실거주 의무 완화, 부활하는 분양권 시장

분양권 거래를 제한하는 전매제한 규제가 2023년부터 완화되었습니다. 이에 따라 청약 당첨자는 당첨 후 일정 기간만 지나면 분양권을 매도할 수 있습니다. 전매제한 기간은 최장 10년에서 3년으로 단축되었습니다. 여기에다 분양가상한제 아파트에 적용되는 2~5년 실거주 의무도 완화되면 분양권 투자 문턱이 낮아집니다.

2023년부터 분양권 전매제한이 풀리면서 실거주 목적이 아닌 분양권 거래를 목적으로 한 투자가 가능해집니다. 분양권 거래가 활발해지려면 다음과 같은 2가지 규제가 풀려야 합니다.

첫째는 분양권 전매제한이 완화되어야 하고, 둘째는 실거주 의무가 완화되어야 합니다. 정부가 두 규제를 풀겠다고 했습니다. 분양권 전매제한이란 주택청약 당첨자가 분양권을 일정 기간 팔지 못하도록 하는 규제입니다. 입주자모집 공고일 기준으로 최장 10년간 분양권을 팔지 못하도록 한 전매제한 규제가 2023년 이후 최장 3년으로 단축되었습니다. 여기에 더해서 국회에서 분양가상한제 아파트 실거주 의무를 폐지하는 법안이 발의되었습니다.

전매제한은 풀렸는데 실거주 의무가 유지된다면 분양권 거래에는 여전히 제약이 많습니다. 청약 당첨자가 분양권을 팔았더라도 실거주 의무가 살아 있으면 해당 아파트에 입주해서 최장 5년의 실거주 의무를 채워야 하기 때문입니다. 이같이 실거주 의무가 따르는 분양권을 매수할 사람은 없습니다. 실거주 의무는 분양가상한제가 적용되는 아파트에 부여되는데, 2023년 기준으로는 강남구, 서초구, 송파구, 용산구 등 4곳이 분양가상한제가 적용되는 지역입니다. 2023년 이전에는 서울 대부분 지역이 분양가상한제가 적용되었기 때문에 실거주 의무가 부여된 분양 아파트가 적지 않았습니다.

다만 실거주 의무를 풀 경우 전세를 긴 매매인 '갭투자'가 늘어날 수 있어 국회 통과가 쉽지 않았습니다. 결국 여야간 합의에 따라 실거주 의무는 3년 유예 되었습니다. 입주한 시점부터 무조건 3년간 실거주 의무를 채워야 하는 종전 규제가 입주한 이후 3년 이내에 실거주 의무를 채워야 하는 식으로 절충안이 나온 것입니다. 분양가상한제가 적용된 약 5만 가구가 수혜를 입었습니다.

10년 전매제한 풀려 서울도 1년 만에 분양권 거래

분양권 전매제한은 부동산 시장 상황에 따라서 강화되었다가 풀리기를 반복했습니다. 2023년 4월 이후부터는 전매제한 규제가 대폭 완화되었습니다. 금리인상과 지방 아파트 미분양 물량 확대에 따라 정부가 부동산 경기 경착륙을 막으려고 규제를 풀어준 것입니다.

전매제한 규제는 수도권과 비수도권으로 나눠서 차등 적용합니다. 먼저 수도권의 공공택지와 규제지역이라면 입주자 모집공고일 기준으로 3년간 분양권 거래가 금지됩니다. 과밀억제권역은 1년, 그 외 지역은 6개월 동안 분양권 거래가 금지됩니다. 예를 들어 분양가상한제가 적용되는 투기과열지구(규제지역)인 서울 강남 3구와 용산구는 전매제한이 3년으로 줄어듭니다. 이들 4곳을 제외한 서울 지역은 과밀억제권역으로 묶이면서 전매제한 1년을 적용합니다.

이전에 수도권 전매제한 기간은 최장 10년이었습니다. 분양가상한제 지역의 경우 주변 시세에 따라서 3~10년을 적용했습니다. 이에 따라 '단군 이래 최대 재건축'이라고 불리는 서울 강동구 둔촌주공의 경우는 전매제한 기간이 원래 8년이었는데 2023년 4월 규제가 풀리면서 1년만 지나면 분양권 거래가 가능해졌습니다. 2022년 12월 입주자 모집공고를 한 이 단지는 2023년 12월부터는 분양권을 거래할 수 있게 된 것입니다.

비수도권은 수도권보다 전매제한 기간이 더 당겨졌습니다. 공공택지 또는 규제지역은 1년, 광역시는 6개월입니다. 그 외 지역은 전매제한이 폐지되었습니다. 수도권은 규제지역에서 모두 해제된 상황이라서 대부분 지역은 6개월만 지나면 분양권 거래를 할 수 있습니다.

분양권 거래 환경이 조성되면서 분양권 시장에 온기가 돌기 시작했습니다. 서울 민간 아파트 분양가격은 2023년 말 기준으로 평당 3,400만 원 수준으로 상승했는데, 분양가상한제 적용지역이 4곳으로 축소되었기 때문에 앞으로 분양가격은 더 올라갑니다. 건설 원자재 가격도 상승하고 있는 터라 '서울 분양가격은 오늘이 가장 싸다'는 전망도 나옵니다.

청약 전략을 세울 때 실거주 목적용 투자가 아니라 분양권 거래를 통한 단기 시세차익을 목적으로 하는 청약도 가능해졌습니다. 더구나 입지가 좋은 곳이라면 단기간에 프리미엄이 수억 원 붙을 수 있습니다. 다만 분양권 거래 시장이 활성화되려면 2가지 조건이 더 필요합니다. 실거주 의무 완화와 양도세 세율 인하입니다.

분양권 거래 전에 꼭 확인해야 할 2가지

분양가상한제가 적용되는 아파트는 분양권자가 무조건 해당 주택에서 실거주해야 했습니다. 분양가격이 주변 시세 대비 얼마냐에 따라서 최장 5년에서 최소 2년의 실거주 의무가 부여되었습니다. 서울 강동구 둔촌주공도 분양가상한제가 적용된 아파트라서 2년의 실거주 의무가 붙었습니다. 2023년 12월 둔촌주공의 전매제한이 풀려 분양권을 거래할 수 있다고 해도 애초 청약에 당첨된 사람이 최소 2년의 실거주 의무를 지켜야 합니다. 결과적으로 실거주 의무가 유지된다면 분양권 거래는 성사되기 어렵습니다.

2023년 상반기 기준으로 분양가상한제 지역은 전국에서 4곳에 불과합니다. 서울 강남 3구와 용산구 이외 지역이라면 실거주 의무가 없습니다. 앞으로 서울에서 나오는 청약 물량 대부분은 실거주 의무가 없지만 문제는 그전에 지은 아파트입니다. 서울은 2023년 이전까지만 해도 대부분이 분양가상한제 적용지역이었습니다. 2023년 이전에 청약한 아파트라면 여전히 실거주 의무가 있습니다. 국회에서 옥신각신 끝에 2024년 2월말 실거주 의무를 3년 유예했습니다. 둔촌주공도 간신히 실거주 의무 규제를 피했습니다. 3년 유예가 아니라 아예 폐지가 되려면 아직 넘어야 할 산이 많습니다.

분양권 거래가 활발해지려면 양도세 세율 인하도 필요합니다. 세법상 분양권 보유 기간이 계약일로부터 1년 미만이면 시세차익의 70%를, 그 외에는 차익의 60%를 양도세로 내야 합니다. 분양가격 대비 1억 원의 프리미엄을 받고 분양권을 매도했더라도 차익의 70%를 세금으로 내야 한다면 기대 수익이 얼마 되지 않습니다. 정부는 양도세 부담을 줄이기 위해 단기 양도세율을 1년 미만은 45%로, 1년 이상은 폐지하기로 했지만 이 역시 실거주 의무 법안처럼 국회에서 세법이 개정되어야 합니다.

트렌드

4

부동산 세금,
두려워할 필요가 없다

굳이 세금 때문에
부동산 투자를 꺼릴 이유는 없다

부동산 세금은 최종적으로 부동산 투자수익률을 결정합니다. 부동산 투자자는 대폭 개편된 부동산 세금에 대해 제대로 알아야 기대 수익률을 올릴 수 있습니다. 부동산에 투자하면 취득세, 양도세, 보유세를 피할 수 없지만 무주택자와 1주택자는 일정 조건만 채우면 비과세되거나 기본세율만 적용하기 때문에 크게 두려워할 필요가 없습니다.

부동산 세금은 부동산 경기와 정부의 정책 방향에 따라서 큰 폭으로 바뀝니다. 대개 보수 정부에서는 부동산 세금을 완화하는 방향으로, 진보 정부에서는 강화하는 방향으로 개편해왔습니다. 윤석열 정부에서 가장 많이 바뀐 부동산 제도 역시 부동산 세제였습니다. '부자 세금'이라고 불리는 종부세 과세 대상이 과거 정부 대비 절반 이하로 줄어든 것이 대표적입니다. 부동산 투자자는 대폭 개편된 부동산 세금에 대해 제대로 알아야 기대 수익률을 올릴 수 있습니다.

부동산 세금은 취득세, 보유세, 양도소득세(양도세), 이렇게 3가지로 나뉩니다. 취득세는 집을 살 때, 재산세와 종부세를 합친 보유세는 주택 보유 기간에, 양도세는 집을 팔 때 각각 납부해야 하는 세금입니다. 부동산에 투자하는 순간부터 매도할 때까지 부동산 세금이 매 순간 발생하기 때문에 세금 총액이 얼마냐에 따라서 부동산 투자수익률은 달라집니다. '세금=비용'이기 때문입니다.

아파트를 여러 채 보유한 다주택자 사례를 살펴보죠. 부동산 세율이 높았던 2021년 기준으로 3주택 이상을 보유한 사람이 10억 원짜리 집을 갖고 있다가 20억 원에 팔았다고 가정해봅시다. 단순히 보면 20억 원에서 10억 원을 제외한 10억 원만큼 차익을 봤다고 할 수 있습니다.

주택이 아닌 일반적인 물건을 사고팔았다면 이렇게 단순 계산해도 무리가 없지만 주택은 계산법이 좀 다릅니다. 집을 사면서 낸 취득세와 보유 기간 보유세를 빼고서 단지 시세차익에 부과되는 양도세를 차감하면 수익률은 생각보다 많이 떨어집니다.

다주택자는 양도세가 중과됩니다. 2021년 기준으로 다주택자는 양도세 기본세율 45%에 30%포인트를 가산해야 합니다. 여기다 지방세를 포함하면 실제로 시세차익에 적용되는 세율은 최고 82.5%였습니다. 양도세는 공시가격(정부가 정하는 기준가격)에 부과되는 보유세와 달리 시세에 부과되는 세금이라서 세율만 높은 게 아니라 부과 대상 금액도 큽니다. 결과적으로 이 다주택자는 시세차익 10억 원의 82.5%를 양도세로 내야 합니다. 즉 다주택자가 마지막에 손에 쥐는 차익은 10억 원이 아니라 2억 원 전후입니다.

물론 10억 원을 투자해 2억 원 정도를 벌었다면 적은 돈은 아닙니다. 그런데 양도세만 내는 게 아니니 실제 수익률은 더 낮겠죠. 가령 이 다주택자는 주택을 살 때 취득가액의 최대 12%를 취득세로 내야 하고, 보유 기간에 내야 하는 재산세와 종부세도 폭탄급 수준입니다.

종부세는 2021년 기준 최고 세율이 6%였습니다. 최고 세율을 내는 다주택자는 별로 없지만 다주택자의 보유 부담이 만만치 않은 것은 사실입니다. 10억 원짜리 아파트를 보유한 다주택자가 20억 원에 집을 팔았다고 해도 우리가 생각하는 것만큼 수익률이 대단치 않을 수 있습니다. 주택 거래시에 부동산 세제가 얼마나 중요한지 알 수 있는 대목입니다.

1주택자는 세금을 두려워할 이유가 없다

다주택자 양도세율이 82.5%라니 집을 사느니 차라리 주식에 투자하겠다고요? 완전히 틀린 말은 아닙니다. 일부 전문가들은 "부동산 투자는 세금이 비용으로 많이 나가기 때문에 주식이나 다른 투자 자산으로 눈을 돌리는 게 수익률 측면에서 유리하다"라고 조언하기도 합니다. 하지만 기억해야 할 게 있습니다. 82.5%의 양도세, 6%의 종부세는 아무나 내는 건 아니라는 사실입니다. 어디까지나 3주택 이상 보유한 다주택자에 한정된 이야기입니다.

다주택자라면 부동산 세금정책이 정권에 따라 어떻게 바뀌냐에 따라서 주택 투자수익률이 많이 달라집니다. 보유주택을 다 팔아 똑똑한 한 채로 갈아탈지, 여러 채를 보유하면서 높은 세금을 견뎌낼지는 다주택자의 선택입니다. 다만 윤석열 정부가 들어서면서 다주택자 세금도 대폭 완화되어 1주택자 수준으로 부과되는 경우도 많습니다. 3주택 이상의 다주택자에 대한 종부세 최고 세율만 해도 문재인 정부 6%에서 윤석열 정부 5%로 낮아졌습니다.

무주택자나 1주택자는 어떨까요? 부동산 세금을 지레 두려워할 이유가 없습니다. 다주택자에겐 '징벌적인' 과세 제도를 유지해온 과거 정부에서도 1주택자에 대해서는 다양한 예외를 허용했습니다. 윤석열 정부도 출범 즉시 1주택자 세금 부담 완화 방안을 내놨죠. 역대 어느 정부도 1주택자에게 세금을 무겁게 부과하지 않았습니다. 부동산 정책의 궁극적 목적이 국민의 안정적인 주거생활이라고 볼 때 정부가 1주택자에게 세금을 과도하게 걸을 이유가 없으니까요. 현재 보유한 주택이 한 채도 없다면 굳이 세금 때문에 부동산 투자를 꺼릴 이유가 전혀 없습니다.

물론 부동산 투자시에 세금 문제를 전혀 고려하지 말자는 이야기는 아닙니다. 예컨대 15억 원짜리 아파트를 구입해 1주택자가 된다면 취득세율 3% 적용시 취득세만 5,000만 원 가까이 됩니다. 15억 원짜리 집을 매수할 때 정확히 15억 원만 드는 게 아닙니다. 5,000만 원 가까운 취득세와 더불어 중개수수료와 이사비용을 감안하면 추가로 1,000만 원가량 더 필요합니다.

부동산 세금 중에서 취득세는 비교적 간단하게 계산할 수 있습니다. 주택 취득시의 주택 시세를 기준으로 세율을 곱해서 계산합니다. 취득한 날로부터 60일 이내에, 상속이라면 6개월 안에는 신고하고 납부해야 합니다.

주택 취득세율

1주택자	
취득가액	세율
6억 원 이하	1%
6억 원 초과~9억 원 이하	1~3%
9억 원 초과	3%
2주택자	
지역구분	세율
조정대상지역	8%
그 외 지역	1~3%
3주택자	
지역구분	세율
조정대상지역	12%
그 외 지역	8%

취득세 세율은 규제지역과 비규제지역에 따라서 다릅니다. 규제지역은 1주택은 1~3%, 2주택은 8%, 3주택 이상은 12%를 적용합니다. 비규제지역은 2주택 이하면 1~3%, 3주택은 8%, 4주택 이상

은 12%입니다. 개인이 아니라 법인이라면 주택 수와 상관없이 12%를 적용합니다. 여기서 1~3% 세율을 적용한 주택의 경우 주택가격에 따라 세율이 다른데요, 6억 원 이하는 1%, 6억~9억 원 이하는 1~2%, 9억 원 초과는 3%를 적용합니다.

예컨대 2023년 기준으로 서울 강남 3구와 용산구가 아니라면 1주택자가 집을 한 채 더 매수해서 2주택자가 되더라도 기본세율인 1~3%를 적용합니다. 반면 1주택자가 강남구 소재 주택을 한 채 더 매수했다면 취득세 8%를 적용받습니다. 보유주택이 똑같이 2채여도 '규제지역이냐, 아니냐'에 따라서 취득세율이 2배 이상 차이가 납니다. 취득세는 주택 매수 시점에 들어가는 목돈이기 때문에 부동산 투자 시점에 가용 자금이 어느 정도이고 매매가격과 세금을 합친 필요 금액이 얼마인지 꼼꼼하게 따져봐야 합니다.

6월 1일이 부동산 투자자에게 중요한 이유

부동산 세제에 대해 본격적으로 알아보기 전에 상식으로 기억해야 할 중요한 날이 있습니다. 바로 6월 1일입니다. 매년 6월 1일은 부동산 수익률을 좌우하는 중요한 날입니다. 이날 주택을 보유한 사람에게 보유세인 재산세와 종부세가 부과됩니다. 만약 6월 1일 전에 주택을 팔았다면 매도한 사람은 해당 연도의 보유세를 내지 않습니다. 만약 6월 2일 주택을 팔았다면? 이 경우에는 주택을 매수한 사람이 아니라 매도한 사람이 보유세를 내야 합니다. 6월 1일 주택을 보유한 사람이 보유세를 내야 한다는 기준 때문입니다.

6월 1일 주택 소유자에게 부과되는 세금은 재산세와 종부세입니다. 재산세는 7월과 9월에, 종부세는 11월에 납세 고지서가 발부됩니다. 재산세와 종부세는 전년도 말 시세를 기준으로 그해 3~4월 확정되는 공시가격에 따라 산정됩니다. 공시가격은 세금을 내는 기준 가격인데요, 실제 보유세 과세표준은 시세가 아닌 공시가격 기준으로 산정됩니다. 공시가격 수준에 따라서 산정된 재산세는 7월에, 종부세는 11월에 납세자에게 고지됩니다.

꼭 알아야 할 점은 6월 1일은 단지 보유세를 누가 내야 하는지 결정하는 날만은 아니라는 사실입니다. 보유세 '폭탄'이 걱정인 다주택자라면 6월 1일 전에 주택을 매도하고 싶어 합니다. 이 때문에 부동산 시장에서는 매년 4~5월쯤 다주택자 급매가 심심치 않게 나옵니다. 그러니 주택 매수 계획이 있는 투자자라면 매년 4~5월쯤 다주택자 급매를 잡으면 시세보다 낮은 가격에 주택을 매수하는 행운을 얻을 수도 있습니다. 6월 1일 기준으로 다주택자들의 세금 고민이 깊어질수록 주택 매수자는 더 낮은 가격에 집을 살 수 있겠죠. 똑같은 이유로 다주택자 매물 유도를 위해 6월 1일 전까지 주택 매도 시 다주택자 양도세를 일시적으로 낮춰주는 정부 정책이 종종 발표됩니다.

1주택자의 경우에는
보유세가 무섭지 않다

부동산 투자를 고민할 때 재산세와 종부세를 걱정하는 사람이 많습니다. 집값 급등기엔 '종부세 폭탄'이란 표현이 언론에도 자주 등장해 공포 분위기가 조성되곤 합니다. 하지만 통계상으로 1주택자가 내는 종부세는 평균 20만 원 수준에 그칩니다. 더구나 종부세 부과 기준이 시세 18억 원 수준으로 상향되어 대상자가 확 줄었습니다.

　주택 투자자가 취득세 다음으로 내는 부동산 세금이 보유세입니다. 보유세는 집을 보유하고 있는 동안 내는 세금으로 재산세와 종부세, 이렇게 2가지가 있습니다.

　재산세는 집을 갖고 있으면 누구나 내는 세금이고, 종부세는 집값이 일정 수준 이상인 경우만 납세 대상자입니다. 재산세는 주택 소유자라면 누구나 내야 하는 세금으로 상대적으로 세율이 높지 않아서 납세 거부감이 크지 않습니다. 반면 종부세는 일부 다주택자의 경우 수천만 원을 내야 하는 경우도 있어 세금 고지 시점이면 뜨거운 이슈가 되곤 했습니다. 하지만 종부세는 전체 주택 보유자의 약

2022년 서울 아파트 1주택자 보유세(세액공제 없다고 가정)

	2022년 보유 세	2021년 대비	2020년 대비
아크로리버파크 84m²	1,240만 원	551만 원 감소	119만 원 감소
래미안퍼스티지 84m²	1,249만 원	632만 원 감소	29만 원 감소
래미안대치팰리스 114m²	2,245만 원	1,513만 원 감소	170만 원 감소
마포래미안푸르지오 84m²	339만 원	98만 원 감소	4만 원 감소

자료: 우병탁 신한은행 WM컨설팅센터 부동산팀장 시뮬레이션

2% 정도만 납부하기 때문에 보편적인 세금이라고 보기는 어렵습니다. 바로 이것이 종부세를 '부자 세금'이라고 부르는 이유입니다.

노무현 정부에서 도입한 종부세는 도입 당시에도 말이 많았습니다. 이미 재산세를 내고 있는데 집값이 비싸다고 해서 추가로 세금을 더 내라고 하는 것은 공정하지 않다는 반론이 있었습니다. 아무리 집값이 수억 원 올랐다고 해도 집을 매도하기 전까지는 평가이익에 불과한데 세금을 걷는 것은 논리적으로 맞지 않는다는 비판도 있었고요. 주택 매도시 발생한 차익에 대해 양도세를 부과하기 때문에 보유 기간에 징수하는 보유세는 이중과세에 해당한다는 주장도 제기되었습니다.

부동산 세금 중 보유세 수준만 놓고 보면 객관적으로 우리나라가 호들갑을 떨 정도로 폭탄급은 아닙니다. 미국의 보유세는 한국보다 10배가량 더 많습니다. 미국은 주마다 보유세제가 다르지만, 시세 대비 연간 내야 하는 보유세의 비율(실효세율, 출처: American Community

Survey, 2021)이 뉴욕은 2.46%입니다. 2021년 기준으로 뉴욕의 평균 집값은 12억 원 수준이고, 1가구당 평균 552만 원을 냈습니다. 시세가 비슷한 서울 마포구 아파트는 보유세가 50만 원 수준으로 실효세율은 0.05%입니다. 뉴욕 실효세율인 2.46%에 비해 서울 아파트의 보유세 실효세율이 높지는 않습니다. 집값이 20억 원 수준으로 종부세 부과 대상인 강남 아파트도 1세대 1주택자라면 300만 원을 초과하지 않습니다. 고령자, 장기보유자에게 부여되는 최고 80% 수준의 세액공제 혜택을 고려하면 실부담액은 더 줄어듭니다.

물론 이는 보유세만을 기준으로 비교한 수치입니다. 다주택자에 대한 보유세 중과는 따로 따져봐야 하는 이슈입니다. 게다가 취득세와 양도세 등 모든 세금을 고려할 때 우리나라의 부동산 세금이 낮다고만은 볼 수 없습니다.

복잡해 보이는 보유세, 알고 보면 쉽다

부동산 투자 시 매수하려는 주택의 보유세가 어느 정도인지 먼저 확인해야 합니다. 대략적인 정보는 부동산 관련 앱이나 사이트에서 어렵지 않게 찾아볼 수 있습니다. 아직 해당 해의 납세 고지서가 발송되지 않았더라도 각종 부동산 계산기로 금액을 추정해볼 수 있습니다. 물론 이렇게 계산기에만 의존하기보다는 보유세가 어떤 근거로 산정되었는지 기본적인 상식은 꼭 갖고 있어야 합니다.

보유세는 재산세와 종부세를 각각 계산해 합산하면 됩니다. 재산세와 종부세의 기본적 계산 방법은 비슷합니다. 다만 종부세는 비과세 기준이나 세율 등이 다소 복잡한 데다 정부별로 자주 바뀌는 편입니다. 정치적 이유로 종부세가 늘거나 줄어드는 경우도 많습니다. 부자세금이라는 별칭만으로도 정치적 느낌이 확 드는 세금입니다.

꼭 알아야 할 점은 재산세와 종부세 모두 실제 거래가격인 시세가 아니라 공시가격을 기준으로 산출한다는 것입니다. 실거래 가격을 기준으로 세금을 부과하는 양도세, 취득세와는 다릅니다. 보유세는 공시가격이라는 별도의 기준 금액으로 산출합니다. 대개는 해당 주택 시세의 약 60~80%(현실화율) 수준에서 공시가격이 결정됩니다. 예컨대 10억 원 아파트라면 현실화율 70%를 적용해 공시가격이 7억원 수준입니다. 공시가격은 아파트 같은 공동주택, 단독주택, 토지 등 부동산 유형에 따라서 현실화율이 다르고, 같은 아파트라고 해도 위치, 층수, 면적 등 환경과 조건에 따라 다릅니다.

그냥 시세대로 하면 되지, 번거롭게 왜 공시가격을 쓸까요? 취득세와 양도세는 매매거래가 성사되는 시점에 발생하는 세금이기 때문에 해당 주택의 정확한 시세가 존재합니다. 반면 보유세는 주택을 보유하는 동안 내는 세금이라서 정확한 주택가격을 알 수 없습니다. 만약 20년간 거래되지 않은 단독주택이라면 시장에서 거래될 만한 시세가 없다고 봐도 무방하겠죠. 그래서 정부 산하의 한국부동산원에서 주변 주택 시세와 입지 분석을 토대로 모든 주택에 대해서 매년 4월 공시가격을 산출합니다.

한국부동산원 직원들이 아무리 유능하고 부지런하다고 해도 역시 정확한 시세는 알 수 없습니다. 그래서 공시가격은 시세보다 통상 20~40%(현실화율) 낮게 정합니다. 공시가격이 부정확하다는 민원이 쇄도할 수 있으므로 일종의 버퍼를 두는 것이지요. 또 시세대로 보유세를 내라고 하면 조세저항도 클 수 있습니다. 이렇게 다양한 이유로 시세보다 20~40% 낮은 가격으로 세금 기준을 정하고 있습니다.

10억 원짜리 아파트의 공시가격이 7억 원으로 확정되었다고 해도 이 공시가격에다가 재산세나 종부세 세율을 바로 곱해서 세금을 부과하지는 않습니다. 아직 한 단계를 더 거쳐야 합니다. 공시가격에 다시 공정시장가액비율을 곱합니다. 이렇게 해서 나온 금액이 비로소 세금을 부과하는 최종 기준인 과세표준액이 됩니다. 공정시장가액비율은 2024년 기준으로 재산세와 종부세가 각각 60% 적용됩니다.

공정시장가액비율은 부동산 경기나 정책 방향에 따라서 정부가 수시로 바꿀 수 있습니다. 이 비율이 낮을수록 과세표준액도 낮아지기 때문에 세금이 덜 나갑니다. 반대로 공정시장가액비율이 올라가면 과세표준액도 불어나서 더 많은 세금을 납부합니다.

결과적으로 단순하게 설명하면 재산세 기준으로 시세 20억 원짜리 주택은 현실화율 70%를 적용하면 공시가격이 14억 원이 나오고, 여기에 60%의 공정시장가액을 곱하면 8억 4,000만 원의 과세표준액이 정해집니다. 이렇게 나온 과세표준액에 재산세 세율 0.1~0.4%를 적용합니다. 여기에 지방교육세 20%가 가산되며, 도시지역의 경우 과세표준의 0.14%가 추가로 과세됩니다.

종부세는 재산세처럼 주택 공시가격을 기준으로 하지만 재산세와 다르게 개인별로 보유하고 있는 모든 주택을 합산해 계산해야 합니다. 합산한 주택공시가격에서 9억 원을 공제하고, 60%의 공정시장가격비율을 적용한 후 0.5%에서 2.7%의 세율을 적용합니다. 여기에 재산세 중복분을 공제한 후 농어촌특별세 20%를 가산해서 계산하게 됩니다.

보유 기간이나 고령자 공제가 없다고 가정하면 시세 20억 원인 아파트의 경우 공시가격은 13억 8,000만 원 수준입니다. 1세대 1주택자라면 12억 원을 공제하고 공정시장가격비율 60%를 적용할 경우 종부세는 41만 원 정도가 발생합니다. 종부세 세율은 2주택자 이하는 기본세율인 0.5~2.7%, 3주택자 이상은 0.5~5.0%를 적용합니다.

지금까지 설명한 보유세 계산 방법을 간단하게 공식으로 요약하면 '시세의 70% 수준인 공시가격×공정시장가액비율×세율=재산세 혹은 종부세'입니다. 시세에서 공시가격으로, 공시가격에서 과세표준으로 넘어가는 단계별로 기준 금액이 줄어듭니다. 만약 정부가 세금을 더 걷고 싶거나 주택 보유자의 세금 부담을 높이는 식으로 부동산 수요를 억제하고 싶다면 공시가격 현실화율을 올리고 공정시장가액비율을 또 올립니다. 반대로 세금을 적게 거두기로 한다면 현실화율과 공정시장가액비율을 낮춥니다. 문재인 정부가 전자의 방식으로, 윤석열 정부가 후자의 방식으로 보유세를 적용했습니다.

종부세 기준인 공시가격이 12억 원으로 상향

보유세 중에서 종부세는 공제 금액이 있고 보유주택이 몇 채냐에 따라서 적용하는 세율이 달라서 더 알아볼 필요가 있습니다. 종부세는 보유주택 가격이 일정 수준 이상이어야 납부 대상자가 됩니다. 1가구 1주택자는 공시가격 12억 원 초과인 경우만 종부세 부과 대상이 됩니다. 공시가격이 시세의 70%라고 가정하면, 시세 기준으로는 17억~18억 원 이상이어야 종부세 납부 대상이 됩니다. 시세 17억 원 아래의 1주택 보유자라면 종부세를 내지 않습니다.

1가구 1주택자 이외의 비과세 기준은 공시가격 9억 원입니다. 시세로 환산하면 13억 원 수준입니다. 부부공동명의는 둘이 합쳐서 공시가격 18억 원(시세 26억 원)까지는 종부세가 부과되지 않습니다.

종부세 공제 기준을 정리해보면 1주택자는 시세 17억원(공시가격 12억 원), 다주택자는 보유주택 합산 시세가 13억 원(공시가격 9억 원), 부부공동명의는 시세 26억 원(공시가격 18억 원) 이상이 되어야 납세 대상입니다. 이 금액 이하라면 보유세 중에서 재산세만 내고, 종부세는 내지 않습니다. 공제금액 이상이라면 공제금액만큼 빼고 세금을 냅니다. 서울 아파트 평균가격이 시세 10억~12억 원이라는 점을 감안하면 종부세를 내야 할 집주인은 그리 많지 않습니다.

공제 기준선은 정부별로 계속 바뀌었습니다. 첫 도입 때는 공시가격 6억 원이었습니다. 집값 급등을 겪은 문재인 정부에서는 1주택자 기준 9억 원이었으나, 윤석열 정부에서는 이를 11억 원으로 올린 뒤

다시 12억 원으로 상향했습니다.

종부세 납세 대상자가 된다고 해도 실제 세금 부담은 많이 줄었습니다. 비과세 기준금액까지는 공제되기 때문입니다. 예컨대 공시가격 20억 원 아파트를 보유한 1주택자라면 20억 원에서 공제금액인 12억 원을 뺀 8억 원 기준으로 과세표준액을 산출합니다. 공시가격 합산액 20억 원인 다주택자는 20억 원에서 9억 원을 공제한 11억 원에 대해서만 종부세를 내면 됩니다. 종부세 공제 기준선이 올라가면서 고가주택 보유자의 부담도 줄었습니다.

시세 38억 원 이하는 중과세율 적용 안 해

과세표준액을 결정할 때 마지막 단계에서 곱하는 공정시장가액비율도 낮아졌습니다. 공정시장가액비율은 종부세 과세표준을 결정하는 공시가격의 비율로, 제도가 도입된 2008년부터 2018년까지 10년간 80%를 유지했습니다. 이후 2019년 85%, 2020년 90%였고, 2021년에는 95%까지 올라갔습니다. 문재인 정부 후반기 95%가 적용되면서 공시가격과 과세표준액 차이가 별로 나지 않았습니다.

하지만 윤석열 정부는 2022년 이 비율을 60%로 낮췄습니다. 세금을 부과하는 기준인 과세표준액이 공시가격의 60% 수준으로 떨어졌습니다. 2023년 역시 60% 수준이 유지되었습니다. 1주택자가 보유한 공시가격 20억 원 아파트를 예로 들면 종부세 공제 금액인

12억 원을 뺀 8억 원이 과세 대상인데요. 여기에 공정시장가액비율 60%를 곱하면 과세표준액이 상당히 줄어듭니다.

　마지막으로 종부세 세율도 떨어졌습니다. 2주택 이하 소유자는 기본세율을 적용합니다. 3주택자 이상은 중과세율을 적용하지만 역시 과거 대비 세율이 낮아졌습니다. 예컨대 3주택자도 과세표준액 기준으로 12억 원까지는 1~2주택자처럼 기본세율을 적용합니다. 그 이상이 되어야 중과세율이 적용되는데, 공시가격이 시세의 70%라고 가정하면 결과적으로 시세 38억 원이 넘어야 세금이 중과되는 것입니다. 다주택자라도 시세합산액이 38억 원을 넘지 않으면 1주택자와 같은 기본세율 1.0% 이하를 적용합니다. 강남권 다주택자의 종부세 부담이 2023년 대폭 줄어들면서 '다주택자 보유세 폭탄'이라는 말이 어울리지 않게 되었습니다.

18억 원짜리 마포 아파트, 종부세가 없다

윤석열 정부에서는 대대적인 세금 조정에 따라 조세저항이 사라졌습니다. 세금규제 완화와 집값 하락으로 보유세 부담이 많게는 수천만 원 줄었습니다. 서울 강북권 대부분 아파트는 종부세 부과 기준선 아래로 공시가격이 하락했습니다. 강남권 1주택자라도 부부공동명의라면 대부분 종부세 대상에서 빠집니다.

부동산 세금이 정치 이슈로 번졌던 문재인 정부와 달리 윤석열 정부에서는 대대적인 세금 조정에 따라 조세저항이 사라졌습니다. 도리어 정부가 세수 부족을 걱정할 정도가 되었습니다. 예컨대 세금 공제 기준액이 상향되어 마포 30평대 아파트 대부분이 종부세 부과 대상에서 빠졌습니다. 2023년 기준으로 강북권 아파트 대부분이 종부세를 내지 않습니다.

2주택자의 종부세도 대폭 낮아졌습니다. 과거에는 2주택자도 다주택자 범주에 들어가서 종부세가 중과되었는데요, 윤석열 정부에서는 2주택자에 대해 1주택자와 동일하게 기본세율을 적용하기로 했습니다. 규제지역에서 2채를 보유한 사람은 많게는 1,000만 원가량 보유세 부담을 덜었습니다. 3주택자 이상도 앞에서 설명한 것처럼 사실상 중과세율이 적용되지 않습니다. 과세표준액 12억 원 이하까지는 기본세율을 적용하는데, 이를 시세로 환산하면 38억 원가량입니다. 시세 10억 원짜리 아파트 4채 이상을 보유해야 중과세율이 적용된다는 의미입니다. 보유주택의 총시세가 38억 원 이하라면 1주택자와 마찬가지로 기본세율로 종부세를 냅니다.

집값이 2022년에 하락하면서 종부세는 더 줄었습니다. 시세가 하락하면 공시가격도 저절로 떨어지니까요. 특히 정부가 시세 대비 공시가격 비율을 의미하는 공시가격 현실화율을 70% 수준 이하로 낮추면서 공시가격 자체가 올라가지 않았습니다. 1주택자, 2주택자, 다주택자 등 보유주택 숫자별로 보유세가 어느 정도 줄었는지 구체적으로 살펴보겠습니다.

세금 제도 수정으로 보유세 부담이 대폭 줄어

서울 인기 단지의 30평대 아파트 1주택자의 보유세 부담이 2023년에는 전년 대비 절반 수준으로 줄었습니다. 공시가격 하락으로 종부세 대상에서 제외된 아파트들이 많이 나왔습니다. 서울 강북권 아파트가 대표적입니다. 서울 마포구 대장 아파트인 마포래미안푸르지오 전용 84m²를 보유한 1주택자의 보유세는 2022년 400만 원에서 2023년에는 250만 원 수준으로 줄었습니다. 공시가격이 14억 원대에서 10억 원대로 떨어진 효과입니다. 2023년부터 종부세 공제액이 공시가격 11억 원에서 12억 원으로 상향되면서 이 아파트 소유자는 종부세를 내지 않습니다. 전년도에는 종부세가 70만 원가량 부과되었습니다.

강남권 주요 단지 중에서 서울 송파구 잠실주공5단지 82m²의 보유세는 1,000만 원에서 400만 원 수준으로 절반 이상 줄었습니다. 역시 공시가격이 22억 원에서 15억 원으로 조정된 영향이 컸습니다. 공시가격이 낮아지면서 재산세도 줄고 종부세도 감소했지요. 같은 이유로 강남구 재건축 대장 아파트인 은마아파트 84m² 보유 1주택자도 800만 원에서 450만 원으로 보유세 부담이 대폭 줄었습니다.

그런데 여기서 끝이 아닙니다. 1주택자에겐 세액공제 혜택이 있습니다. 세액공제는 고령자와 장기보유, 이렇게 2가지로 받을 수 있습니다. 70세 이상이라면 고령자 세액공제율 40%를 받고, 60~65세는 20%, 65~70세는 30%입니다. 주택을 장기보유하면 역시 세액공제를 받을 수 있는데 공제율이 최대 50%입니다. 보유 기간에 따라 5~10년은 20%, 10~15년은 40%, 15년 이상이면 50%입니다. 보유기간이 5년 이상만 되면 세액공제 혜택을 받기 때문에 1주택자 상당수가 세액공제 대상에 들어갑니다.

이렇게 고령자 공제와 장기보유 공제를 합쳐 최대 80%까지 공제받을 수 있습니다. 보유세가 500만 원 나왔더라도 최대 공제 80%를 받는다면 100만 원만 부과됩니다. 원칙적으로 1주택자만 세액공제 혜택을 받을 수 있지만 일시적인 2주택자나 상속주택, 지방 저가주택은 보유주택 수에 포함이 되지 않기 때문에 다주택자도 상황에 따라 세액공제를 받습니다.

집값 상승기에는 급격하게 세금이 늘어나지 않도록 세부담 상한도 적용됩니다. 전년도에 낸 보유세 대비 이번 해에 낸 보유세가 150% 이상이 되지 않도록 세부담 상한제가 적용됩니다. 예컨대 2022년에 200만 원을 냈다면 2023년에는 보유세가 최대 300만 원을 넘지 않습니다. 설령 집값이 많이 올라 공시가격이 두 배 뛰었다고 해도 보유세는 1.5배 이상 내지 않습니다.

세부담 상한율은 당초 2주택 이하는 150%, 3주택 이상은 300%를 적용했습니다. 3주택자가 전년도에 200만 원을 냈다면 이번 해에는 최대 600만 원까지는 내야 했습니다. 하지만 2023년부터는 세부담 상한율이 보유주택 수와 상관없이 150%로 일원화되었습니다. 집값 상승기에도 다주택자의 보유세 부담이 1주택자처럼 크게 늘지 않도록 세금 제도를 대폭 수정한 것입니다.

▰▰◢ 26억 원 강남 아파트 한 채, 종부세 안 내는 방법

서울 강남권에서 시세 20억 원이 넘는 고가 아파트를 보유했더라도 종부세를 안 내는 방법이 있습니다. 1가구 1주택자의 종부세 부과 기준은 공시가격 12억 원 이상인데요, 만약 부부가 공동명의로 집을 보유하고 있다면 이 기준선이 공시가격 18억 원으로 올라갑니다. 공시가격 18억 원을 시세로 환산하면 약 26억 원입니다. 즉 26억 원짜리 아파트를 부부공동명의로 보유하면 종부세 공제를 받아 종부세를 내지 않아도 됩니다.

부부공동명의 주택의 공제금액은 2022년에는 공시가격 12억 원이었는데 2023년부터 18억 원으로 상향되었습니다. 서울 강남권 아파트 중에서도 전용 84m² 기준으로 공시가격 18억 원을 넘는 단지는 많지 않습니다. '아리팍'이라고 불리는 반포동 아크로리버파크가 공시가격 23억~27억 원 수준이고, '래대팰'이라고 불리는 대치동 래미안대치팰리스가 19억~21억 원 수준으로, 부부공동명의 공제 기준선을 넘습니다. 그 외에 국내 최상급지 30평대 아파트라도 부부공동명의라면 종부세를 내지 않아도 됩니다. '큰 손' 투자자라면 세금 부담이 대폭 줄어든 만큼 강남 아파트의 투자 매력도가 올라갔습니다.

"세금 중과 안 해요." 다주택 꼬리표 뗀 2주택자

1주택자가 주택을 한 채 더 매수해 2주택자가 되더라도 2023년부터는 보유세 중과세율이 적용되지 않는 것도 큰 변화입니다. 2주택자라도 1주택자와 똑같이 기본세율이 적용됩니다. 다주택 굴레에서 벗어난 2주택자의 보유세 부담도 줄었습니다. 규제지역인 서울 강남 3구와 용산구 2주택자의 보유세가 가장 극적으로 바뀌었습니다.

국회예산정책처의 보유세 시뮬레이션 보고서에 따르면 2주택자의 보유주택 총공시가격이 15억 원인 경우 2022년 보유세가 1,453만 원에서 2023년 358만 원으로 1,000만 원 넘게 줄었습니다. 만약 총공시가격이 20억 원이면 같은 기간 2,711만 원에서 640만 원으로 감소하고, 공시가격 30억 원이라면 6,147만 원에서 1,359만 원으로 대폭 축소됩니다. 3주택 이상 다주택자도 실제로는 중과세율이 적용되는 경우가 드물어서 대부분은 1주택자와 똑같은 기본세율이 적용된다고 보면 됩니다.

실제로 보유세 규제 완화에 따라 정부의 부동산 세금 수입이 크게 줄었습니다. 종부세 수입은 2022년 7조 4,000억 원에서 2023년 5조 7,000억 원으로 약 1조 7,000억 원 감소했습니다. 규제 완화 효과로 정부가 세금 수입 '펑크'를 걱정할 정도가 되었습니다. 부동산 세금정책이 1년여 만에 얼마나 급선회했는지 피부로 느껴지는 대목입니다.

시세만 보지 말고
공시가격을 체크하자

공시가격은 재산세와 종부세 부과 기준이 되는 가격입니다. 취득세나 양도세는 매매 시점의 시세를 기준으로 부과하지만 보유세는 공시가격이 기준이라는 점에서 다릅니다. 매년 4월쯤 주택별로 확정되는 공시가격은 건강보험료나 60여 종에 달하는 복지제도의 기준금액이라는 점에서도 중요합니다.

보유세를 이해하려면 공시가격을 제대로 알아야 합니다. 공시가격은 부동산 세금 중 보유세를 결정하는 기준가격입니다. "시세대로 세금을 부과하지 왜 공시가격을 쓰지?" 하는 의문이 들 수 있는데요, 실제 매매가격을 뜻하는 시세가 있는 주택은 생각보다 많지 않아서입니다.

시세는 주택 매매거래가 발생해야 나오는 가격인데, 주택은 한 번 거래되면 평균적으로 수년간 거래가 없는 경우가 태반입니다. 오랫동안 거래가 발생하지 않아 시세가 없는 주택은 세금 부과를 위한 기준가격이 따로 필요한데, 바로 그게 공시가격입니다.

물론 취득세와 양도세를 부과하거나 은행에서 대출을 받을 때는 '시세'를 씁니다. 취득세나 양도세를 낼 때는 주택 매매거래가 수반되기 때문에 해당 시점의 시세를 기준으로 세금을 책정할 수 있습니다. 그래서 가격에 대한 논란이 없습니다. 대출도 마찬가지입니다. 은행에서 주택담보대출을 받는 경우는 보통은 매매거래가 이뤄지는 때이거나 그렇지 않더라도 은행에서 돈 떼일 위험도에 맞게 적정 시세를 매기기 때문에 별도의 기준가격이 필요 없습니다.

반면 보유세는 상황이 다릅니다. 매년 모든 주택에 대해 공평하게 세금을 매겨야 합니다. 그런데 실제 거래가 발생한 것도 아니고, 모든 주택에 시세가 있는 것도 아니기에 '공정성'과 '객관성'이 담보되는 적정가격을 공신력 있는 누군가 인위적으로 만들어줘야 합니다. 이런 이유로 공시가격 제도가 나왔습니다. 공시가격은 보유세뿐만 아니라 67개에 달하는 각종 복지제도와도 연계되어 기준가격 역할을 해왔는데, 대표적으로 건강보험료가 있습니다.

성수동 갤러리아포레 공시가 무더기 오류의 전말

부동산 공시가격은 국토교통부의 부동산 공시가격 알리미 홈페이지에서 손쉽게 확인할 수 있습니다. 부동산 공시가격은 아파트를 포함한 공동주택과 표준단독주택, 개별단독주택, 표준지 공시지가, 개별 공시지가 등 크게 5개 유형이 있습니다. 찾고 싶은 부동산의 유형을 선택한 뒤에 주소를 검색하면 개별 부동산에 대한 공시가격을 열람할 수 있습니다.

예컨대 서울 송파구 잠실로 트리지움의 공시가격을 알고 싶으면 해당 주소를 검색한 뒤 단지명 트리지움을 선택하고 동과 호수를 클릭하면 됩니다. 해당 연도의 공시가격뿐 아니라 과거 공시가격 추이까지 한눈에 확인할 수 있습니다. 집주인뿐만 아니라 누구나 공시가격 정보를 볼 수 있습니다.

특히 산정기초자료를 클릭하면 단지의 특성과 최근 거래사례도 볼 수 있고, 공시가격 산정의견도 첨부되어 어떻게 이런 공시가격이 책정되었는지 근거가 나옵니다. 예컨대 주변에 교육시설, 병원, 편의시설까지 구체적인 정보가 담겼습니다.

부동산 유형별로 해당 연도 공시가격 확정 시점은 조금씩 다르지만 재산세 부과 기준일인 6월 1일 전에는 마무리됩니다. 가장 관심이 많은 아파트(공동주택)는 보통 3월 말 정도에 공시가격이 산정되고, 4월까지 이의신청을 받습니다. 한국부동산원이 산정한 해당 연도 공시가격이 불합리하다고 판단하면 집주인이 이의제기를 할 수 있습니다.

이의제기를 한다고 모두 받아들여지는 것은 아니지만, 나름 합당한 이유가 있으면 공시가격이 수정되기도 합니다. 2019년에는 초고가 주상복합아파트 단지인 서울 성동구 성수동 갤러리아포레 공시가격이 통째로 수정되었습니다. 2005년 공동주택 공시제도 도입 이래 처음으로 수백 가구의 공시가격이 통째로 번복되는 초유의 사태가 벌어졌는데요, 가구당 평균 30억 200만 원이었던 공시가격이 27억 9,700만 원으로 하향조정되었습니다.

서울 한강변에 위치한 이 단지는 서울 강남구 도곡동 타워팰리스보다 비싼 국내 최고가 주상복합단지였습니다. 2008년 분양 당시 평당 평균 4,535만 원으로 역대 최고 분양가를 기록했습니다. 가수 지드래곤과 배우 김수현, 이수만 전 SM엔터테인먼트 총괄 프로듀서 등 유명인들이 거주해 주목받기도 했습니다. 하지만 시세가 전년 대비 하락했는데도 공시가격이 큰 폭으로 상향된 데다 주상복합의 조망권 특성을 고려하지 않고 층별 공시가격이 똑같아 입주민들의 이의제기가 쇄도했습니다. 입주민들이 '공시가격 오류'로 집단 민원을 제기한 것입니다. 국토교통부가 이의제기를 수용해 결국 통째로 공시가격을 정정했습니다.

'뜨거운 감자' 공시가격 현실화율

공시가격은 집값 급등기에는 '뜨거운 감자'입니다. 특히 집값이 가파르게 오른 2020년과 2021년에 전 국민의 관심사였습니다. 집값이 많이 올라서 시세를 따라가는 공시가격도 대폭 올랐는데요, 공시가격이 오르면 보유세 부담도 늘어납니다. 이 때문에 급등한 공시가격에 대한 불만이 적지 않았습니다. 아파트가 포함된 공동주택 공시가격은 2021년 19%포인트 뛰었고, 2022년 17%포인트 올랐습니다. 두 해만 합쳐도 35%포인트 상승했습니다. 그만큼 세금 부담도 늘었습니다.

주택 소유자들이 분노한 이유는 하나 더 있습니다. 공시가격이 집값 상승률보다 더 많이 뛰었다는 점입니다. 공시가격은 집값 변화에만 연동되지 않고 현실화율 영향도 받습니다. 현실화율은 '시세 대비 공시가격 비율'을 뜻합니다. 만약 정부가 2022년 아파트 공시가격 현실화율을 70%로 정했다면, 10억 원짜리 아파트의 공시가격은 7억 원이 됩니다. 현실화율을 좀 더 낮춰 60%로 정했다면, 10억 원짜리 공시가격이 6억 원으로 떨어집니다. 현실화율이 높을수록 공시가격이 더 올라갑니다. 집값이 1년 동안 전혀 움직이지 않았더라도 현실화율을 올리면 공시가격도 올라가고, 현실화율을 낮추면 공시가격도 떨어집니다.

문재인 정부는 2020년 공시가격의 현실화율을 시세에 근접(현실화율 100%, 공시가격=시세)하게 올리는 공시가격 로드맵을 발표했습니다. 향후 5~15년에 걸쳐 공시가격을 시세의 90% 수준으로, 즉 현실화율 90%로 올리겠다고 공식적으로 계획을 발표했습니다. 예컨대 2020년 공동주택 현실화율을 60%에서 2030년 90%로 올린다면 시세 10억 원짜리 아파트의 공시가격은 6억 원에서 9억 원으로 올라갑니다. 10년간 아파트값이 10억 원을 유지한다고 해도 공시가격이 저절로 3억 원씩 올라가겠죠.

그런데 하필이면 공시가격 로드맵을 발표한 2020년 이후 집값도 급등했습니다. 집값도 오르고 현실화율도 단계적으로 상향되면서 보유세 부담이 눈덩이처럼 불었습니다. 다주택자의 부담이 폭탄급으로 늘었습니다. 그러다보니 부동산 시장에서는 공시가격 로드맵을 중단해야 한다는 비판이 강하게 제기되었습니다.

공시가격 로드맵의 취지가 '부동산 세금을 더 많이 걷자'는 건 아니었습니다. 우리나라 공시가격 제도는 도입된 지 오래되었는데도 자세히 보면 주먹구구식입니다. 아파트, 단독주택, 토지 등 부동산 유형별로 현실화율이 다릅니다.

아파트보다 단독주택이나 토지의 현실화율이 낮아서 아파트 보유자가 합당한 이유도 없이 세금을 더 내고 있습니다. 똑같은 아파트여도 고가 아파트와 중저가 아파트의 현실화율이 다릅니다. 중저가 아파트가 고가 아파트보다 현실화율이 높아서 가격대비 세금을 더 내는 역전현상이 고착화되었습니다.

조세 형평성 측면에서 부동산 공시제도는 허점이 많습니다. 모든 유형, 모든 가격대에 대해 엇비슷한 현실화율을 적용해야 하는데 한 방에 잘못을 수정하면 특정 유형, 특정 가격대의 주택 세금이 일시적으로 급증해 사회적 혼란이 큽니다. 이것을 서서히 고쳐보자는 게 공시가격 로드맵의 처음 취지였습니다. 하지만 하필이면 집값 상승기에 공시가격 로드맵이 발표된 것입니다. 결국 '정부가 세금을 더 걷으려고 한다'고 공격만 받았습니다. 공시가격 로드맵은 윤석열 정부 들어서 사실상 백지화되었습니다.

2022년 정부의 공시가격 현실화 수정계획에 따라서 2023년 공동주택 현실화율은 69.0%로 전년 71.5% 대비 하락했습니다. 2024년에도 이 현실화율이 유지됩니다. 10억 원짜리 아파트의 시세가 1년간 변동이 없다고 가정하면 공시가격이 2022년 7억 1,500만 원에서 2023년과 2024년에는 6억 9,000만 원으로 떨어진다는 뜻입니다.

하지만 실제로 공시가격은 더 하락했습니다. 현실화율 하향 조정에다가 집값 하락까지 겹치면서 전국 평균 18.61% 하락했습니다. 2005년 공동주택 공시가격 제도 도입 이후 가장 큰 폭의 하락입니다. 아울러 공시가격이 10년 만에 하락세로 전환되었습니다.

재산세와 종부세를 합한 보유세 부담은 공시가격 하락에 따라 2020년 수준으로 돌아갔습니다. 이뿐이 아닙니다. 건강보험료 지역가입자의 보험료 부담도 줄었습니다. 매매, 상속, 담보대출 등 부동산 거래를 등기할 때 발생하는 국민주택채권 매입부담도 감소했습니다. 이 밖에도 공시가격을 자산 기준으로 활용하는 정부의 60여 가지 복지제도도 영향을 받았습니다.

공시가격 현실화율이 2023년 기준으로 평균 69.0%라고 해도 개별 부동산의 상황은 좀 다릅니다. 부동산 투자자들이 개별 부동산의 공시가격을 눈여겨봐야 하는 대목인데요, 2022년 4건 매매된 서울 송파구의 한 아파트 사례를 보죠.

전용 84m²인 이 아파트의 실거래 가격은 12억 원이었습니다. 그런데 공시가격은 6억~7억 원 중후반대로 시세 대비 절반 수준(현실화율 50%)입니다. 이해 공동주택의 평균 현실화율은 70%를 넘었지만 이 아파트는 50%에 불과해 평균 수준에 훨씬 못 미쳤습니다. 그만큼 세금을 덜 내는 주택입니다. 바꿔 말하면 엇비슷한 시세라면 현실화율이 낮은 주택에서 더 높은 수익률을 기대할 수 있습니다. 보유 기간에 부담해야 하는 세금이 줄기 때문입니다.

양도세를 제대로 알아야
부동산 투자에 성공한다

양도세는 보유주택 수에 따라 경우의 수가 많아서 계산하기 복잡합니다. 일부 다주택자는 양도차익의 80% 이상을 세금으로 내는 경우도 있고요. 1주택자는 다주택자처럼 중과 대상이 아니지만 기본세율이 최고 45%로 높은 편입니다. 다만 1주택자는 비과세 혜택과 장기보유특별공제 제도가 있기에 공제 혜택을 활용해 매도해야 합니다.

부동산 투자수익률을 높이는 방법은 간단합니다. 되도록 싸게 사서 되도록 비싸게 팔면 됩니다. 그런데 부동산은 다른 투자와 달리 세금이 그림자처럼 따라다닙니다. 매수할 때 내는 취득세와 보유하는 기간에 내는 보유세와 매도할 때 내는 양도세가 있습니다. 이 중에서도 가장 부담이 되는 세금은 양도세입니다.

시세차익이 클수록 부담해야 하는 세금이 불어납니다. 부동산 투자에 성공해서 시세차익을 10억 원 남겼다고 해도 마지막 단계에서 많게는 8억 원가량을 세금으로 토해내야 하는 사태에 직면할 수도 있습니다. 다주택자의 양도세 중과 및 기타 세금 부과율이 최고

82.5%였으니까요. 양도세는 부동산 투자수익률을 좌우하는 결정적 변수라고 할 수 있습니다.

양도세는 부동산 투자시 정말 중요한 세금인데도 일반 투자자들이 계산하기에는 무척 까다롭습니다. 보유주택 수가 몇 채냐, 보유기간이 얼마냐, 언제 취득했냐, 어느 지역의 주택이냐에 따라 계산 방법이 달라집니다.

게다가 정부가 부동산 시장 규제를 강화하는 와중에 세법을 자주 바꾸는 바람에 전문가인 세무사들조차 고개를 절레절레 흔들었습니다. '양포세'라는 신조어가 나올 정도였는데요, '양포세'는 양도세 상담을 포기한 세무사라는 뜻입니다.

똘똘한 한 채(도곡렉슬) VS 지방 다주택자 양도세 비교(비과세 요건 채우고 동일하게 시세차익 5억 봤다고 가정)

	양도세
시세 30억 도곡렉슬 1채 보유자	1억 1,000만 원
지방 5억짜리 3채 보유자	3억 원

자료: 우병탁 신한은행 WM컨설팅센터 부동산팀장 시뮬레이션

주택을 매도하기 전에 양도세가 얼마나 나올지 알아보는 방법이 있습니다. 국세청 홈텍스 양도소득세 종합안내 포털을 이용해보세요. 부동산을 양도하기 전에 세금을 미리 계산할 수 있고, 자신이 양도세 비과세 대상이 되는지, 얼마나 감면받을 수 있는지 검증 서비스를 활용할 수 있습니다.

내가 알고 있는 양도세 상식이 잘못된 정보일 수 있기 때문에 자

가진단을 하거나 전문가 상담을 해볼 필요가 있습니다. 예컨대 보유 주택이 3채라고 해도 공시가격 3억 원 이하 지방주택은 전체 주택 수에서는 빠집니다. 일시적 2주택자는 1주택자처럼 비과세 혜택을 볼 수 있고, 양도세 중과 대상이지만 중과유예 기간에 매도하면 일반세율이 적용되기도 합니다. 정부가 6월 1일 전에 보유주택을 매도하면 양도세 기본세율만 적용하는 정책을 한시적으로 내놓는 경우가 많아서 이 기간을 활용하면 다주택자도 세금 부담을 덜 수 있습니다.

양도세는 주택을 매도할 때만 알아야 할 상식이 아닙니다. 주택 매수 시점에 내 투자수익률이 얼마나 될지 파악해보는 데도 양도세는 중요한 단서가 됩니다. 주택 매수 희망자라면 특히 다주택자 양도세 중과유예 기간에 매수 타이밍을 잡을 수 있습니다. 양도세 중과를 피하고 보유세 부담을 줄이고 싶은 다주택자의 매물이 주로 4~5월에 출회되곤 합니다. 1주택자가 추가로 주택을 매수해 2주택자가 되더라도 양도세 중과를 피해갈 방법이 있는지 체크해보는 것도 중요합니다.

1주택자 양도세를 절약하는 2가지 방법

1주택자는 양도세 부담이 크지는 않습니다. 1주택자는 비과세와 장기보유특별공제 제도로 세금 부담을 줄일 수 있습니다. 1주택자에게만 주어지는 특권인 2가지 제도를 활용한다면 양도세를 내지 않거나 최대 80%까지 공제받는 것이 가능합니다.

우선 양도세 비과세 혜택을 받으려면 다음과 같은 2가지 요건을 충족해야 합니다. 양도 시점의 주택 시세가 12억 원을 초과하지 않아야 합니다. 원래 1주택자 양도세 비과세 기준금액은 시세 9억 원이었는데, 윤석열 정부에서 이 기준을 12억 원으로 상향 조정했습니다. 최근 몇 년간의 집값 상승분을 양도세 세제에 반영해준 것입니다. 이에 따라 양도세 비과세 혜택을 볼 수 있는 주택이 이전보다 많이 늘었습니다.

12억 원 이하 주택을 매도해 양도세 비과세 혜택을 보려면 한 가지 조건을 더 충족해야 하는데, 해당 주택을 최소 2년간은 보유해야 합니다. 정부가 1주택자에게 양도세 비과세 혜택을 주는 이유는 실거주 목적의 주택거래이기 때문입니다. 따라서 최소 2년 정도는 보유해야 한다는 게 정부의 원칙입니다.

양도세 비과세 조건인 시세 12억 원 기준은 명확한데, 보유 기간 2년은 따져봐야 할 게 좀 있습니다. 비규제지역에서 주택을 매도하는 경우라면 보유 기간 2년만 충족하면 되는데요, 규제지역 중 조정대상지역 소재 주택은 보유 2년에다가 거주 2년 요건도 맞춰야 합니다.

1주택자라고 해도 본인 집에서 거주하지 않고 다른 지역에서 거주한 경우라면 비과세 혜택을 보지 못한다는 뜻입니다. 이런 경우에는 양도세 비과세 혜택을 보려면 본인 집에서 2년의 거주 기간을 채워야 합니다. 무조건 2년 연속으로 거주할 필요는 없고, 총 거주 기간을 합산해 2년을 채우면 됩니다.

변수가 하나 더 있습니다. 부동산 정책에 따라서 정부가 조정대상지역을 자주 바꿨다는 점입니다. 2023년 기준으로는 강남구, 서초구, 송파구, 용산구 등 4곳만 조정대상지역으로 남았지만 한때 전국 100곳 이상이 조정대상이었습니다. 양도 시점에 비규제지역이라면 거주 2년 요건은 필요 없을까요? 그건 아닙니다. 거주 2년 요건을 충족했는지 계산할 때는 해당 주택을 취득한 시점을 기준으로 합니다. 매도 시점에는 비규제지역일지라도 취득 시점에 조정대상지역이었으면 실거주 2년을 채워야만 양도세 비과세 혜택을 적용받을 수 있습니다.

시세 12억 원 초과 1주택자는 12억 원 초과분에 대해서 양도세를 내야 하지만 장기보유특별공제를 이용하면 양도세를 절약할 수 있습니다. 보유 기간과 거주 기간 요건을 채우면 최대 80%까지 양도세 공제를 받습니다. 공제율은 보유 기간, 거주 기간에 따라 단계적으로 올라가는데요.

예컨대 거주 2년을 채우면 8% 공제를 받고, 10년을 채우면 40% 공제를 받습니다. 보유 3년이면 12%가 적용되고, 10년이면 40%가 적용됩니다. 보유와 거주요건에 따른 공제율을 합산해 최대 80%까지 양도세 감면을 받습니다. 장기보유특별공제도 비과세 혜택처럼 오로지 1주택자에게만 적용됩니다.

다주택자 양도세 폭탄을 피할 수 있다

시세 12억 원이 넘는 주택을 양도하는 경우라면 1주택자든 다주택자든 양도세를 내야 하는데요, 1주택자의 경우는 시세 12억 원 초과분(비율로 계산)에 대해서만 양도세가 부과됩니다. 기본적으로 시세차익이 크면 클수록 더 높은 세율(누진세)이 적용됩니다. 1주택자에게 적용되는 양도세 세율은 과세표준 금액 구간별로 6~45%입니다. 과세표준은 앞서 보유세를 이야기할 때 언급했는데요, 양도세도 시세차익에다 곧바로 세율을 곱하지 않고 과세표준을 먼저 계산한 다음에 세율을 곱해서 내야 할 세금을 확정합니다.

양도세의 과세표준은 시세차익에서 각종 필요경비, 기본공제(250만 원)를 제외한 금액입니다. 1주택자는 장기보유특별공제를 추가로 빼야 과세표준이 최종 결정됩니다. 이렇게 정해진 과세표준을 기준으로 구간별로 정해진 세율을 곱합니다. 양도세는 누진세이기 때문에 과세표준 구간별로 정해진 누진공제금액을 마지막 단계에서 빼주면 납부할 세금이 나옵니다.

2주택자와 3주택자가 규제지역인 조정대상지역에서 주택을 매도한 경우라면 세금이 확 늘어납니다. 다주택자 양도세 세율은 1주택자보다 각각 20%포인트, 30%포인트 가산해야 합니다. 양도세가 중과되는 건데요, 기본세율이 6~45%인데 2주택자라면 26~65%, 3주택자라면 36~75%의 세율을 적용받습니다. 지방세까지 고려하면 3주택자는 최고 82.5%의 세율이 적용됩니다. 다주택자가 주택을 한 채 매도하면 그야말로 폭탄급 세금이 붙게 되는 것이지요. 만약 양도차익이 10억 원이 넘는다면 최고세율이 적용되어 웬만한 집 한 채 값을 세금으로 물어야 하는 상황이 벌어질 수 있습니다.

하지만 다주택자도 양도세 폭탄을 피해갈 방법이 없지 않습니다. 다주택자가 집을 팔도록 유도하기 위해 양도세 중과배제 정책이 한시적으로 나오곤 합니다. 주로 집값 급등기에 나오는 정책입니다. 다주택자 매물을 유도해 부동산 시장의 주택공급을 확대하려는 의도입니다. '최고세율 82.5%는 징벌적 세금'이라는 반발이 격해지면 역시 한시적으로 중과를 배제하는 정책이 나옵니다.

실제로 정부는 2024년 5월까지 다주택자가 집을 팔면 양도세 중과를 배제하기로 했습니다. 원래는 2023년 5월까지 1년만 중과배제를 하기로 했는데 추가로 1년을 연장한 것입니다. 이 기간에 주택을 매도하면 기본세율이 적용되고, 1주택자처럼 장기보유특별공제 혜택도 주기로 했습니다. 한시적으로 다주택자의 양도세가 1주택자와 같아졌습니다.

양도세 완화 정책으로 다주택자는 세금을 수억 원 아낄 수 있습니다. 예를 들어서 2주택자가 5억 원에 산 주택을 5년간 보유했다가 10억 원에 매도했다고 가정하면 양도차익이 5억 원 발생합니다. 원래대로 양도세 중과 대상자라면 납부해야 할 양도세는 총 2억 7,310만 원으로, 차익의 절반 이상을 세금으로 내야 합니다. 계산 방법은 이렇습니다. 5억 원의 양도차익에다가 기본공제 250만 원을 뺀 4억 9,750만 원이 과세표준(필요경비 없다고 가정)입니다. 기본세율 40%에

2주택자 중과세율인 20%포인트를 더한 60%의 세율을 적용해야 합니다. 누진공제 금액 2,540만 원을 마지막으로 빼면 3억 원에 가까운 양도세가 산출됩니다.

그런데 2024년 6월 이전에 주택을 매도하는 경우라면 중과배제와 장기보유특별공제혜택 10%를 받아서 양도세가 1억 5,360만 원으로 줄어듭니다. 중과 대상이 되었을 때 내야 하는 세금과 비교하면 1억 1,950만 원을 절약할 수 있습니다. 다주택자 양도세 중과가 이만큼 무섭습니다.

다주택자의 부동산 세금 폭탄, 피해갈 방법은 있다

다주택자라도 양도세 중과를 피해갈 방법은 있습니다. 일시적 2주택자는 3년 안에 주택 한 채를 팔면 양도세가 중과되지 않습니다. 또한 공시가격 3억 원 이하의 지방주택은 주택 수에 포함되지 않습니다. 이런 예외적인 상황이 아니면 주택을 1년 안에 샀다가 매도한 경우는 높은 세율이 적용되기 때문에 단기매매는 지양하는 게 좋습니다.

양도세는 부담스러운 세금이지만 '하늘이 무너져도 솟아날 구멍'은 있습니다. 특히 20%포인트 중과 대상인 2주택자 중 일시적 2주택자 사유로 양도세 비과세 혜택을 볼 수 있는 경우도 적지 않습니다. 일시적 2주택자가 되는 사유는 다양한데요, 흔한 사례로는 자녀의 취학이나 회사 근무지 이동으로 1주택자가 추가로 주택을 매수하는 경우입니다. 결혼 전에 각각 집 한 채를 갖고 있던 남녀가 혼인 후 1가구 2주택자가 되는 경우도 많습니다. 주택을 매수하지 않더라도 상속이나 증여로 다주택자가 될 수도 있습니다. 노부모 봉양을 위해 살림을 합치면서 2주택자가 되는 경우도 주변에서 어렵지 않게 찾을 수 있습니다.

　일시적 2주택자가 1주택자와 같은 양도세 혜택을 보려면 주택의 보유 기간은 2년을 넘어야 하고, 주택을 매수한 시점이 첫 주택 보유 1년 이상이 지나야 합니다. 이런 2가지 기본 전제하에 첫 집을 두 번째 집 매수 취득일로부터 3년 이내에 팔아야 합니다. 원래는 조정 대상지역의 경우는 2년 안에 매도해야 양도세 혜택을 줬지만 이 요건이 3년으로 길어졌기 때문에 일시적 2주택자가 조금 더 여유롭게 첫 집을 팔 수 있게 되었습니다.

　집을 한 채씩 보유한 남녀가 결혼해서 1가구 2주택자가 되는 경우도 일시적 2주택자 세금 감면 혜택을 얻을 수 있습니다. 혼인신고 일로부터 5년 안에 집 한 채를 처분하면 1주택자 비과세가 가능합니다. 그래서 요즘은 결혼식을 올리고도 아이가 태어날 때까지 최대한 혼인 신고를 미루는 커플이 있습니다. 혼인신고를 뒤로 미룰수록 일시적 2주택자 5년 매도 기간을 연장하는 효과가 있기 때문입니다.

　이 밖에도 상속에 따른 2주택자는 3년 안에 2년 이상 보유한 기존 주택을 매도하면 비과세 조건을 채울 수 있습니다. 증여는 처분 의무 기간이 1년 더 긴 3년입니다. 노부모 봉양으로 2주택자가 되는 경우는 부모님이 60세 이상이면 10년 안에만 주택을 매도하면 됩니다. 취학이나 근무지 이동으로 인한 일시적 2주택자는 해당 사유가 해소된 날로부터 3년 안에 매도하면 양도세 비과세 혜택이 적용됩니다.

보유주택에서 빠진 공시가격 3억 원 지방주택

종부세는 3주택자부터, 양도세는 2주택자부터 다주택자 중과세율을 적용하는데요, 모든 주택이 세법상 주택으로 포함되지는 않는다는 점도 유념해야 합니다. 보유주택이 3채여도 세법상은 1주택자가 될 수 있습니다. 대표적으로 공시가격 3억 원 이하의 지방주택은 양도세와 종부세를 산정할 때 주택 수에 들어가지 않습니다. 1가구 1주택자가 공시가격 3억 원 이하의 지방주택을 매수하면 종전처럼 1주택자 세금 혜택이 유지됩니다. 한옥은 4억 원으로 기준금액이 더 높습니다. 여기서 '지방주택'이란 수도권이나 조정대상지역을 제외한 지역을 말합니다.

저가의 지방주택을 매수한 뒤 3년 이상 보유한 경우 이 주택을 취득하기 전부터 보유했던 주택을 양도하면 1주택자 혜택이 유지되는 것이지요. 종부세도 기본공제액인 9억 원이 아니라 1주택자 공제액 12억 원이 적용되기 때문에 보유세 부담이 늘지 않습니다. 다만 양도세 계산시 분양권은 주택 수에 포함된다는 사실을 기억해야 합니다.

세부담을 낮출 수 있는 구멍이 많지만 원칙적으로 1주택자든, 다주택자든 단기매매는 피하는 것이 좋습니다. 부동산에 투자한 뒤에 단기에 양도하면 특별히 높은 세율을 적용하는 규제가 있기 때문입니다. 주택은 보유 기간이 2년 미만이면 60%, 1년 미만이면 70%의 높은 양도세율이 적용됩니다. 양도세의 10%는 지방세로 추가 납부를 해야 하므로 최종 부담해야 하는 세금은 양도차익의 66%, 77%입니다. 이 정도 세금을 물어야 한다면 무리를 해서 굳이 단기매매를 할 이유가 없습니다.

다만 정부가 부동산 단기매매 차익에 대해 양도세를 낮추는 추세입니다. 2년 미만에 대한 중과는 없애고, 1년 미만을 45%로 낮추겠다고 발표했습니다. 이를 위해서는 국회에서 세법 개정안이 통과되어야 합니다. 분양권 전매제한이 완화된 상황에서 정부의 계획대로 단기매매 차익에 대한 양도세율이 낮아진다면 분양권 투자 메리트도 올라갑니다.

투자의 정석 '똘똘한 한 채' 전략이 흔들린다

매년 6월 1일 주택 소유자 기준으로 보유세가 부과됩니다. 그리고 정부는 2024년 5월까지 다주택자 양도세 중과를 한시 배제하기로 했습니다. 이 같은 상황이라면 보유세와 양도세 중과를 피하고 싶어 하는 다주택자가 2024년 6월 전에 주택을 매도하는 전략을 세울 수 있습니다. 매수자 역시 이 기간에 매수 타이밍을 결정하는 게 좋겠지요. 다주택자의 매물이 많이 출회된다면 운 좋게도 급매를 잡을 기회가 생깁니다.

이처럼 매년 6월 이전이 다주택자의 매물을 잡을 좋은 시기이긴 하지만, 부동산 시장 전망과 정부의 정책 방향을 함께 읽는 것도 중요합니다. 정부는 다주택자 양도세 중과배제를 2023년에서 2024년으로 1년 연장했습니다. 종부세는 세금 부담 완화 정책에 따라 사실상 시세 38억 원 이상인 다주택자에게만 중과됩니다. 정부가 다주택자에 대한 세금 '패널티'를 하나둘 삭제하면서 다주택자가 세금 부담 때문에 보유주택을 매도해야 할 유인이 갈수록 줄고 있는 것이 사실입니다.

게다가 윤석열 대통령이 2024년 신년 업무보고를 받으면서 부동산 규제를 '보유주택 숫자'에서 '보유주택 시가총액'으로 바꾸겠다고 했습니다. 이는 대통령 선거 공약집에도 담긴 내용인데요, 주택을 몇 채 가졌는지보다는 보유주택 가격의 합산액이 얼마인지를 중심으로 부동산 정책을 펴겠다는 것입니다. 주택 숫자에 따라서 부동산 세금을 매겨온 그동안의 관행을 단기에 뜯어고치기는 어렵겠지만, 그간의 부동산 세제 변화만 봐도 주택 수에 연연하기보단 집값 총액수준에 따라 세금을 차등 부과하는 쪽으로 선회했습니다.

문재인 정부에서는 수도권이나 지방주택을 포함한 3주택자가 부담하는 세금이 서울 강남의 '똘똘한 한 채' 보유자보다 많았습니다. 보유주택 총액 기준으로 강남 아파트 1채 가격이 3주택자 집값 합산액보다 더 비쌌습니다. 다주택자라는 이유로 집값이 더 낮아도 더 많은 세금을 내는 게 당연했습니다. 문재인 정부에서 '똘똘한 한 채'가 부동산 투자의 정석으로 굳어진 배경입니다. 될 만한 상급지의 똘똘한 한 채에 투자하는 것이 여타 지역의 주택 여러 채에 투자하는 것보다 훨씬 수익률이 좋았습니다.

하지만 다주택자의 부동산 세금을 1주택자 수준으로 낮추는 상황에선 '똘똘한 한 채' 전략이 무조건 정답은 아닙니다. 더구나 1주택자가 보유주택을 매도하고 다른 주택을 매수하는 경우는 비슷한 가격대로 이사하기 때문에 당장 시세차익을 보기도 쉽지 않습니다. 그저 인플레이션 헷지 목적만 달성하는 셈입니다. 본인 거주용 주택 외에 실거주하지 않는 투자용 주택을 매수해야 차익을 실현할 수 있습니다. 정부의 부동산 정책 변화에 따라 '똘똘한 한 채' 시대가 저물면 투자용 주택을 선별하는 능력은 더 중요해집니다.

매매시장보다
전세시장을 먼저 보자

전세시장 동향,
집주인이 더 잘 알아야 한다

전세제도는 전 세계에서 우리나라에만 있는 독특한 제도입니다. 다른 나라는 임차가구의 경우 대부분 전세가 아니라 월세입니다. 우리나라는 10가구 중 6가구가 자가이고, 나머지는 전세 혹은 보증금이 있는 월세 가구입니다. 실거주용이든 투자용이든 세입자가 있는 주택을 매수할 때는 전세시장 동향과 임대차 3법을 파악하고 있어야 합니다.

우리나라 가구 수는 2,100만 가구에 달합니다. 이 중에서 약 60%는 자기 소유 집이고, 나머지는 전세나 월세 가구입니다. 전세는 16%, 보증금 있는 월세인 반전세는 20%, 보증금 없는 월세는 2%입니다. 10가구 중에서 4가구가 전세나 월세 형태로 살고 있다고 볼 수 있는데요, 특히 전세나 반전세는 전 세계적으로 우리나라에만 있는 독특한 제도입니다. 다른 나라는 임차가구의 경우 대부분 전세가 아니라 월세입니다.

전세제도는 집주인에게 목돈을 맡기는 대신 다달이 월세를 낼 필요가 없다는 점에서 그동안 세입자 주거 안정에 중요한 역할을 해왔다는 평가를 받습니다. 정부도 정책적으로 전세제도를 지원했습니다. 은행이 세입자에게 전세자금대출을 해줄 때 정부 산하 공공기관들이 전세대출을 보증해줍니다.

전세대출의 본질은 '임대차계약서를 토대로 한 신용대출'입니다. 돈을 빌려주는 은행 쪽에서 볼 때 돈 떼일 위험이 아주 큰 대출이죠. 그런데도 은행들이 전세대출을 공격적으로 해온 이유는 공공기관의 전세보증 때문입니다. 대출자가 전세대출을 못 갚아도 정부가 대신 갚아주기 때문입니다.

정부의 든든한 지원을 받아온 전세제도는 비단 세입자의 주거 안정에만 기여한 것이 아닙니다. 전세제도가 부동산 매매시장에 미치는 영향력이 막강합니다. 부동산 시장에서 매매시장과 전세시장은 서로 영향을 주고받고 있습니다.

예컨대 집값이 하락할 것이라고 전망하는 무주택자가 많으면 매매시장보다는 전월세시장이 활성화됩니다. 이렇게 전세 수요가 늘어나면 전세가격은 올라갑니다. 반대로 집값이 상승할 것이라는 전망이 대세가 되면 전세를 선호하던 사람들도 능력껏 서둘러 매매시장으로 눈을 돌리겠죠. 주택 매수 수요가 늘어나 집값은 더 탄력을 받을 것입니다.

우리나라처럼 전세나 반전세 가구가 전체의 40%에 육박하는 나라에서는 매매시장과 전월세시장이 따로 움직일 수 없습니다.

초저금리의 역습, 집값 끌어올린 전세가격

그런데 2020년 이후엔 좀 다른 상황이 펼쳐졌습니다. 매매가격도 오르고 전세가격도 동시에 오르는 상황이 한동안 지속되었습니다. 이유는 0%대 기준금리, 즉 초저금리 효과였습니다. 주택담보대출을 받기 쉬워졌을 뿐 아니라 전세대출도 낮은 금리에 할 수 있었습니다. 은행에서 낮은 금리에 원하는 한도만큼 전세대출을 받을 수 있는 세입자들은 집주인이 올려달라는 대로 보증금을 올려주는 게 어렵지 않았습니다. 세입자만 전세대출을 받는 것도 아니었습니다. 집주인이 전세대출을 받아서 본인은 전세살이하면서 자기 돈으로는 집을 사는 '몸테크'도 신종 투자 전략으로 주목받았습니다.

전세가격이 오르는데 집값은 더 상승하니까 전세를 낀 갭투자를 하기에 딱 좋은 환경이 조성되었습니다. 실제로 갭투자가 폭발적으로 늘어났습니다. 이전까지 간헐적이었던 전세 낀 매매가 2020년 전후 부동산 투자의 정석이 되었습니다. 특히 보유자금이 많지 않은 투자자들이 이런 상황을 충분히 활용했습니다.

보유현금 혹은 주택대출 LTV 40%를 적용한 대출만으로는 주택 구입 자금을 충당할 수 없었지만 세입자의 전세금을 활용하면 비교적 적은 돈으로도 부동산 투자가 가능했습니다. 당시엔 매매가격과 전세가격의 차이, 즉 전세가율이 60% 이상으로 올라온 상황이라서 적은 돈만 있으면 주택 매수가 가능했습니다. 집값이 더 올라갈 것이란 전망이 우세하니까 적은 돈으로 큰 시세차익을 노려볼 수 있는 여건이 된 것입니다.

특이한 점은 지방 부동산 시장이 더 들썩였다는 사실입니다. 공시 가격 1억 원 이하여서 다주택자 취득세 중과와 양도세 중과를 피할 수 있는 지방 저가 아파트의 갭투자가 선풍적인 인기를 끌었습니다. 집값이 워낙 저렴하니 몇천만 원만 있으면 갭투자로 집 한 채 사는 게 어렵지 않았습니다. 서울 사람들이 청주, 창원 등 지방 아파트를 보지도 않고 싹쓸이했습니다.

전세가격 하락기 갭투자시 고려해야 할 2가지

하지만 갭투자가 성공하려면 2가지 전제 조건이 성립해야 합니다. 첫째, 모든 부동산 투자가 그렇듯 집값이 앞으로 오를 것이란 전 망이 있어야 합니다. 둘째, 세입자가 나갈 때 돌려줘야 하는 보증금 을 새로운 세입자를 구해서 마련할 수 있어야 합니다.

문제는 0%대 저금리 시대가 저물고 금리 상승기를 맞으면 예전 처럼 두 번째 조건을 맞추기가 쉽지 않다는 점입니다. 전세대출 금 리가 치솟은 상황에서 세입자는 집주인이 달라는 대로 보증금을 맞 추기가 어려워졌습니다. 더구나 2022년 하반기 이후 전세사기, 깡통 전세 문제가 사회적으로 문제가 되면서 일부 세입자는 전세보다 월 세를 선호하는 현상이 벌어집니다. 임대차시장에서 월세 거래 비중 이 전세 비중을 추월했습니다. 결과적으로 수년간 오름세를 유지했던 전세가격이 하락세로 돌아섭니다.

갭투자는 적은 돈으로 투자할 수 있는 효율적인 방법이지만 향후 전세가격 하락 가능성이 있는지 고려해야 합니다. 전세가격이 떨어져 역전세 현상이 심화하면 새로운 세입자에게 받은 보증금으로는 이전 세입자의 보증금을 100% 충당할 수 없습니다.

한국은행의 2023년 6월 금융안정보고서를 보면 2023년 연간 전세 만기가 도래하는 117만 7,000가구 중 약 9만 가구가 임차인에게 보증금을 돌려주기 힘든 가구라는 통계가 나옵니다. 전세가격 하락으로 보증금을 못 구한 갭투자자는 눈물을 머금고 낮은 가격에 주택을 매도해야 합니다. 한편으론 여유자금이 있는 부동산 투자자는 갭투자자가 내놓은 급매를 잡을 기회입니다.

역전세로 집값 하락한다? 예측이 틀렸던 이유

집값과 마찬가지로 전세가격도 등락을 거듭해왔습니다. 2020년 이후 오름세를 지속한 전세가격은 2022년 초반 정점을 찍었고, 이후 약 1년 사이에 10% 떨어졌습니다. 전세가격 하락기에는 깡통전세, 역전세라는 말이 자주 등장하는데요, 깡통전세는 집값이 전세가격보다 낮아진 현상을 말하고, 역전세는 전세계약 시점보다 현시점의 전세가격이 더 낮아진 상황을 말합니다.

깡통전세가 역전세보다 더 무섭습니다. 깡통전세는 지방 주택이나 수도권 빌라, 다세대 주택 위주로 경고음이 나오곤 합니다. 깡통전세는 주택을 매매해도 세입자의 보증금을 충당할 수 없기에 세입자도 집주인도 심각한 어려움에 빠질 수 있습니다.

깡통전세와 역전세는 집값 하락 요인으로 작용합니다. 2023년 하반기 이후 만기도래하는 전세계약 중 역전세가 늘면서 집값 하락 요인으로 작용했습니다. 전세계약 기간은 통상 2년인데요, 전세가격이 정점에 달했던 시기에 맺은 전세계약이 2023년 하반기 이후 만기가 도래하면 매매시장에 불안 요인으로 작용할 수 있다는 전문가들의 분석이 많았습니다. 직전 2년 동안 평균 전세가격이 10% 이상 하락했다면 대부분 전세계약을 역전세로 봐야 한다는 시각이 우세했습니다. 하지만 이 같은 우려와 달리 2023년 하반기 이후 역전세 문제가 매매가격까지 폭락시킬 만큼 심각하지 않았습니다. 그 이유는 2020년 도입한 임대차 3법이 효과를 보았기 때문입니다.

임대차 3법은 계약갱신청구권제와 전월세상한제, 전월세등록제를 자칭하는데, 이 가운데 전월세상한제와 계약갱신청구권제가 핵심입니다. 세입자는 첫 계약이 만료되면 2년간 갱신계약을 할 수 있으며, 갱신시 임대료는 첫 계약 대비 5% 넘게 올려주지 않아도 됩니다. 이게 역전세 현상과 무슨 상관이 있냐고요? 임대차 3법은 2020년 7월 이후 시행했습니다. 전세가격이 정점에 달했던 2021~2022년, 세입자가 갱신계약을 했다면 갱신 임대료가 이전 대비 5% 올라가지 않아 세입자로선 운이 좋았습니다. 그래서 당시 신규계약보다 갱신계약 전세가격이 훨씬 낮았습니다. 이 계약자가 2023년 하반기 이후에 갱신계약이 만료되면 다시 신규계약을 해야 하는데요, 2021년 당시 갱신계약의 전세가격이 높지 않았기 때문에 2023년 전세가격이 떨어진 시점에도 역전세가 발생하지 않은 것입니다. 도리어 신규계약 전세가격이 과거 전세가격보다 올라가는 경우도 많았습니다.

전세가격 통계에 대한 '착시'도 있습니다. 한국부동산원이나 KB부동산에서 공식 집계하는 전세가격 동향은 갱신계약이 아니라 신규계약만 기준으로 합니다. 그래서 전세가격이 평균 10% 하락했다고 해도 이는 신규계약 이야기일 뿐 갱신계약은 흐름이 다를 수 있습니다. 평균 전세가격이 하락한 2023년 하반기 이후 신규 전세계약을 하더라도 이전 대비 임대료가 올라갈 수 있는 이유입니다. 임대차계약 조건에 따라서 임대료 상황은 많이 다를 수 있습니다.

결과적으로 임대차 3법이 전세시장의 가격 변동폭을 좁혔다고 볼 수 있습니다. 오름폭이 5%로 축소된 만큼 내림폭도 완만해졌습니다. 여러 전문가가 2023년 하반기 이후 역전세 문제가 심화해 집값을 끌어내릴 것이라고 전망했지만 실제 역전세 문제가 심각하지 않았던 이유는 2020년 도입한 임대차 3법의 효과가 작지 않았습니다. '역전세=집값 하락'이라는 전통적인 공식이 2020년 이후 딱 들어맞지 않을 수 있는 이유입니다. 이처럼 2020년 도입한 임대차 3법을 잘 알아야 부동산 매매시장의 흐름도 정확히 예측할 수 있습니다.

전월세시장을 뒤흔든 임대차 3법

임대차 3법은 우리나라 전월세제도의 근본을 크게 바꿨습니다. 임대차 3법은 계약갱신청구권제, 전월세상한제, 임대차신고제를 묶어서 부르는 용어입니다. 임대의무 기간이 4년으로 연장되었고, 4년간 임대료 인상률을 5%로 묶었습니다. 집주인도 세입자도 임대차 3법을 제대로 알아야 낭패를 보지 않습니다.

2020년 7월 시행한 임대차 3법은 집주인, 세입자의 관계에 변화를 불러왔습니다. '갑'의 위치였던 집주인이 '을'인 세입자의 눈치를 봐야 하는 상황이 더 많아졌습니다.

임대차 3법을 시행한 이후 집주인은 집을 매수할 때도, 집을 매도할 때도 임대차 3법으로 파생되는 다양한 경우의 수를 상세하게 따져봐야 낭패를 당하지 않습니다. 세입자도 마찬가지입니다. 세입자라면 임대차 3법을 잘 알아야 자신의 권리를 제대로 정확히 행사할 수 있습니다.

임대차 3법은 계약갱신청구권제, 전월세상한제, 임대차신고제를 묶어서 부르는 용어입니다. 계약갱신청구권제는 세입자가 신규계약을 한 후 첫 번째 임대차 기간 만료 시점에 갱신계약을 하겠다고 집주인에게 요구할 수 있는 권리입니다. 2020년 7월 이전까지는 임대차계약상 의무 임대 기간은 2년인데, 2년이 지난 후에 세입자가 더 살겠다며 갱신을 요구할 권리가 생겼습니다. 세입자가 갱신권을 행사하면 의무 임대 기간이 총 4년으로 연장됩니다.

임대차 3법

계약갱신청구권제	임대차계약 2년 만료 후 추가로 2년 임대차계약 갱신을 요구할 수 있는 세입자의 권리
전월세상한제	직전 임대료의 5% 이내로만 갱신 임대료를 인상할 수 있도록 한 상한제
임대차신고제	임대차계약 30일 이내에 임대차계약 내용 신고 의무

전세제도 역사를 보면 임대차계약의 의무 임대 기간은 시기별로 연장되어왔습니다. 처음에는 1년이었다가 1998년 2년으로 확대되었고, 22년 만에 법이 개정되어 2020년 7월부터는 최장 4년으로 늘었습니다. 세입자는 2년 살고 나서 더 살고 싶으면 갱신권을 행사해 최대 2년을 더 살 수 있습니다.

임대차계약을 갱신하면 임대료를 직전 임대료의 5% 이내로만 올리도록 한 제도가 전월세상한제입니다. 4년 의무 임대 기간을 보장받으면서 임대료 인상률을 5%로 묶어놨다는 점에서 세입자에게 절대적으로 유리한 법이지요.

그래서 집주인이 '을'이 되고 세입자가 '갑'으로 위치가 바뀌었다는 해석이 나온 것입니다. 의무 임대 기간과 임대료 상승률을 동시에 규제한 전월세상한제와 계약갱신청구권제를 합쳐 임대차 2법이라고 부르기도 합니다.

임대차계약을 30일 안에 신고 안 하면 과태료

임대차 3법 중에서 임대차신고제는 가장 나중에 시행되었습니다. 집주인 혹은 세입자 둘 중 한 사람이 임대차계약을 의무적으로 신고하도록 한 제도인데요, 임대차신고제는 2021년 6월 도입되어 임대차 2법보다는 1년 늦었습니다. 신고제를 도입하기 위해 필요한 시스템 구축, 별도의 계도 기간이 필요했습니다.

임대차신고제가 시행되었지만 모든 임대차계약이 신고 대상은 아닙니다. 수도권과 광역시, 세종시와 도의 시 지역에서 임대차 보증금 6,000만 원, 월세 30만 원을 초과한 경우만 신고 대상입니다. 계약을 체결한 날부터 30일 안에 신고해야 하며 계약기간, 보증금, 갱신 여부 등의 정보를 제출해야 합니다.

임대차신고제를 도입한 후 1년까지는 계도 기간으로 운영하기로 했는데 계도 기간이 추가로 1년 연장되었습니다. 그래서 사실상 2023년 6월 이후부터 임대차신고제가 의무화되었다고 볼 수 있습니다. 계도 기간 이후 임대차계약 신고를 하지 않으면 100만 원 이하의 과태료를 내야 합니다.

전세 품귀, 이중가격, 월세화, 요동친 전세시장

임대차 3법은 도입 당시 논란이 작지 않았습니다. 집주인과 세입자의 사적인 계약에 정부가 개입하는 게 맞는지가 쟁점이었습니다. 적정한 의무 임대 기간이 3년인지 4년인지 6년인지 이견이 많았습니다. 임대료 인상률을 지역이나 주택 유형에 관계없이 일률적으로 5%로 정하는 것은 비합리적이라는 비판도 있었습니다. 하지만 다수당인 더불어민주당이 국회에서 속전속결로 주택임대차보호법 개정안을 통과시켰습니다. 시간을 끌수록 임대차시장은 아수라장이 될 것이란 판단이 작용했습니다.

우려는 현실이 되었습니다. 제도 도입 초기에 부작용이 많았습니다. 2020년 7월 말 이후 1년간은 임대차 2법 시행에 따라 임대차시장이 요동쳤습니다. 전세매물이 줄어 전세 품귀현상이 벌어졌습니다. 4년 의무 임대가 시행된다고 하니 집주인들이 전세매물을 싹 거둬들였습니다. 반대로 세입자들은 매물이 없어질까봐 서둘러 계약했습니다. 게다가 기존 세입자들이 갱신권을 행사해 살던 집에서 계속 거주하면서 임대차시장에 나올 예정이었던 전세매물도 잠기는 현상이 벌어졌습니다.

신규계약과 갱신계약의 전세가격 차이가 많게는 2배 벌어지는 이중가격도 생겼습니다. 집주인이 신규계약을 할 때 4년 치 임대료를 한꺼번에 올렸습니다. 첫 계약 후 2년이 지나 갱신 임대료 인상률을 5% 이내로 가져가 전세가격을 안정시키려는 게 정부 의도였지만 집주인은 첫 계약부터 아예 4년 치 인상분을 반영한 것입니다. '뛰는' 정부 위에 '나는' 집주인이 있었습니다.

이중가격은 임대차 3법 시행 후 2년간 유지되었습니다. 2020년 7월 임대차 2법 시행 후에 갱신권을 행사한 세입자가 2022년 8월 이후 신규계약을 할 처지에 몰리며 상황은 더 꼬였습니다. 이 세입자가 집을 사지 않고 다시 전셋집을 구해서 신규계약을 하면 전세보증금이 이전보다 대폭 올라갔습니다. 갑자기 올라간 전세보증금을 마련하지 못한 세입자가 월세를 선호하는 현상도 함께 벌어졌습니다.

임대차 3법의 부작용으로 2022년 8월 이후 전세대란이 벌어질 것이란 우려도 나왔습니다. 이때는 정권 교체기라 부작용이 많은 임대차 3법을 폐지해야 한다는 주장이 여당을 중심으로 정치권에서 나왔습니다.

우려와 달리 다행히 전세대란은 일어나지 않았습니다. 이 시기에 금리가 오르면서 전세가격이 하락했고, 자연스럽게 이중가격 문제도 해소되었습니다. 급격한 금리인상에 따라 오히려 매매가격과 전세가격이 동시에 급락하면서 깡통전세, 역전세 문제가 불거졌습니다. 임대차 3법 덕분에 역전세 문제가 완화되는 아이러니한 상황도 연출되었습니다. 시장 혼란을 고려할 때 임대차 3법을 폐지하기보다는 문제점을 보완하는 쪽으로 정책 방향이 잡혔습니다.

아래층은 5억 원, 위층은 8억 원! 이상한 은마 전세가격

임대차 3법이 시행되자 집주인들의 마음이 다급해졌습니다. 임대차 3법 시행 이후 신규 전세가격과 갱신 전세가격의 차이가 2배까지 벌어졌을 뿐 아니라 이례적으로 삼중가격 현상도 벌어졌습니다. 전세가격이 하락세로 돌아서면서 이중가격은 자연스럽게 사라졌지만 전세가격이 반등하면 같은 문제가 반복될 여지가 있습니다.

임대료 인상률을 5%로 묶으면서 4년간 전세계약을 유지해야 하는 임대차 3법이 시행되자 집주인들의 마음이 다급해졌습니다. 집주인으로서는 그럴 바에야 아예 신규계약을 맺을 때 4년 치 임대료를 한꺼번에 올리는 것이 합리적이라고 생각했습니다. 이로써 신규계약 전세가격이 치솟았습니다. 2021년 11월 서울 강남구 대치동 은마아파트 전용 84.43m² 12층이 4억 9,350만 원에 계약되었습니다. 그런데 같은 날 같은 면적의 한 층 위인 13층은 7억 5,000만 원에 계약되었습니다. 누가 봐도 12층은 갱신권을 행사한 계약이고, 13층은 신규계약이었습니다.

갱신권을 행사한 세입자는 직전 임대료의 5% 이내로만 임대료를 올려도 되니까 저렴하게 전세살이가 가능해졌습니다. 그런데 신규계약을 한 세입자는 임대차 3법 '유탄'을 맞았습니다. 만약 임대차 3법이 없었더라면 전세계약이 7억 원대까지 오르진 않았을 겁니다. 집주인이 신규계약에 4년 임대료 인상분을 반영하니 전세가격이 2억 원가량 급등했습니다. 똑같은 전세인데 가격이 2가지가 되는 이중가격 현상이 벌어진 것이죠. 당시 국토교통부 실거래가 공개시스템의 전월세계약 통계를 보면 심하게는 신규와 갱신 가격 차이가 2배 벌어지기도 했습니다.

갱신권을 행사한 은마아파트 12층 세입자가 2년 후 자기 집을 사서 이사 간다면 좋겠지만 또다시 2년 계약을 하려면 어떤 일이 벌어질까요? 이 세입자의 세 번째 계약은 신규가격으로 맺어야 하니 시세 기준으로 대폭 오를 염려가 있습니다. 그는 이미 갱신권을 1회 썼기 때문에 다음 계약은 신규계약으로 맺어야 하니까요. 신규계약이라서 전월세상한제 5%도 적용되지 않습니다. 4억 원대 전세가격이 갑자기 7억 원대로 오르는 경험을 그도 피해갈 수 없습니다. 이중가격 문제가 해소되지 않고 계속된다면 임대차 3법으로 이득을 보는 세입자가 별로 없을 거라는 분석도 가능해졌습니다.

다만 금리인상에 따라 2022년 하반기 이후 전세가격이 하락세로 돌아서면서 이중가격 문제는 대부분 해소되었습니다. 전세가격이 다시 상승한다면 비슷한 패턴이 반복될 우려는 늘 있습니다.

전세가격 오르는데 갱신권 안 쓴 세종시 세입자

임대차 3법 시행 후 이중가격 문제만 있었던 것은 아닙니다. '삼중가격'도 있었습니다. 세입자가 재계약하면서 갱신권을 행사하지 않아 갱신임대료와 신규임대료의 중간값에서 전세계약을 하는 경우인데요, 세입자는 2년이 지나면 갱신권을 행사할 수 있지만, 갱신권을 행사한 세입자는 전체 재계약의 50%가 채 되지 않았습니다. 세입자는 왜 재계약하면서 본인에게 절대적으로 유리한 갱신권을 행사하지 않았을까요?

세입자가 재계약하면서 갱신권을 행사하지 않았던 데는 2가지 경우의 수가 있습니다. 우선 '세입자가 자발적으로 갱신권을 행사하지 않고 재계약한 경우'입니다. 갱신권을 행사하지 않고 2년 재계약했다면 이 세입자는 다시 2년이 지났을 때 갱신권을 행사할 수 있습니다. 한마디로 갱신권을 '킵'해놓은 것이지요. 당장은 임대료가 5%이상 뛸 수 있지만 2년 후 권리를 행사할 수 있으니 나쁘지 않은 선택일 수 있습니다. 2년 후 신규계약을 맺는 시점에 전세가격이 더 오를 거라고 판단한다면 말입니다.

이렇게 세입자 의지에 따라 자발적으로 갱신권을 행사하지 않은 세입자는 세종시에 특히 많았습니다. 세종은 전세가격이 워낙 저렴해서 세입자로서는 5% 이상 임대료를 올려줘도 큰 부담이 되지 않았습니다. 재계약 시 집주인이 원하는 대로 임대료를 20~30% 올려줘도 전세가격이 2억~3억 원대였습니다. 첫 만기 도래 시점에 갱신권을 행사하지 않고 후일을 위해 갱신권을 남겨둔 것이죠. 전세가격 인상기에 갱신권 행사를 2년 유예해 더 큰 이득을 볼 수 있다는 사실은 세입자용 '꿀팁'이 될 수 있습니다.

"내가 살겠다" 갱신권 거부한 집주인

하지만 '비자발적인 갱신권 미행사' 사례가 훨씬 많았는데, 여기에는 속사정이 있습니다. 세입자가 2년을 살고 나서 2년 더 살겠다고 하면 집주인은 무조건 'OK'를 해야 하지만 딱 한 가지 사유로 갱신권을 거부할 수 있습니다. 집주인 본인이나 직계가족이 그 집에 실거주하는 경우입니다. 집주인의 실거주 사유가 있는 경우 세입자는 계약을 연장하지 못하고 2년 전세 만기 이후에 퇴거해야 하므로 갱신권을 행사할 수 없습니다.

만약 집주인은 임대료를 5% 이상 올리고 싶은데, 세입자가 갱신권을 행사하겠다고 하면 "그 집에 그냥 내가(집주인) 들어가 살겠다"라며 거부하는 집주인이 늘었습니다. 명백하게 집주인이 그 집에 거주해야 하는 경우도 있지만 임대료 5% 증액이 못마땅해 세입자에게 퇴거를 요구하는 구실로 본인의 실거주를 내세우는 경우도 없지 않았습니다. 이로써 집주인과 세입자 사이에 임대차 분쟁이 자주 발생했습니다.

법상 집주인이 실거주하겠다고 해놓고는 다른 세입자를 들이는 경우, 집주인은 이전 세입자에게 손해배상을 해줘야 합니다. 다만 세입자가 집주인의 '배신'을 직접 확인해야 하기 때문에 손해배상을 받기까지는 쉽지 않습니다. 이와 관련해 2024년 1월 대법원 판례가 나왔습니다.

'실거주 의사'의 진실성 여부를 입증해야 할 책임을 집주인에게 돌리는 판결입니다. 구체적으로 임대인의 주거 상황, 임대인이나 그 가족의 직장이나 학교 등 사회적 환경, 임대인이 실제 거주하려는 의사를 가지게 된 경위, 임대차계약 갱신 요구 거절 전후 임대인의 사정, 임대인의 실제 거주 의사와 배치·모순되는 언동의 유무, 이러한 언동으로 계약갱신에 대해 형성된 임차인의 정당한 신뢰가 훼손될 여지가 있는지, 임대인이 기존 주거지에서 목적 주택으로 이사하려는 준비 유무 및 내용 등입니다. 대법원까지 간 분쟁 사례의 경우 집주인이 실거주의 진실성을 입증하지 못해 법은 세입자의 손을 들어줬습니다.

다만 집주인이 실거주하지 않고 얼마 지나지 않아 이 집을 매도하는 경우는 처벌 대상인지 조금 애매합니다. 법원에서는 세입자에게 손해배상을 해야 한다는 판결을 하기도 했지만, 집주인이 예상하지 못했던 사정이 생겨서 갑자기 매도했다고 주장하면 정당한 재산권 행사로 보고 문제가 없다고 판결하기도 했습니다. 주택임대차보호법이 집주인과 세입자 간 사정을 일일이 열거하지 않다 보니 이렇게 다툼의 소지가 많습니다.

집주인에게도 양도세 인센티브를 꺼낸 정부

본인 실거주를 이유로 집주인이 갱신권을 거부하는 상황에 직면한 세입자는 선택지가 많지 않습니다. 그래도 계속 같은 집에서 살고 싶은 세입자라면 "갱신권을 쓰지 않을 테니 집주인이 원하는 임대료 인상률을 말씀해달라"라고 사정할 수밖에 없습니다. 새로운 집을 구해 이사하면 어차피 중개수수료, 이사비가 많이 듭니다. 그냥 살던 집에 사는 게 경제적으로 이득일 수 있습니다.

집주인은 신규계약 수준으로 임대료를 몽땅 올리기는 뭐 하니까 갱신 전세가격보다는 높게, 신규계약보다는 낮게 전세가격을 부릅니다. 이렇게 해서 나온 게 전세가격 삼중가격입니다. 이런 식으로 집주인의 실거주 방어권이 임대차 3법 우회로로 활용되기도 합니다.

실제로 국토교통부 실거래가 정보시스템을 보면 한때 서울 송파구 잠실동 잠실엘스 전용 84m²에서 삼중가격이 확인됩니다. 2021년 6월 갱신계약은 7억~8억 원대였습니다. 같은 시기 같은 면적의 신규계약은 14억 원에 거래되었습니다. 바로 이것이 이중가격입니다. 그런데 실거래가 공개시스템에 새로운 가격대가 등장했습니다. 같은 면적인데도 11억 원대 전세가격이 나온 겁니다. 바로 이것이 8억-11억-14억 원의 삼중가격 현상입니다.

임대차 3법은 사실상 집주인의 양보를 요구하는 법입니다. 내 집을 내 맘대로 할 수 없다는 반발심에 집주인들이 실거주를 이용해 임대차 3법의 힘을 빼버리기 시작했습니다. 이중가격을 넘어서 삼중가격이 나오면서 시장가격이 왜곡되었습니다. 2022년 5월 윤석열 정부가 출범하면서 임대차 3법 폐지 내지는 개편안 논의가 시작된 배경인데요, 임대차 3법 폐지까지는 아니지만 집주인에게도 인센티브가 필요하다는 의견이 많았습니다. 그렇게 해서 나온 정책이 '착한 임대인제도'와 '실거주 의무 완화'입니다.

임대차 3법을 모르면
집 사고도 2년간 못 들어간다

임대차 3법을 모르면 실거주 목적으로 주택을 매수하고도 최장 2년간 자기 집에 들어가지 못할 수 있습니다. 실거주가 아니라 투자 목적으로 주택을 매수한 경우도 세입자의 잔여 임차 기간에 따라서 집값이 수억 원씩 달라집니다. 그래서 세입자뿐 아니라 집주인도 임대차 3법을 정확히 알고 있어야 합니다.

임대차계약뿐 아니라 매매계약 시에도 임대차 3법은 중요합니다. 무주택자가 실거주하려고 주택을 매수한 경우를 예로 들어보겠습니다. 본인이 실거주하려고 집을 샀는데 매매계약을 하고도 자기 집에 못 들어가는 상황이 벌어질 수 있습니다. 새로 산 주택에 세입자가 거주하는 경우인데요, 이 세입자가 임대차계약 2년이 도래하지 않아 아직 갱신권을 행사하지 않았다면 상황이 꼬일 수 있습니다.

임대차 3법 시행 전이라면 새로운 집주인은 의무 임대 기간 2년이 지난 계약만료일에 세입자를 내보내고 본인이 입주하면 됩니다. 그런데 임대차 3법 시행 이후엔 다릅니다. 새로운 집주인이 실거주 목적으로 주택을 샀더라도, 갱신권을 행사하지 않은 세입자가 거주한다면 무조건 전세계약 만료일에 퇴거시킬 수 없습니다. 세입자가 갱신권을 행사해 2년을 더 살겠다고 하면 새 집주인은 이를 거부할 수 없습니다.

중요한 것은 주택을 매수한 시점(등기)입니다. 주택임대차보호법에 따르면 새 집주인이 매수한 집에서 실거주하려면 임대차계약 종료 6개월 전 주택 매매를 완료해야 합니다. 매매 완료란 잔금을 치르고 등기까지 모두 마친 단계를 뜻합니다. 이 조건을 충족해야만 새 집주인이 본인 실거주를 이유로 세입자의 갱신권을 거부할 권한이 생깁니다.

만약 8월에 전세 만기가 도래한다면, 적어도 2월까지는 이 집을 매수하고 등기까지 마쳐야 합니다. 8월이 전세 만기일인데 등기를 3월에 완료했다면 새 집주인은 세입자의 갱신권을 거부하지 못합니다. 실거주를 위해서 기껏 새집을 매수하고도 자기 집에 최장 2년간은 들어가지 못하는 사태가 벌어질 수 있습니다. 임대차 3법상으로 계약 만료 6개월 이내에 등기를 완료하지 않은 상태에서 세입자가 "갱신권을 행사해 계약을 2년 연장하겠다"고 하면 새 집주인은 이를 수용해야 하기 때문입니다. '집주인 실거주 목적'인 경우 세입자의 갱신권을 거부할 수 있지만 전세계약 만료 6개월 전 등기를 마친 집주인에게만 적용된다는 사실을 꼭 알고 있어야 합니다.

임대차 3법이 집주인의 재산권보다 세입자 보호를 우선으로 하기에 이런 조건이 붙은 것입니다. 이 조건이 없다면 집주인이 바뀔 때마다 세입자는 2년만 살고 나가야 하는 상황이 반복됩니다. 물론 새 집주인으로서는 재산권 행사가 막히는 것이니까 억울할 수 있습니다. 이 사람도 주택을 매수하기 전에는 무주택자였으니까요. 이런 억울한 일을 당하지 않으려면 부동산 투자시 임대차 3법을 꼭 살펴봐야 합니다.

세입자의 임차권에 따라 달라진 집값

세입자의 임차권이 집값을 결정하기도 합니다. 즉시 입주 가능한 주택과 세입자가 있는 주택, 세입자가 있으면서 아직 갱신권을 행사하지 않은 주택 등 임대차 3법상의 세부 조건에 따라 실거래 가격이나 집주인이 부르는 호가가 수억 원씩 뛰기도 하고, 내리기도 합니다. '즉시 입주가 가능한 집'이 그렇지 않은 집에 비해 가격이 1억~2억 원 높은 경우도 있습니다. 임대차 조건이 매매시장에도 영향을 준 것이지요.

세입자가 갱신권을 행사하지 않은 집이라면 집주인이 주택을 매도하기 전에 어떻게든 세입자를 내보내고 싶어 합니다. 갱신권 행사 가능성 때문에 낮은 가격에 집을 팔아야 할 수 있다는 판단이 작용한 것이지요. 그래서 집주인 본인이나 직계가족의 실거주를 이유로 세입자의 갱신권을 거부하는 사례도 나온 것입니다.

사실 주택임대차보호법상 이런 경우 집주인을 처벌할 수 있는지도 불분명합니다. 집주인이 "아들이 결혼해서 신혼집이 필요하다. 아들이 실거주해야 하니 전세만기가 되면 바로 나가달라"라고 하는 경우 세입자는 첫 계약 후 2년이 지나면 퇴거해야 합니다. 실제로 아들의 신혼집 때문에 세입자가 나가야 한다면 어쩔 수 없지만 집주인이 거짓말을 해서 세입자를 내보냈을 가능성도 배제할 수 없습니다.

분쟁 사례도 많습니다. 기존 세입자를 내보내고 새로운 세입자를 들여서 임대료를 대폭 올린 겁니다. 집주인 실거주권을 거짓 행사해 세입자와 집주인 사이에 분쟁이 벌어졌습니다. 집주인이 본인이 실거주하겠다고 해놓고 일정 기간 빈집으로 두거나 다른 세입자를 들여도 이를 시스템상으로 확인할 방법은 없습니다.

정말로 집주인이 실거주하는지 확인하고 싶다면 이미 퇴거한 전세입자가 해당 주택 앞에 가서 누가 살고 있는지 맨눈으로 확인하는 수밖에 없습니다. 집주인이 다른 세입자를 몰래 들였다면 전월세 신고를 할 테고, 그러면 전입신고가 자동으로 되기 때문에 직전 세입자가 확인할 수는 있습니다. 그런데 모든 임대차계약이 전월세 신고 대상이 아닌 데다 일부러 신고하지 않으면 확인하기가 어렵습니다.

임대차 3법을 폐지 못하는 진짜 이유

임대차 3법은 2020년 7월 말 더불어민주당이 속전속결로 국회에서 통과시켰습니다. 이로써 예상치 못한 부작용도 많았습니다. 윤석열 정부 초반에는 임대차 3법을 폐지해야 한다는 주장이 많았는데요, 현실적으로 이미 시행되고 있는 임대차 3법을 백지화하는 것은 임대차 3법을 도입하는 것보다 훨씬 더 어렵습니다. 임대차 3법 도입 초기에 발생한 혼란을 법을 폐지하는 과정에서 똑같이 되풀이해야 하기 때문입니다.

임대차 3법을 폐지하고 원래대로 돌린다면 문제가 없을까요? 4년 임대 기간이 2년으로 환원된다면 이번엔 집주인들이 이 제도가 시행될 때까지 전세 매물을 내놓지 않으려 할 겁니다. 반대로 세입자는 하루라도 빨리 전세계약을 하려 들겠죠. 임대차시장에서 전세 매물이 씨가 마르면서 '전세대란'이 벌어질 겁니다. 임대차 2법 도입 초기에 벌어졌던 '전세 품귀' 사태를 다시 겪어야 합니다. 폐지론을 주장했던 사람들도 현실적으론 수정 보완을 이야기하는 이유입니다. 임대차 3법 부작용은 최소화하면서 집주인에게 인센티브를 주고, 세입자에겐 더욱 두꺼운 보호장치를 보장하는 쪽으로 정책 방향을 잡은 이유입니다.

집주인 실거주 의무가 풀리는
분양가상한제 아파트

정부는 임대차 3법의 부작용을 최소화하기 위한 보완책으로 분양가상한제 아파트에 적용한 집주인 실거주 의무를 완화하며 주택담보대출 전입 의무를 폐지하기로 했습니다. 집주인의 실거주 의무를 완화해 전세시장 매물 부족 사태를 예방하려는 정책이었는데, 결과적으로 부동산 거래 활성화 대책이 되었습니다.

임대차 3법 도입 2년을 맞은 2022년 하반기 전세대란 걱정이 많았습니다. 임대차 3법 시행 후 딱 2년이 되기 때문에 갱신권을 쓴 임대차계약이 처음으로 신규계약으로 전환되는 시점이었기 때문입니다. 갱신권 행사로 임대료를 5%만 증액했던 세입자가 신규로 계약을 맺으면 높아진 전세가격을 감당하기 힘들 것이란 우려였습니다. 저렴한 임대료를 유지했던 세입자가 신규계약을 하면 전세가격이 대폭 오를 수 있습니다. 설상가상 이 시점에 만약 전세매물이 부족해진다면 가격은 더 오를 수밖에 없습니다.

하지만 전세대란은 현실화하지 않았습니다. 기우였지요. 갱신계약을 했던 세입자가 다시 신규계약을 해야 하는 시점에는 그 세입자가 살던 전셋집도 신규 매물로 나옵니다. 전세매물 부족 사태가 벌어지지 않은 이유입니다. 그럼에도 2022년 '8월 전월세 대란' 우려가 확산되자 정부는 손놓고 있을 수만은 없었습니다. 불안 심리가 부동산 시장에 악영향을 줄 수 있으니까요. 우리나라 부동산 시장은 특히 쏠림현상이 심합니다. 정부는 2022년 상반기에 전세대란 공포 확산을 차단하려고 '전세 안정화 방안'을 발표했습니다.

첫째, 전세 매물 부족을 막기 위해 과거 정부에서 강화해온 집주인 실거주 의무를 풀기로 합니다. 둘째, 갱신계약에서 신규계약으로 갈아타는 세입자에게 자금 부담이 없도록 전세대출한도를 상향했습니다. 셋째, 실거주를 이유로 세입자의 갱신권을 거부하려는 집주인들에게 '양도세' 인센티브를 줬습니다. 여기에는 '착한 집주인 인센티브'라는 별명이 붙었습니다.

정부가 내놓은 3가지 전세대책 중 집주인 실거주 의무 완화는 전세시장보다는 매매시장에 더 큰 영향을 줍니다. 집주인이 자신이 매수한 집에 일정 기간 거주해야 하는 의무를 '실거주 의무'라고 합니다. 규제지역의 집을 매수한 1주택자가 양도세 비과세 혜택을 받으려면 2년 실거주를 해야 하고, 주택담보대출을 받으려면 해당 주택에 일정 기간 안에 전입신고를 해야 합니다. 분양가상한제 아파트를 분양받으면 최대 5년간 실거주 의무도 부여됩니다. 임대차 3법 대책으로 나온 실거주 의무 완화는 분양가상한제와 주택담보대출과 관련된 것이었습니다.

분양가상한제가 적용된 아파트는 분양받은 사람이 최소 2년에서 최대 5년까지 실거주를 해야 하고, 주택담보대출을 받으면 대출을 받은 시점으로부터 6개월 안에는 해당 주택으로 전입해야 합니다. 실거주 의무 주택이 많으면 세입자가 들어갈 집은 줄어듭니다. 바로 이것이 전월세 대책으로 정부가 실거주 의무 완화 카드를 꺼낸 이유입니다. 정부는 2022년 6월에 실거주 의무를 일부 완화하는 대책을 내놨으며, 이후 추가로 부동산 거래 활성화를 위해서 실거주 의무를 폐지하겠다고 발표합니다. 일단 여야간 이견이 큰 상황에서 2024년 2월 실거주 의무 3년 유예를 골자로 한 개정안이 국회에서 통과되었습니다.

갭투자가 가능해진 분양가상한제 아파트

원래 서울이나 수도권 등 분양가상한제가 적용된 아파트는 실거주 의무를 이행해야 합니다. 청약에 당첨된 이후 아파트 공사가 끝나고 최초로 입주하는 시점에서 시작해서 최장 5년 실거주를 해야 합니다. 민간 아파트 기준으로 분양가격이 주변 시세보다 80% 미만이면 3년, 그 이상이면 2년의 실거주 의무가 있습니다. 공공택지 분양 아파트는 분양가격이 80% 미만이면 5년, 그 이상이면 3년을 실거주해야 합니다. 실거주 의무를 지켜야만 해당 주택을 매도하거나 임대차계약으로 세입자를 들일 수 있습니다.

분양가상한제 아파트의 실거주 의무

		현행	정부안
공공택지	분양가격이 인근 지역 매매가격의 80% 미만	5년	폐지
	분양가격이 인근 지역 매매가격의 80% 이상 100% 미만	3년	
민간택지	분양가격이 인근 지역 매매가격의 80% 미만	3년	
	분양가격이 인근 지역 매매가격의 80% 이상 100% 미만	2년	

자료: 국토교통부

만약 특별한 이유 없이 실거주 의무를 지키지 않으면 한국토지주택공사(LH)가 주택을 환수합니다. LH는 이 주택을 강제로 매입해서 일반 주택으로 재공급을 할 수 있으며, 실거주 의무를 어긴 사람은 1년 이하의 징역 또는 1,000만 원 이하 벌금에 처할 수 있습니다. 양도세나 주택담보대출은 비과세 혜택 혹은 대출을 포기하면 그만이지만, 분양가상한제 규제는 집을 환수당하는 강력한 패널티가 주어집니다.

분양가상한제 아파트는 시세보다 가격이 20~30% 저렴합니다. 파격적인 혜택을 받는 만큼 실거주 의향이 있는 무주택자가 우선 분양받아야 한다는 게 정책의 취지입니다. 그래서 최장 5년의 실거주 의무를 부여한 것이고요.

그런데 정부는 전세대책을 넘어서 부동산 거래 활성화를 위해 실거주 의무를 전격 폐지하겠다고 발표했습니다. 최장 5년의 실거주 의무가 사라진다면 청약 당첨자는 본인이 실거주하지 않고 새 아파트에 처음부터 세입자를 들일 수 있습니다. 청약에 당첨된 부동산 투자자는 세입자의 전세금을 끼고 갭투자가 가능해지는 것이지요.

세입자로서는 새 아파트에 거주할 기회가 확대됩니다. 집값 급등기에 정부가 실거주 의무를 최장 5년으로 연장해놓았기 때문에 서울이나 수도권에서 나오는 분양가상한제 적용 새 아파트에는 세입자가 거주할 수 없었습니다. 그래서 시장에서는 실거주 의무 규제를 두고 '전월세 금지법'이라고 부르기도 했습니다.

2023년 기준으로 분양가상한제가 적용되는 지역은 서울 강남구, 서초구, 송파구, 용산구로 모두 우리나라 최상급지입니다. 분양가상한제를 적용하더라도 분양가격이 평균 대비 높을 수밖에 없겠죠. 실거주 의무가 완화된다면 보유자금이 부족한 부동산 투자자에게 최상급지 아파트를 갭투자로 매수할 기회가 열리는 것입니다.

주택담보대출시 6개월 전입 의무도 폐지

1주택자가 규제지역에서 주택담보대출을 받을 때 적용하던 전입신고 의무도 폐지되었습니다. 이 역시 2022년 6월 임대차 3법 보완대책입니다. 애초 주택담보대출 6개월 전입 요건은 2020년 6·17부동산대책으로 나왔습니다. 규제지역에서 주택담보대출을 받으면 6개월 안에 전입신고를 하도록 했습니다. 전입신고 기간은 대출을 받은 후 2년 이내에서 1년 이내로 당겨졌다가 2020년부터는 6개월 이내로 줄었습니다. 규제가 계속 강화된 것이지요. "자기가 거주할 집이 아니면 대출을 받지 말라"라는 의미였습니다. 전입신고 의무는 실거주 의무와 맥을 같이한다고 보면 됩니다. 1주택자가 집 한 채를 더 사면서 주택담보대출을 받아 일시적 2주택자가 된 경우 기존 집을 6개월 안에 팔고, 매수한 집에는 6개월 안에 들어가야 합니다. 이걸 안 지키면 은행이 대출을 회수합니다.

하지만 임대차 3법 보완대책이 나오면서 1주택자의 6개월 전입 요건이 폐지되었습니다. 일시적 2주택자의 경우 기존 집을 처분해야 하는 기간이 종전 6개월에서 2년으로 연장되었습니다. 대출받으려고 담보로 잡힌 집에 무조건 집주인이 실거주하도록 하는 규제를 풀어 세입자를 들일 수 있도록 한 것이지요.

처음에는 전월세 매물 확대 차원에서 나온 정책이지만 결과적으로 부동산 매매시장에 영향을 줍니다. 대출을 받아 주택을 구입하더라도 무조건 실거주할 필요가 없어지면 대출 레버리지가 가능해집니다. 일시적 2주택자도 기존 집에서 최대 2년을 더 살면서 새로 구매한 집에 세입자를 들일 수 있어 투자용 매매가 가능해집니다.

착한 집주인은
양도세 내지 마세요!

임대차 3법은 세입자에게 유리한 법입니다. 집주인은 양보만 해야 하니까 반발심이 커지겠지요. 집주인 달래기용으로 상생임대인제도가 나왔습니다. 상생임대인제도는 집주인에게 주는 세금 인센티브입니다. 임대차 3법을 잘 지킨 집주인은 양도세 비과세 혜택을 받으려면 지켜야 하는 2년 실거주 의무가 면제됩니다.

상생임대인제도는 집주인에게 주는 세금 인센티브입니다. 임대차 3법을 잘 지킨 집주인에게 양도세 비과세 혜택을 주는 제도이지요. 임대차 3법 시행으로 불만이 커진 집주인을 달래려는 인센티브로 볼 수 있습니다.

원래 양도세 비과세 혜택은 1가구 1주택자만 받을 수 있습니다. 규제지역의 주택을 보유한 1주택자가 본인이 보유한 주택에 2년 실거주를 하는 경우 주택 매도시 양도차익에 대해서 과세하지 않습니다. 시세 12억 원까지는 비과세이고, 그 이상이면 12억 원까지 공제해줍니다. 다주택자와 비교하면 상당히 큰 혜택입니다. 이 같은 양

착한 집주인(상생임대인) 양도세 혜택

대상자	직전 계약 대비 갱신 임대료를 5% 이내로 인상한 집주인
혜택	조정대상지역 1가구 1주택 양도세 비과세(2년 거주 의무 면제)
	1가구 1주택 장기보유특별공제를 받기 위한 2년 거주요건도 면제
기간	2024년 12월 31일까지 한시 적용

자료: 기획재정부

도세 비과세 혜택을 임대차 3법을 잘 지킨 다주택자 임대인(집주인)에게도 주기로 한 겁니다.

착한 임대인이 되는 방법은 간단합니다. 집주인이 갱신을 원하는 세입자에게 갱신임대료를 5% 이내로 증액하면서 계약을 연장해주면 됩니다. 착한 집주인은 양도세 비과세 혜택을 받으려면 해당 주택에서 2년 실거주(규제지역)를 해야 하는 의무가 면제됩니다. 세입자에게 2년간 임대차계약을 연장해주고 임대료를 저렴하게 유지해주는 것에 대한 반대급부라고 할 수 있습니다.

원래는 집주인이 비과세 혜택을 받으려면 조건이 까다로웠습니다. 직전 계약 대비 임대료를 5% 이내로 인상한 집주인에게 양도세 비과세 혜택을 주는 기본 혜택은 동일합니다. 하지만 집주인이 반드시 1가구 1주택자여야 했고, 해당 주택의 가격이 9억 원 이하여야 했습니다. 1주택자인데 본인은 다른 사람의 집에 거주하고 자기 집은 세입자를 들인 경우만 해당하는 것입니다. 직장이나 자녀교육 등의 특수한 사정으로 세 들어 사는 1주택자만 대상이라서 사실상 비과세 혜택을 누릴 수 있는 사람이 매우 제한적이었습니다. 임대인들 대부분은 1주택자가 아니라 다주택자니까요. 더구나 처음에는 실거주 인정 기간이 1년에 불과했습니다. 이처럼 착한 임대인이 되는 조건이 너무 까다로워서 '탁상행정'이란 비판이 쇄도했습니다.

이에 따라 상생임대인제도는 2022년 6월 대폭 개편되어 1주택자뿐 아니라 다주택자 집주인도 양도세 비과세 혜택을 누릴 수 있게 되었습니다. 9억 원 이하 주택가격 조건도 삭제했습니다.

▬▬▬ 다주택 집주인, 2024년까지 양도세 비과세

다만 착한 집주인이 보유한 모든 주택에 양도세 혜택을 주는 건 아니라는 점을 알아야 합니다. 양도세 비과세 혜택은 세법상 1가구 1주택자에게만 줄 수 있기 때문입니다. 만약 집을 4채 보유한 '착한 집주인'이 있다면, 본인이 보유한 주택을 3채까지 팔고 마지막 1채를 갖고 있을 때 마지막 1채 매도시 양도세 비과세 혜택이 적용되는 것입니다. 물론 다주택자의 양도세 부담이 워낙 크기 때문에 착한 임대인제도를 활용하면 세부담을 크게 덜 수 있는 것은 사실입니다. 어차피 집을 임대했다면 임대차 3법은 지켜야 하니 따로 엄청난 노력을 할 필요는 없습니다.

착한 집주인이 양도세 비과세 신청을 하는 방법은 어렵지 않습니다. 별도의 신고 절차 없이 세금 신고 기간을 지켜 상생임대주택에 관한 특례 적용 신고서를 세무서에 제출합니다. 온라인 신청은 받지 않습니다. 필요한 서류는 직전 임대차계약서가 상생 임대차계약서

이고, 임대료를 5% 이내로 인상한 것을 증명하면 됩니다.

상생임대인제도는 2024년 12월 말까지 한시 운영합니다. 2024년 12월 말까지 다주택자가 보유주택에 대해 갱신계약을 하고 5% 이내로 임대료를 증액하면 양도세 혜택을 봅니다. 이는 다주택자뿐 아니라 1주택자도 동일합니다. 상생임대인제도를 2024년까지만 한시 적용하는 것은 양도세 세수 부족을 고려한 것이지만 긍정적인 효과가 입증된다면 기간이 연장될 가능성이 있습니다.

◀━━━ '어디나 다 똑같이?' 임대차 3법의 대수술 예고

이미 시행한 임대차 3법은 폐기하기가 쉽지 않지만 보완대책이 나올 수 있습니다. 임대차 3법의 변화는 단지 임대차시장에만 영향을 주는 게 아니라 매매시장에도 변수가 될 수 있기 때문에 부동산 투자자가 각별히 관심을 가져야 합니다.

먼저 어디서나 어느 집에나 획일적으로 적용하는 갱신임대료 증액 5% 상한제가 바뀔 수 있습니다. 현재는 전월세상한제에 따라 직전 임대료의 5% 이내로 임대료를 올리도록 하는데요, 지역별·주택가격별·주택유형별로 획일적 기준을 적용하는 것이 맞지 않는다는 지적이 많습니다.

예컨대 A 지역의 평균 임대료가 4%이고 B 지역의 경우 6%라고 하면, A 지역에서 굳이 5% 상한을 정해놓을 필요가 없습니다. 도리어 임대차 3법에 맞춰 인위적으로 인상률을 5%로 올릴 가능성도 있어서 역효과가 납니다. 임대차 3법 도입 취지에 맞지 않습니다. B 지역도 억울합니다. 해당 지역의 물가인상률과 집값 상승률을 고려하면 임대료를 6% 이상 올려야 현실적인데, 정부가 획일적으로 5% 이내로 눌러버린 것이니까요.

획일적인 인상률 대신에 각 지역의 평균 물가상승률에 연동해 지역별로 자유롭게 임대료 증액 상한율을 정하는 것이 더 합리적으로 보입니다. 전월세신고제도 '보증금 6,000만 원, 월세 30만 원 초과계약'의 한 가지 기준을 적용할 게 아니라 지자체에 이관해 자율적으로 기준을 정해서 관리하는 것이 현실적입니다.

임대차 3법을 적용하는 임대차계약의 범위도 너무 획일적입니다. 전국 모든 임대차 주택에 같은 기준이 적용됩니다. 이를 지역별로 보증금 상한을 정해놓고 그 금액 이하인 임대차계약에만 임대차 3법을 적용하자는 주장이 제기됩니다. 예컨대 평균 전세가격이 6억 원인 서울 지역이라면 보증금 6억 원 이하 전세에 대해서만 임대차법을 적용해 임차인을 강력하게 보호하자는 견해입니다. 전세가격이 서울보다 저렴한 지방은 평균 보증금이 2억 원 이하라면 2억 원 이하 계약에 대해서만 임차인을 보호하는 법을 적용하는 게 합리적일 수 있습니다.

굳이 고가전세에 대해서도 임대차 3법을 적용할 필요가 없다는 주장도 타당해 보입니다. 예컨대 배우 장동건, 고소영 부부가 거주해서 유명해진 서울 강남구 청담동 더펜트하우스청담(PH129) 273m^2

는 2022년 5월 100억 원에 전세권이 설정되었습니다. 임대차 기간은 2년입니다. 역대 최고가로 체결된 PH129의 임대차계약도 갱신권을 보장해주고, 임대료는 100억 원의 5% 이내인 5억 원 이내로만 올려야 합니다. 100억 원짜리 전세에 사는 세입자를 과연 법으로 보호해야 할까요? 정부가 예고한 임대차 3법 보완대책에 이 같은 다양한 견해가 담길 것으로 보입니다.

공시가격 1억 원 아파트를 노린 갭투자 원정대 열풍

대출 규제가 강화된 2020년 이후 전세를 낀 주택매수 방식인 갭투자 열풍이 불었습니다. 특히 지방 공시가격 1억 원 이하 주택은 취득세, 양도세, 종부세 중과가 되지 않기 때문에 다주택자들이 공격적으로 매수했습니다. 다만 지방 부동산 경기 침체가 장기화 조짐을 보이면서 지방 저가 아파트 매수세가 꺾였습니다.

부동산 투자 방법은 크게 3가지입니다. 자신이 가진 보유현금만으로 투자하거나, 대출을 받거나, 세입자의 전세보증금을 활용해 갭투자하는 방법입니다. 이 가운데 전세를 끼고 주택을 매수하는 갭투자는 2020년 이후에 크게 늘었습니다. 집값이 급등하는 시점에 정부가 대출 규제를 강화하면서 원하는 만큼 대출이 나오지 않았기 때문입니다.

갭투자는 전세가율(매매가격 대비 전세가격 비율)이 높을수록 매수자의 자금 부담이 줄어듭니다. 대출처럼 제도권 규제를 받지 않습니다. 보유현금이 부족한 부동산 투자자나 높은 레버리지를 일으키고 싶은 다주택자 등이 갭투자 방식을 선호했습니다.

예를 들어 시세 10억 원 아파트의 전세가격이 7억 원이라면 3억 원만 있어도 매수가 가능합니다. 매매자금은 세입자의 전세보증금 7억 원, 집주인 투자금 3억 원입니다. 세입자의 돈이 집주인 투자금보다 2배 이상 많습니다. 가격이 아파트보다 저렴한 빌라나 다세대 주택이라면 전세가격과 시세가 거의 비슷한 경우가 많습니다. 전세가율이 100%에 육박한다면 매수자는 자기 돈 한 푼 투자하지 않고 '무갭투자'도 가능합니다. 전세가격이 매매가격을 추월한 이른바 깡통전세도 있습니다. 그래서 이 같은 깡통전세는 전세 사기의 표적이 되곤 합니다.

서울 아파트는 주택담보대출비율(LTV) 50%를 적용받아 대출이 최대 5억 원을 넘지 않지만 세입자 전세보증금을 활용하면 더 많은 자금을 조달할 수 있습니다. 이론적으로는 대출보다는 갭투자로 부동산에 투자하면 더 적은 돈으로 시세차익을 낼 수 있어 수익률이 더 올라갑니다. 더구나 집값 급등기라면 갭투자시 시세차익은 훨씬 더 커집니다.

통계가 이 같은 사실을 보여줍니다. 2020년 이후 강남 3구에서 신규 아파트 매수자 중 갭투자 비중이 한때는 절반 이상 치솟았습니다. 당시 갭투자의 최선호 지역으로 강남 3구가 급부상했습니다. 2019년 12월 말 이후 시세 15억 원 초과 아파트는 주택담보대출이 막혀 현금이 부족한 투자자가 강남 3구 아파트를 매수하는 방법은 갭투자가 유일했습니다.

공시가 1억 원 이하 노린 갭투자 지방 원정대

지방 아파트의 갭투자는 강남 3구 갭투자와는 양상이 조금 달랐습니다. 5,000만 원 전후의 자금만으로도 단기에 고수익을 올리는 '저가주택 갭투자'가 지방 주요 도시를 휩쓸었습니다. 갭투자자들의 타깃은 공시가격 1억 원 이하 아파트입니다. 인구 유입이 꾸준하거나 적어도 현상 유지가 가능한 지방 중소도시가 갭투자자들의 성지였습니다. 인구가 뒷받침되는 지역이라면 전세 수요가 꾸준하기 때문에 전세가격과 집값의 격차가 크지 않습니다. 만약 시세 1억 5,000만 원짜리 아파트라면, 전세금 1억 원을 끼고 본인 투자금 5,000만 원을 활용하면 매수가 가능합니다.

중요한 포인트는 '세금'입니다. 공시가격 1억 원 이하의 지방 아파트는 각종 세금규제에서 예외입니다. 세금 부담이 줄기 때문에 단기 고수익이 가능했습니다. 공시가격 1억 원이면, 시세로는 2억 원 내외입니다. 공시가격 1억 원 이하 주택은 다주택자 취득세 중과 대상에서 제외됩니다. 다주택자가 매수하더라도 중과인 취득세 8%가 아닌 일반세율 1%만 적용됩니다. 일단 취득세부터 7%포인트만큼 수익률이 가능합니다.

양도세 혜택도 있습니다. 지방주택의 경우 시세 3억 원 이하라면 양도세 중과가 되지 않습니다. 세법상 지방주택은 보유주택에 포함되지 않기 때문입니다. 지방 저가 주택을 매수한 다주택자들은 양도세와 취득세 측면에서 1주택자와 동일한 세율을 적용받습니다. 더

구나 정부가 지방 소재 3억 원 이하 주택에 대해 종부세 과세 대상
에서도 제외했습니다.

이 같은 여건이 조성되면서 공시가격 1억 원 이하 아파트에 대한
갭투자는 2020년 청주를 시작으로 창원을 거쳐 전국으로 확산되었
습니다. 2022년에는 전북 군산과 전주시가 갭투자 성지로 불렸습니
다. 공시가격 1억 원 아파트에 대한 취득세, 양도세, 종부세 혜택을
축소하지 않는 한 지방 저가 아파트에 대한 갭투자는 지속될 가능성
이 큽니다. 다만 시세차익을 노린 단기매매가 대부분이라서 매수 수
요가 급속도로 빠지면 지방 아파트값이 폭락할 위험이 상존합니다.
갭투자 대열에 합류했다가 집값 하락기를 맞으면 투자에 실패할 확
률이 높아집니다.

전세보증 사고액이 4조 원을 돌파

집값 조정기에는 지방 부동산 투자에 신중해야 합니다. 2022년
하반기 이후 대구를 시작으로 지방 아파트 미분양 물량이 급속도로
쌓였습니다. 지방 주택경기가 꺾이면서 매매가격이 전세가격 이하
로 떨어지는 깡통전세 경고등도 커졌습니다. 갭투자 원정대들의 공
시가격 1억 원 매수 '끝물'에 합류했다가 집값이 전세가격 밑으로
떨어져 세입자에게 전세보증금을 돌려주지 못하는 상황에 직면하기
도 합니다.

역전세가 나면 새로운 세입자를 구하더라도 이전 세입자에게 돌

려줄 전세보증금을 모두 충당할 수 없습니다. 전세가격이 하락한 지역에서는 전세계약을 갱신하면서 세입자에게 '역월세'를 주는 집주인도 나왔습니다. 전세계약을 연장하지 않으려는 세입자에게 2년 계약을 연장하는 조건으로 집주인이 세입자에게 일정 금액을 다달이 주는 것인데요, 특히 보유자금이 없는 갭투자자들이 역월세를 주는 경우가 종종 있습니다.

한국부동산원이 2023년 1~3월 전국 시군구 아파트 가운데 전세가율이 80%를 넘는 지역을 분석해보니 총 33곳이었습니다. 보통 전세가율이 80%를 넘으면 깡통전세 위험이 크다고 봅니다. 근저당권과 보증금 등의 합이 매매가격을 넘어서 임대인의 파산과 부도로 주택이 경매에 넘어가면 세입자는 보증금을 돌려받지 못합니다.

당시 아파트 전세가율이 가장 높은 곳은 경북 영주시로 101.2%에 달했습니다. 아파트값이 1억 원이라면 전세가격은 1억 120만 원으로 집을 팔아도 전세보증금을 돌려주지 못합니다. 수도권에서는 경기도 이천 전세가율이 80% 이상으로 가장 높았고, 가평도 80% 수준이었습니다. 지방 주요 지역 중에서 강원도 동해·태백·삼척·고성, 충북 청주·충주·제천·진천, 전남 목포·순천·광양·영암, 경남 창원·사천·밀양·함안·고성 등이 깡통전세 위험이 있는 지역으로 꼽혔습니다.

지방의 공시가격 1억 원 이하 저가 아파트에서도 깡통전세 사례가 발견됩니다. 역전세 혹은 깡통전세로 보증금을 돌려주지 못하는 집주인이 늘어나자 전세보증 사고액이 연간 1조 원을 넘었습니다.

집주인이 세입자에게 돌려주지 못한 전세보증금은 2023년 기준 4조 3,000억 원에 달했습니다. 주택도시보증공사가 세입자에게 전세보증금을 대신 돌려주고 집주인에게는 구상권을 청구하는데, 이 금액이 무려 4조 원을 돌파한 것입니다. 이는 역대 최대 규모입니다.

깡통전세는 세입자뿐 아니라 부동산 투자자도 피해야 할 매물입니다. 특히 지방 부동산에 투자할 때는 깡통전세인지를 반드시 확인해야 합니다. 전세와 매매가격의 비율인 전세가율을 꼭 확인할 필요가 있습니다. 방법은 간단합니다. 국토교통부 실거래가공개시스템에서 계약할 집의 전세가격과 매매가격을 찾아보면 됩니다. 한국부동산원의 부동산테크 홈페이지에서 지역별·유형별로 최근 1개월, 3개월간 전세가율 통계가 공개됩니다.

혼돈의 부동산 시장,
투자 안목을 가져라

집값은 어떻게 될까?
열정과 냉정 사이

집값 변곡점에는 투자 타이밍을 잡기가 어렵습니다. 부동산 전문가들마저 폭락론과 폭등론으로 전망이 갈려 과연 누구 말이 맞는지 갈피를 잡기 어렵습니다. 정확한 집값 전망은 어쩌면 신의 영역일지도 모릅니다. 부동산 폭락기에도 돈을 버는 사람이 있고, 급등기에도 돈을 잃는 사람이 있습니다. '불확실한 전망'보다 중요한 것은 자기만의 확실한 투자 기준을 세우는 것입니다.

"집값은 오를까요, 떨어질까요?"

부동산 투자자들이 가장 궁금해하는 것은 역시나 집값 전망입니다. 내가 집을 살 때는 최저점이고, 내가 집을 팔 때는 최고점이기를 바라는 게 인지상정입니다. 평소에 눈여겨봤던 아파트의 매물이 나왔는데 지금이 고점이면 어떡하나 망설여집니다. 반대로 집값 하락기에는 더 떨어질 때까지 기다렸다가 매수해야 하는지 또 고민이 깊어집니다.

부동산 투자자들이 이렇게 고민할 수밖에 없는 이유가 있습니다. 우리나라 부동산 시장은 과거 3~5년 동안 극적인 반전을 반복했습니다. 역대급 급등장을 보였다가 곧바로 역대급으로 급락장이 연출되었습니다. 폭등과 폭락을 단기간 목격한 투자자들은 2024년 상반기 맞이한 변곡점에서 갈피를 잡기 어렵습니다. 부동산 전문가들의 전망도 엇갈립니다. 2023년 상반기에는 특히 상승론자와 하락론자가 팽팽하게 맞섰습니다. 각자의 주장에 힘을 실어주는 근거 모두 탄탄해 보입니다. 어디에 더 방점을 찍고 시장을 보느냐에 따라 결론이 다를 뿐입니다.

막상 주택을 매수하겠다고 마음먹었더라도 집값이 생각보다 높아서 포기하기도 합니다. 보유자금이 충분치 않으면 대출을 더 받아야 하는데, 시중 유동성이 풍부했던 2020년 대비 대출금리가 많이 올라 이자 부담이 상당합니다. 이렇게 "우물쭈물 머뭇거리는 사이에 집값이 어느새 2배 이상 올랐더라"라는 흔한 경험담이 떠오를 수도 있습니다.

그래서 부동산 변곡점에서는 흔들리지 않는 자기만의 확실한 투자 기준을 세우는 것이 가장 중요합니다. 투자 타이밍의 근거를 누구에게나 적용되는 '외부요인'에서가 아니라 본인에게서 먼저 찾아야 합니다. 주택 매수를 희망하는 본인의 객관적 상황과 조건을 들여다봐야 합니다.

우선 보유자금과 소득 수준을 고려할 때 부담 가능한 주택가격이 어느 정도인지 결정해야 합니다. 둘째로 자금조달 능력에 맞게 좋은 입지, 매수를 희망하는 지역의 매물 혹은 청약 정보를 꾸준히 업데이트해야 합니다. 틈틈이 발품을 팔아 현장을 확인하는 임장은 기본

중의 기본입니다.

그다음으로는 부동산 시장의 큰 흐름을 봐야 합니다. 급등장과 급락장을 거친 이후라면 매수 타이밍을 잡기 좋은 시점이라고 할 수 있습니다. 서울과 수도권 기준으로 2020~2021년 정점을 찍었던 집값이 대부분 하락한 상태이기 때문입니다. 집값은 장기적으로는 우상향하는 패턴을 그려왔기 때문에 급락장 이후엔 전고점까지 상승할 가능성이 높습니다. 과연 전고점을 돌파할 것인지를 판단하기는 어렵지만 적어도 과거 수준 정도로 회복될 가능성을 판단하는 것은 어렵지 않습니다.

집값이 최고점 대비 몇 퍼센트 빠졌을 때 매수할지 투자 목표를 정해놓는 것이 좋습니다. '바닥이 될 때까지 기다려보자'가 아니라 '고점 대비 30% 하락하면 반드시 매수하겠다'는 식의 구체적인 목표가 필요합니다. 그렇지 않으면 바닥만 찾다가 영영 투자 기회를 잡지 못합니다. 만약 아파트 청약에 도전한다면 '분양가격이 주변 시세의 20% 이상 낮으면 계약을 하겠다'는 등의 구체적인 기준을 세워야 합니다.

물론 적정가격인지를 판단할 때는 부동산 시장의 흐름과 본인의 소득 수준을 동시에 따져봐야 합니다. 소득을 고려해야 하는 이유는 얼마만큼 대출 레버리지를 일으킬 수 있는지 객관적으로 계산할 필요가 있기 때문입니다. 예컨대 총부채원리금상환비율(DSR) 규제 강화에 따라서 대출한도를 결정할 때 연소득이 중요해졌습니다. 대출한도뿐 아니라 다달이 감당할 수 있는 상환 원리금 수준이 어느 정도인지 판단할 때도 우선 내 현금 흐름을 파악해야 합니다. 2022년 이후 금리가 급격하게 올랐고, 적어도 2024년 상반기까지는 고금리 장기화 관측이 우세한 상황이니 대출이자가 투자를 결정할 때 중요 요소가 되었습니다.

부동산 시장을 읽을 때는 단기적 추세가 아닌 장기적 패턴을 반드시 살펴봐야 합니다. 한 시점의 단면만 잘라 보면 전체 그림을 놓치기 쉽습니다. 집값 급등기에 성급하게 '패닉바잉(공포매수)'했다가 2년도 채 지나지 않아 집값 하락과 역전세를 견디지 못하고 급매를 내놓는 영끌족이 적지 않았습니다. 2030세대의 영끌 성지였던 '노도강(서울 노원구, 도봉구, 강북구) 아파트' 급매 거래 소식이 심심치 않게 전해집니다.

주식투자에 거래비용이 많이 든다고 아우성이지만 따지고 보면 주택은 더 많은 거래비용이 듭니다. 주택은 단기에 주식처럼 매매하면 세금을 포함한 비용이 많이 들기 때문에 자칫 '배보다 배꼽이 클 수' 있습니다. 부동산을 사고 팔면 시세차익이 큰 것 같아도 의외로 막상 남는 게 별로 없습니다. 양도세, 취득세 중과 배제를 이용해 공시가격 1억 원 아파트를 갭투자한 다주택자처럼 수개월에서 1년 안에 '치고 빠질' 생각이 아니라면 집값의 단기 흐름에 연연할 필요가 없습니다.

2020년 이후 열탕과 냉탕을 오간 집값

2020년 이후 우리나라 부동산 시장은 열탕과 냉탕을 오갔습니다. 문재인 정부 시절인 2017년 5월에서 2022년 5월까지 5년간 유례를 찾기 힘들 정도로 상승장이었습니다. KB부동산 시세에 따르면 서울 아파트 평균가격은 2022년 6월 13억~14억 원 수준으로 2017년 6월의 평균가격인 6억 5,000만 원 대비 2배 올랐습니다. 2020년 중반과 비교해보면 5억 원이나 올랐습니다.

이 기간에 1주택자 혹은 다주택자는 보유자산 가치가 오르는 달콤한 경험을 했지만 무주택자는 상대적인 박탈감과 소외감을 맛봤습니다. 무주택자들은 스스로 '벼락거지'라고 불렀습니다. "어느 날 눈 떠보니 벼락처럼 거지가 되어 있었다"라는 자조입니다. 무주택자와 유주택자의 자산 격차가 근로소득으로는 도저히 극복하기 힘들 정도로 크게 벌어진 것이 현실입니다. 평범한 월급쟁이들이 부동산 투자에 눈뜬 것도 대부분 이 시점이었습니다.

저금리 시대에 2030세대는 '영끌(영혼까지 끌어모아)'로 대출을 받아 부동산 시장의 큰손으로 등극했습니다. 2020~2021년 부동산 시장을 주도한 세대는 기성세대인 40대, 50대가 아니라 30대 이하였습니다. '지난 5년간 집값이 오르기만 했으니 앞으로도 계속 오를 것'이란 확신은 언제부턴가 단단하게 굳어졌습니다.

하지만 곧 반전이 시작되었습니다. 2022년 하반기 이후 객관적 지표들이 방향을 바꾸기 시작했습니다. 집값 상승의 불쏘시개였던 초저금리 시대가 저물면서 부동산 시장의 풍경도 완전히 달라졌습니다. 시작은 금리인상입니다. 은행에서 "대출받으세요"라고 아무리 유혹해도 대출이자 부담 때문에 빚을 내기가 버거워졌습니다. 그러자 팔팔 끓었던 수도권 집값이 조정을 받았습니다. 2030세대의 영끌 대출 '성지'였던 노도강(노원구, 도봉구, 강북구)에서 실거래 가격이 수억 원씩 뚝뚝 떨어졌습니다. 서울 강북권 전체가 하락세로 돌아섰고, 이어 강남권도 하락 도미노가 시작되었습니다. 그러다가 2023년 5월 이후에 수 개월 동안 서울 주요 지역을 중심으로 집값이 일시 반등합니다. 정부 규제 완화 효과와 특례보금자리론을 통한 유동성 공급이 집값 반등을 이끌어냈지요.

시계를 과거로 돌려봐도 부동산 시장은 냉탕과 온탕을 반복했습니다. 박근혜 정부 시절인 2013년 2월~2017년 3월 발표된 부동산 정책은 한마디로 "빚내서 집 사라"입니다. 당시엔 집값이 너무 떨어지니까 정부가 부동산 시장을 부양하려고 규제를 다 풀었습니다. 대출 규제부터 손봤습니다. 정부가 가계부채로 부동산 시장을 부양하려는 의도도 숨기지 않았습니다. 지방 미분양 아파트 문제도 심각했는데, 빚내서 집 사라고 해도 현금 여력이 충분한 사람들조차 선뜻 움직이지 않았습니다.

박근혜 정부 출범 초기인 2012년 2월 서울 아파트값 평균은 5억 1,000만 원이었습니다. 2016년까지 내내 5억 원대를 유지하다가 정권 말기인 2017년 3월쯤에 6억 원을 넘어섰습니다. 부동산 부양 정책을 쏟아냈지만 집값 하락은 계속된 셈이지요. 문재인 정부에서 집값이 2배 올랐던 상황과는 정반대입니다.

　이명박 정부 시절(2008년 2월~2013년 1월)은 박근혜 정부 때보다 부동산 경기가 더 안 좋았습니다. 2008년 2월 서울 아파트 평균 가격은 5억 4,000만 원으로 이명박 정부 5년간 3,000만 원 떨어졌습니다. 다양한 부양책이 나왔지만 5년간 집값은 큰 변동이 없었습니다. 하지만 이명박 정부 직전인 노무현 정부(2003년 2월~2008년 1월) 때를 보면 평균 3억 원대였던 서울 아파트값이 정권 말기 5억 원대로 2배 넘게 상승했습니다.

집값 변곡점에는 장기적인 안목이 중요하다

　서울 아파트값 흐름을 보면 노무현 정부 시절 3억 원에서 5억 원대로 올랐고, 이명박 정부에서 5억 원대를 유지하다가 소폭 하락했습니다. 다음 정부인 박근혜 정부에서 6억 원대 초반으로 소폭 오른 후 문재인 정부에서 13억 원대로 크게 상승했습니다. 집값이 많이 올랐던 시기의 정부는 집값을 떨어뜨리려고 수요 억제 정책을 폅니다. 부동산 세제 강화나 대출 규제 강화 정책이 연달아 나옵니다. 반대로 집값이 떨어진 시기에는 대출 규제를 풀고 세금을 낮추는 식으로 부양책을 쏟아냈습니다.

　긴 호흡으로 시장을 들여다보면 최근 몇 년간 집값이 올랐다고 계속 오르리라는 보장이 없고, 반대로 집값이 한두 해 하락했다고 계속 떨어진다는 보장도 없습니다. 초저금리 시대가 막을 내렸기 때문에 본인 능력을 고려하지 않고 무리하게 빚을 내서 투자하는 시기는 아닙니다.

하지만 그렇기에 역설적으로 매수할 집을 선택할 수 있는 좋은 타이밍이 왔다고 볼 수 있습니다. 2020~2021년 찍었던 고점 대비 집값이 하락한 시점에 내 투자 목표에 부합하는 매물, 청약 단지를 물색할 기회가 왔기 때문입니다. 집값은 장기적으로 물가상승률을 초과하며 우상향해왔습니다. 집값 변곡점에서는 좋은 매물을 찾는 안목이 중요합니다.

부동산 투자,
5년 후를 내다보자

모든 집값이 무차별적으로 폭락했던 글로벌 금융위기 시절과 다르게 부동산 시장이 '초양극화'로 가고 있습니다. 금리인상기에 강북권 아파트값이 큰 폭의 조정을 받았지만 강남 3구와 용산구 상급지 아파트는 오히려 신고가를 찍기도 했습니다. 이 같은 초양극화 시대에는 투자 안목이 더욱 더 중요해졌습니다.

    부동산 시장에는 '강남불패' 신화가 있었습니다. "강남 집값은 절대 떨어지지 않는다"라는 굳건한 믿음입니다. 하지만 실제로는 2008년 글로벌 금융위기 직후 강남 집값이 한 방에 30% 이상 폭락했습니다. 강남임에도 불구하고 전고점 대비 40% 가까이 하락한 단지도 있었습니다.

    강남구 대치동 은마 31평(전용 76m²)의 경우 글로벌 금융위기가 터지기 전인 2006년 11억 6,000만 원(11층)에 거래되었지만 그로부터 7년여 지난 2013년에는 7억 3,300만 원(12층)으로 떨어졌습니다. 7년간 4억 2,700만 원(36.8%)이 빠졌습니다. 이보다 넓은 평수인 34

강남 아파트값, 냉정과 열정 사이

서울 강남구 대치동 은마 34평	
연도	실거래가격
2006년	14억 원
2013년	8억 6,000만 원
2022년	25억 4,000만 원

자료: 국토교통부 실거래가 공개시스템

평(전용 84m²)은 2006년 14억 원(12층)에서 2013년 8억 6,000만 원(13층)으로 하락해 가격이 반토막(38.5%)났습니다. 은마아파트 인근의 도곡렉슬도 떨어졌습니다. 33평(전용 84m²)이 2006년 15억 원(14층)을 기록해 신고가를 찍었지만 7년이 지난 2013년 고점 대비 28.7% 내린 10억 7,000만 원(5층)으로 가격이 떨어졌습니다.

재건축 이슈로 주목받는 강남구 압구정 현대 6·7차도 같은 기간 가격이 최대 40.2% 하락했습니다. 47평(전용 144m²)이 25억 5,000만 원(8층)에 거래되었지만 7년 뒤 15억 2,500만 원(14층)을 기록해 하락 폭이 10억 원을 넘었습니다.

강남 주요 단지의 실거래 가격이 수억 원씩 쭉쭉 빠진 이유는 당시에도 금리상승의 영향이 컸습니다. 2008년 글로벌 금융위기 이후 한국은행이 기준금리를 연달아 인상해 2010년에는 연간 5회에 걸쳐 1.25%포인트를 인상했습니다. 금리인상 효과는 예상 밖으로 컸습니다. 2013년 하반기까지 실거래가 변동률이 매월 마이너스(-)를 기록했습니다. 영원히 불패신화만 썼을 것 같은 강남 아파트도 특정 시점만 놓고 보면 급락세를 피하지 못했습니다.

집값 거품을 판단할 때는 전세가격을 보자

2013년 40% 폭락해 7억 원대를 기록했던 은마아파트는 2022년 5월 25억 4,000만 원(8층)으로 신고가를 기록합니다. 9년 만에 3배 뛴 것입니다. 40% 폭락기도 있었지만 2배 폭등기도 있었던 겁니다. 긴 호흡으로 보면 결국 집값은 이렇게 올랐습니다.

전문가들도 집값 변곡점에는 상승론, 하락론 등 엇갈린 해석을 내놓지만 최소 5년 이상을 내다본다면 큰 흐름이 달라지지는 않습니다. 특히 좋은 입지, 선호지라면 상승 가능성이 훨씬 높습니다.

그러므로 무주택자나 갈아타기를 원하는 1주택자라면 매수를 주저할 이유가 별로 없습니다. 주택은 시장에서 거래되는 상품이기도 하지만 거주하는 필수재이기도 합니다. 실거주용 1주택을 매수한 다음에 적절한 타이밍에 매도하는 전략이 유용합니다.

매수하는 시점에 집값이 최저점이면 좋겠지만, 설령 그렇지 않더라도 거주 기간의 사용가치를 생각하면 실수요자들의 매수는 대부분 바람직합니다. 특히 무주택자의 주택구매는 5년 이상 장기적으로 볼 때는 '언제나 옳다'고 볼 수 있습니다.

다만 실거주용이라도 따져야 할 것은 따져봐야겠지요. 매수 시점에서 실거주 편익을 계산할 필요가 있습니다. 대표적으로 전세가격 혹은 전세가율을 확인해야 합니다. 주변 아파트 대비 매매가격은 높지 않은데 전세가격이 높다면, 어떤 이유에서건 실거주 메리트가 있다는 의미로 해석하면 됩니다. 오로지 실거주 목적으로 전셋집을 구하는 세입자가 더 높은 가격을 내고도 거주하려는 주택이기 때문입니다. 주변 시세 대비 매수하려는 집값이 고평가되었는지 아니면 저평가되었는지 판단할 때 첫째로는 전세가격을 참고 지표로 삼아야 합니다.

송파도 눌러버린 용산, 초양극화 시대

앞으로 부동산 시장의 키워드는 '집값 양극화'입니다. 오를 곳은 오르겠지만 안 오르는 곳은 계속 안 오르는 양극화가 더 심화할 수 있습니다. 부동산 시장이 바닥을 찍고 본격 반등하는 시점이 오면 이 같은 양극화는 더욱 뚜렷해집니다. 2008년 글로벌 금융위기 이후 저금리에 따른 유동성으로 모든 집값이 상승했던 부동산 시장의 흐름과는 다른 풍경입니다.

2022년 기준 서울 아파트 평균가격은 13억 원인데, 경북과 전남 및 지방 주요 도시 소재 아파트 가격은 2억~3억 원대에 머물렀습니다. 가격 상승세가 주춤했던 2022년 상반기 서울 지역 25개 자치구별로 집값 흐름도 극명하게 갈렸습니다. 강남 2구 가운데 강남구 평균가격은 2022년 6월 26억 3,000만 원으로 서울 평균의 2배였습니다. 서초구도 25억 2,000만 원으로 역시 2배입니다.

주요 단지 기준으로 보면 서울 서초구 반포동 아크로리버파크 전용 129.97㎡가 2022년 5월 68억 원(19층)에 팔려 역대 최고가를 경신했습니다. 같은 면적이 3월 63억 원(36층)에 매매된 것과 비교해 한 달 새 5억 원 오른 겁니다. 1년 전인 2021년 6월에 51억 원(8층)에 팔린 것보다 17억 원 급등했습니다. 아크로리버파크는 우리나라 아파트 평당 1억 원 시대를 연 대표 단지인데요, 서울 집값이 조정받은 2022년 5월에도 신고가 행진을 이어갔습니다.

용산구도 '양극화'의 대표주자입니다. 대통령 집무실 이전 이슈로 단기 급등한 용산구는 평균 20억 5,000만 원을 찍습니다. 용산구는 강남 3구로 묶이는 송파구(19억 1,000만 원)마저 눌러버렸습니다. 용산구는 용산 정비창 개발 사업 등 앞으로 호재도 많습니다. 서울 지역에서 앞으로 상승 여력이 가장 큰 지역으로 용산구가 꼽히고 있습니다.

이와 달리 '영끌족'의 사랑을 받았던 노도강(노원구, 도봉구, 강북구) 집값은 속절없이 무너졌습니다. 초저금리 시대가 저물고 금리가 단기간 급등하자 노도강 아파트값이 가장 먼저 하락했습니다. 노도강 지역의 아파트는 집주인이 수억 원씩 호가를 내려도 좀처럼 거래되지 않고 있습니다. 2022년 6월 10일 기준 서울부동산정보광장의 서울 전체 매매건수 통계를 보면 184건인데, 노원구는 달랑 2건에 불과합니다. 2022년 4월 144건 거래되었으나 5월에는 절반 수준인 71건으로 매매심리가 꽁꽁 얼었습니다.

결과적으로 서울 강북권 등 외곽과 수도권 아파트값이 큰 폭의 조정을 받는 상황에서도 강남구, 서초구와 용산구의 아파트값은 신고가를 경신하는 초양극화가 펼쳐졌습니다. 시세 15억 원 초과 아파트 대출 금지 규제가 적용된 2022년에도 강남 3구의 아파트값은 큰 폭의 조정 없이 우상향했습니다.

기준금리 0%대의 초저금리 시대에는 유동성이 모든 집값을 끌어올렸는데요, 단기간 금리가 대폭 올라간 시점에는 '옥석'이 가려졌습니다. 즉 오를 곳만 오릅니다. 넘쳐나는 유동성이 모든 집값을 올리는 것이 아니라 좋은 입지, 풍부한 인프라, 뛰어난 학군, 최신 공법의 신축 아파트 등 장점 유무에 따라 집값이 선별적으로 오르는 시기가 본격 도래했습니다.

재건축은 다 좋다?
희비 엇갈린 분당, 일산, 평촌

1순위 부동산 투자처로는 역시나 재건축 아파트가 꼽히는데요, 재건축 아파트 매물은 주로 강남권에 쏠려 있지만 20억 원을 웃도는 가격은 아무래도 부담스럽습니다. 그래서 상대적으로 가격 부담이 크지 않은 1기 신도시 재건축 아파트가 주목받지만 재건축 시점과 용적률을 반드시 잘 따져봐야 합니다.

윤석열 정부에서 유망한 부동산 투자처로 재건축 아파트가 1순위로 꼽힙니다. 5년 동안 재건축 규제가 순차적으로 풀립니다. 분양가상한제 완화에 이어 안전진단 규제, 재건축 초과이익 환수제 등이 줄줄이 풀리면 재건축 집값이 탄력받을 것이란 기대감도 큽니다.

서울 지역의 대표적인 재건축 추진 단지인 강남구 압구정동 현대아파트는 집값 조정기인 2022년 상반기에도 연일 신고가를 갈아치웠습니다. 압구정동 현대1차 전용 131.49m²는 2022년 6월 47억 6,500만 원(3층)에 실거래되었습니다. 비슷한 면적인 전용 131.48m²가 같은 해 4월 47억 원(5층)에 팔린 것과 비교하면 두 달 사이에

6,500만 원이나 올랐습니다. 인근의 한양7차 전용 106.22m²는 2022년 5월 39억 8,000만 원(10층)에 매매되어 2021년 10월 기록한 종전 최고가(38억 원·8층)를 넘어섰습니다.

부동산 초양극화 시대에 강남 재건축 단지는 더욱 주목받는 상황인데, 문제는 강남 재건축 단지는 현금 동원력이 부족한 일반 투자자들에게는 '넘사벽'(넘기 힘든 장벽)이라는 점입니다. 15억 원 초과 아파트에 대한 대출 금지 규제가 풀렸다고는 해도 대출금리도 함께 올라서 레버리지를 일으키는 것이 큰 부담입니다. 선뜻 투자하기 어렵습니다. 그래서 강남권을 벗어나 매수 가능한 재건축 단지로 1기 신도시가 주목받습니다.

1기 신도시 재건축 투자, 핵심은 용적률

1기 신도시 재건축 단지도 유망한 투자처로 꼽힙니다. 윤석열 정부가 1기 신도시 특별법을 만들어 용적률 등 규제를 대폭 완화하고 교통 대책을 내놓기로 약속했기 때문입니다. 인허가 절차 간소화, 안전진단 규제 완화, 재건축 초과이익 환수 완화, 용도지역 변경과 용적률 상향 등 '선물 보따리'가 풀립니다.

1기 신도시 재건축 아파트의 평균 용적률이 200%이기에 용적률 법적 상한인 200~300%에 이미 근접해 있는데요, 규제가 풀려 용적률을 파격적으로 올리면 재건축 사업성이 확보됩니다. 재건축 사업 첫 단추인 안전진단 규제도 1기 신도시에 한해 사실상 면제가 되었기 때문에 시동만 걸리면 사업 속도는 빨라질 수 있습니다.

1기 신도시로는 고양 일산, 성남 분당, 부천 중동, 안양 평촌, 군포 산본이 있습니다. 이들 지역은 1989년부터 1996년까지 조성되어 2022년 기준으로 3년 안에 준공 30년이 도래하는 아파트가 20만 가구에 육박합니다. 구체적으로 고양 일산 6만 9,000가구, 성남 분당 9만 7,580가구, 부천 중동 4만 1,435가구, 안양 평촌 4만 2,047가구, 군포 산본 4만 1,947가구 등입니다.

재건축 기대감이 커지면서 집값이 상승했는데요, 부동산R114 통계를 참고해보면 대선 직후인 2022년 3월 11일부터 2022년 6월 초까지 1기 신도시 아파트 매매가격 평균 누적 상승률은 0.5%였습니다. 대선 전인 2021년 말부터 2022년 3월 11일까지 누적 상승률이 0.14%인 것에 비해 오름폭이 3배였습니다.

물론 여기에는 반전이 있었습니다. 2021년 말~2022년 3월과 2022년 3월~2022년 6월(대선 직후)로 나눠 일산 집값 상승률을 비교하면 0.12%, 0.87%를 기록했습니다. 분당은 같은 기간 0.08%, 0.52%였습니다. 일산과 분당은 대선 전과 직후를 비교해 상승폭이 각각 7배, 6배에 달합니다. 대선 이후에 단기간 집값이 많이 오른 것입니다.

그런데 같은 1기 신도시라도 중동(0.49% → 0.5%)과 산본(0.48% → 0.32%)은 변동폭이 크지 않다는 사실을 확인할 수 있습니다. 평촌은 −0.06%에서 0.26%로 상승 전환했으나 역시 큰 폭은 아니었죠. 똑같은 1기 신도시인데 분위기가 사뭇 다릅니다.

1기 신도시 집값 향방의 결정적인 변수는 용적률입니다. 집값이 덜 오른 지역은 대부분 용적률이 200%를 초과했습니다. 중동의 평균 용적률은 226%입니다. 평촌(204%)과 산본(205%)도 높습니다. 이와 달리 일산(169%)과 분당(184%)은 평균 용적률이 낮습니다. 용적률이 높으면 사업성이 그보다 낮다는 뜻입니다. 조합원 분담금도 늘어납니다. 투자가치가 상대적으로 떨어진다고 봐야 합니다. 1기 신도시가 상대적으로 집값이 저렴해 특별법 호재에 따라서 유망 투자처가 될 수 있으나, '묻지 마 투자'는 자제해야 합니다. 1기 신도시 주요 지역별로 용적률만 따져봐도 규제 완화 반사효과가 제각기 다르다는 사실을 확인할 수 있습니다.

1기 신도시 리모델링이 뜨는 이유

1기 신도시 재정비 마스터플랜은 2024년 이후 구체적으로 공개되는데, 마스터플랜이 나오더라도 재건축 공사가 시작될 때까지는 상당한 시간이 걸립니다. 재건축은 첫 삽을 떠도 공사 기간만 몇 년입니다. "정권만 바뀌면 재건축이 급물살을 탈 줄 알았는데 예상 밖으로 지지부진하다"며 1기 신도시 주요 지역 아파트값이 조정을 받기도 했습니다. 실망 매물이 많이 나왔습니다. 여기에 더해 1기 신도시에 투자하더라도 만족할 만한 투자수익률을 거두기까지는 오랜 기간이 걸릴 수 있다는 점 또한 각오해야 합니다.

이런 이유로 용적률이 법적인 상한 수준에 근접한 신도시 단지들은 리모델링을 선택합니다. 리모델링은 재건축처럼 건물을 허물고 새로 짓는 게 아니라 기본 골격은 유지한 채 공사가 진행되기 때문에 사업 기간이 재건축처럼 길지 않습니다. 리모델링 역시 재건축처럼 일반분양 물량도 나옵니다. 리모델링 단지가 사업 속도 면에서는 투자 매력도가 있습니다.

초양극화 시대, 지방 부동산의 옥석 가리기

초양극화 시대에 지방 부동산 투자는 신중히 해야 합니다. 고금리 장기화 여파로 지방 미분양 물량이 쌓일 때는 '묻지 마 1억 원 갭투자'는 신중할 필요가 있습니다. 전세가율을 밑도는 경락률을 기록한 지역이라면 일단 '빨간불'로 간주해야 합니다. 청약시장의 최근 경쟁률도 꼼꼼하게 체크해야 합니다.

서울과 지방 집값이 갈수록 벌어지고 있는데, 이는 안타까운 현실입니다. 지방 주택가격 하락세가 지속되면 매매가격이 전세가격 아래로 내려가는 깡통전세 위험도 커집니다. 집값 하락기에는 사람들이 주택을 매수하지 않고 전세를 선호합니다. 그러면 집값은 또 하락합니다. 그러다 깡통전세 문제까지 터집니다.

지방 집값은 갭투자(전세 낀 매매) 원정대의 활발한 투자로 2020년에 크게 올랐습니다. 2020년 청주, 창원을 시작으로 공시가격 1억원 이하 갭투자 수요가 급속하게 유입되었습니다. 이곳을 시작으로 강원도와 전북, 전남, 수도권의 공시가격 1억 원 이하 주택을 매수하려는 갭투자 원정대의 활약이 대단했습니다. 관광버스를 빌려 지방 저가 아파트를 서울 손님들이 단체로 싹쓸이했습니다. 지방까지 원정이 쉽지 않은 서울 다주택자는 집을 보지도 않고 공인중개사에게 전화해 공시가 1억 원 아파트를 매수해달라고 주문했습니다. 갭투자 원정대가 훑고 간 지역은 집값이 단기에 수천만 원씩 올랐습니다. 공시가격 1억 원, 시세 1억 5,000만 원짜리 아파트는 가격이 2,000만 원만 올라도 투자수익률이 껑충 뜁니다. 2020년 상반기부터 2022년 상반기까지 공시가격 1억 원 갭투자가 전국적으로 확산되었습니다. 1억 원 갭투자 끝물인 2022년 상반기에는 전북 군산과 전주시 구시가의 저가 아파트까지 가격이 갑자기 뛰었습니다.

 공시가격 1억 원 이하 주택은 다주택자여도 취득세가 중과되지 않고 일반세율이 적용됩니다. 더구나 전세를 끼고 투자하면 실제 투자금은 1,000만~3,000만 원에 불과합니다. 전세가격이 매매가격에 근접하면 무갭(전세가=집값)도 가능합니다. 취득세 일반세율이 적용되기 때문에 단기간 높은 수익률을 거둘 수 있습니다.

지방 아파트, 경매시장부터 살피자

 그렇다면 이 같은 투자 방식이 앞으로도 유효할까요? 고금리 장기화 여파로 지방 미분양 물량이 쌓일 때는 '묻지 마 1억 원 갭투자'는 신중할 필요가 있습니다. 2021~2022년을 정점으로 지방 아파트 거품이 꺼지면서 깡통전세 위험도 높아졌습니다. 집주인도 문제지만 세입자는 더 큰 문제입니다. 집값이 전세가격 아래로 떨어지면 집주인이 집을 팔더라도 전세보증금을 마련하지 못합니다. 세입자는 전세보증금을 떼일 위험이 커집니다.

따라서 옥석을 가리는 눈이 필요합니다. 지방 부동산 투자를 결정할 때 집값 흐름과 함께 최근 경락률, 미분양 물량을 반드시 확인해야 합니다. 경락률은 감정가 대비 낙찰가를 의미합니다. 경매는 시세보다 한 발 앞서 가격이 반영되기 때문에 지방 아파트 투자시 주요한 참고 기준이 됩니다.

2022년 하반기부터 집값 조정기를 맞으면서 경매시장이 한풀 꺾였습니다. 이에 따라 지방 주요 도시의 경락률이 떨어졌습니다. 특히 경락률이 전세가율(시세 대비 전세가격 비율)보다 낮은 경우를 잘 살펴야 합니다. 경락률이 전세가율보다 낮으면 집을 경매로 넘겼을 때 세입자는 전세보증금을 돌려받기가 어려워집니다. 전형적인 '깡통주택'이라고 보면 됩니다. 그만큼 투자 위험도 올라갑니다.

집값이 고점을 찍은 2022년 하반기 이후 경락률이 전세가율을 밑도는 지역은 충북 청주, 충남 공주, 전북 남원 등이 꼽힙니다. 예컨대 공주는 아파트 전세가율이 73%를 웃돌았지만 경락률은 62%여서 '깡통주택' 위험이 높은 지역으로 분류할 수 있습니다. 반면 경기도 과천시는 경락률이 100%를 넘겨 전세가율 45%를 웃돌았습니다. 이런 기준으로 지방 투자 위험도를 따져보면 됩니다.

정부도 전세가율 90%를 초과하거나 경락률이 전세가율보다 낮은 지역은 '깡통주택' 위험도가 높다고 판단해 특별관리를 합니다. 주기적으로 지역별로 전세가율과 경락률이 공개되는 만큼 이 지표를 보고 지방 부동산의 옥석을 가려야 합니다.

미분양 물량과 청약경쟁률을 보자

미분양 물량도 투자시 참고할 주요 지표입니다. 2022년 7월 기준으로 대구 미분양 물량이 6,718가구로 전국에서 가장 많았습니다. 이 밖에도 경북 4,823가구, 경기 3,319가구, 전남 2,585가구, 경남 2,044가구에 달합니다. 이런 상황에서 지방에 분양 예정인 물량(공급물량)은 2000년 이래 최다 수준입니다. 지방의 미분양이 쌓이자 2022년 9월 말 이후 지방 대부분 지역이 규제지역에서 해제되었습니다.

청약경쟁률도 중요하게 봐야 합니다. 분양시장의 경쟁률이 해당 지역의 실제 투자 수요라고 볼 수 있기 때문입니다. 집값 조정기에 어느 단지는 청약경쟁률이 미달인데 인근 단지는 경쟁률이 치솟는 경우가 있습니다.

예컨대 인천 검단과 송도를 들 수 있습니다. 인천 검단신도시에서 2022년 상반기에 공급된 '힐스테이트검단웰카운티'는 청약경쟁률이 80 대 1을 기록했습니다. 같은 달 '제일풍경채검단Ⅱ'와 '검단역금강펜테리움더시글로2차'도 30 대 1, 14 대 1로 나쁘지 않은 성적을 거뒀습니다.

반면 비슷한 시기에 인천 송도는 무순위 청약인 줍줍을 여러 번 반복한 끝에 물량이 겨우 소화된 단지가 있었습니다. '더퍼스트시티송도'는 1.8 대 1이고, '송도하늘채아이비원'은 2.2 대 1로 저조한 1순위 경쟁률을 기록했습니다. 송도는 수도권 광역급행철도(GTX), 바이오 산업단지 호재 등으로 한동안 집값이 많이 올랐으나 분양 당시에는 금리인상과 대출 규제, 고점 인식 등으로 청약시장부터 직격탄을 맞았습니다.

분양가상한제가 적용된 전남 무안 남악오룡지구는 2022년 상반기 청약에서 '남악오룡 푸르지오 파르세나'와 '남악오룡 시티프라디움'이 1순위 청약이 마감되었습니다. 분양가상한제가 적용되어 가격의 메리트가 부각되었기 때문입니다. 반면에 대구는 공급과 입주물량이 대폭 늘면서 비슷한 시기에 1순위 청약경쟁률이 0.22 대 1로 미달사태가 벌어졌습니다.

갭투자자와 영끌족,
고금리 시대에 살아남기

2022년 하반기 이후 급속한 금리인상에 따라 부동산 시장 분위기가 완전히 달라졌고 영끌족과
갭투자자들이 비명을 질렀습니다. 고금리와 역전세 문제도 영끌족과 갭투자자들의 발목을 잡았
습니다. 2024년 하반기 이후에 금리가 하락한다고 해도 예전처럼 0%대 초저금리 시대는 돌아
오기 어렵습니다.

2022년 하반기 본격적인 금리인상에 따라 부동산 시장 분위기가
달라졌습니다. 매매시장에서는 영끌족이 얼마나 견딜지가 관건이
되었습니다. 임대차시장에서는 전세가격이 하락하면서 역전세 문제
가 불거졌습니다. 세입자들은 집주인에게 보증금을 떼일까 봐 전전
긍긍했습니다. 집주인도 역전세로 세입자에게 보증금을 돌려줄 돈
을 따로 마련해야 했습니다.

집값 하락기엔 매매 수요는 줄고 전세 수요는 늘어나 전세가격이
시차를 두고 올라가야 합니다. 하지만 2020년 7월 임대차 3법 도입
으로 이미 신규 전세가격이 상당폭 올라서 집값 하락기에도 전세가

격이 대폭 오르지는 않았습니다. 더구나 대출금리인상으로 세입자
들의 전세자금 대출 증액도 쉽지 않은 여건입니다. 이런 여건에 따
라 급등했던 전세가격이 도리어 하락세로 돌아서면서 역전세, 깡통
전세 문제가 한동안 불거졌습니다. 보증금을 돌려주지 못한 집주인
이 보증금 일부를 월세로 돌리고 싶어 했습니다. 세입자도 보증금을
떼일 걱정에 월세를 선호하는 현상이 벌어졌습니다.

　정부는 전세제도 소멸 가능성을 꺼냅니다. 전세사기와 역전세 문
제가 심화되자 원희룡 전 국토교통부 장관이 "전세제도가 우리 사
회에서 큰 역할을 했지만 이제는 수명을 다 한 게 아닌가 보고 있다"
라는 파격적인 발언을 했습니다. "전세제도라는 건 임대인이 세입자
한테 목돈을 빌린 것인데 갚을 생각을 안 한다는 게 황당한 이야기"
라고 지적합니다. 집주인이 세입자의 전세보증금을 다른 자금으로
유용하지 못하도록 하는 대책도 거론되었습니다.

전세대출 이자도 DSR에 넣는다, 갭투자의 미래는?

　전세가격 하락기에는 갭투자 위험도가 높아집니다. 전세가격이
하락하면 갭투자자는 갱신계약을 원하는 세입자에게 전세보증금 일
부를 돌려주거나 신규계약시 전세보증금을 이전보다 낮춰줘야 합니
다. 갭투자를 하는 데 필요한 자금이 예전보다 훨씬 늘어납니다.

　전세의 월세화 현상도 갭투자에는 우호적인 조건이 아닙니다. 임

대차시장에서 월세화가 빠르게 진행되면서 2023년 상반기 기준으로 월세 거래가 전세 거래를 앞질렀습니다. 집주인이 전세보다 월세를 선호했던 과거와 달리 최근엔 세입자가 월세를 선호합니다. 기준 금리 상승으로 전세대출금리가 큰 폭으로 올랐기 때문입니다. 세입자가 높은 금리로 전세대출을 받는 것보다 전세금 일부를 월세로 전환하는 게 유리해졌습니다.

전세보증금을 월세로 전환하는 비율을 전월세 전환율이라고 하는데, 서울 기준으로 2022년 5월 4%대 후반대였습니다. 은행의 전세대출금리가 연 5%대를 돌파한다면 세입자는 전세보다는 월세를 선택할 것입니다. 지역별로 전월세 전환율이 4% 초반인 곳도 있어서 임대차시장에서 월세화 현상이 벌어집니다.

은마아파트 76.79m² 전세가격 7억 원 기준

	전세대출 이자 167만 원 → 월세 150만 원	
전셋집	본인 돈 2억 원에 5억 원 전세대출	한 달 대출이자 167만 원(금리 연 4%)
월셋집	본인 돈 2억 원에 5억 원 월세	월세 150만 원(1억 원 월세 전환시 월세30만 원)

자료: 2022년 2월 기준, 중개업계 참고

정부가 전세제도 폐지를 언급한 것도 주목할 대목입니다. 정부의 전세자금대출 보증비율이 지금의 100%에서 50% 수준으로 절반만 낮아져도 은행들은 곧바로 전세대출 영업을 중단하거나 대출금리를 올릴 것입니다.

정부는 중장기적으로 전세대출을 총부채원리금상환비율(DSR)에 넣는 방안도 고려 중인데요, 전세대출이 DSR에 포함되면 가계부채 관리는 잘되겠지만 세입자는 돈 빌리기가 훨씬 어려워집니다. 이는 전세가격 하락 요인이 될 수 있습니다.

물론 전세제도가 세입자 보호 측면에서 큰 역할을 해왔기 때문에 급격하게 제도가 바뀔 가능성은 높지 않지만, 2024년부터는 전세대출의 이자가 처음으로 DSR에 포함되었습니다. 단계적인 규제 강화가 예고된 셈이지요. 분명한 것은 전세대출에 대한 규제가 강화될수록 갭투자의 입지는 좁아진다는 사실입니다.

손절이냐 버티기냐, 영끌족의 선택

2020년 4억 원을 변동금리로 대출받아 아파트를 구입한 30대 직장인 K씨는 대출받을 당시 월 이자 부담이 90만 원이었습니다. 원금을 합치면 약 170만 원 정도였는데요, 대출금리가 상승한 2022년이 되자 원리금 상환액이 200만 원을 넘었습니다. 사회 초년생인 그의 월급은 400만 원이니, 월급의 절반을 대출 원리금을 상환하는 데 써야 합니다.

시중은행 주담대 대출금리 상단이 2022년 6월 연 7%를 돌파합니다. 주담대가 연 7%를 넘어선 것은 2009년 이후 13년 만입니다. 금리가 연 7% 이상으로 치솟는다면 K씨의 원리금 상환액은 300만 원으로 치솟습니다.

이자 부담도 문제지만 집값 하락은 더 큰 고통이 됩니다. 영끌족이 사랑한 노원구, 도봉구, 강북구 아파트값이 회복 기미를 보이지 않았습니다. 노원구 상계동 A아파트 전용 84.81m² 실거래 가격은 2022년 5월 21일 7억 5,000만 원으로 직전 해 9월 8억 2,500만 원보다 하락했습니다. 도봉구 방학동 B아파트 전용 84m²는 2021년 12월 신고가(10억 2,900만 원)를 찍은 지 반년도 지나지 않은 2022년 5월 9억 4,000만 원으로 내렸고, 이후 뚜렷한 반등세를 보이지 않고 있습니다.

집값 하락과 원리금 부담으로 이중고를 겪고 있는 영끌족은 손해를 보더라도 매도해야 할지 고민에 빠집니다. 미국이 2024년 상반기 금리를 인하하면 국내 금리도 하락할 것으로 관측되지만 냉정하게 말하면 과거처럼 0%대 초저금리는 오지 않습니다. 이를 '고금리 장기화'라고 합니다. 소득이 불어나는 이자만큼 빠르게 뛰지 않는다면 일정 부분 손해 보고 매도 타이밍을 고민해야 합니다.

물론 지역별로 영끌족의 선택은 달라질 수 있습니다. 강남권이나 마포구, 용산구 등 최선호 입지라면 '버티기' 전략이 유효합니다. 금리 부담은 크겠지만 집값이 큰 폭의 조정을 받지 않았고, 향후 상승 가능성도 높기 때문입니다. 변동금리가 부담이면 고정금리로 갈아타는 전략도 있지만, 변동금리와 고정금리 격차가 0.5%포인트 이내로 크지 않다면 섣부르게 바꿀 필요는 없습니다. 금리가 고점을 찍고 하락세로 돌아서는 시점에는 변동금리로 버티는 게 유리할 수 있습니다.

집값의 향방은
5대 변수에 달려 있다

롤러코스터 타는 시장, 집값은 왜?

최근 몇 년 동안 부동산 시장의 변동성이 컸습니다. 많은 전문가가 집값 급등의 원인을 공급 부족에서 찾았지만 정작 집값을 끌어내리는 것은 공급이 아니라 미국발 금리인상이었습니다. '공급부족'을 힘차게 외친 전문가들이 머쓱해졌습니다. 앞으로 부동산 시장을 움직이는 변수로는 역시나 금리가 1순위로 꼽힙니다.

지난 20년간 대한민국 부동산 시장을 보면 집값은 롤러코스터를 탔습니다. 급등기가 있었고, 예상치 못하게 장기 하락하기도 했습니다. 시기별로 오름폭, 내림폭도 달랐습니다. 언제까지나 상승할 것만 같았던 집값이 2022년 하반기 이후 많게는 고점 대비 30% 하락했습니다. 2023년에는 집값이 반짝 상승했습니다. 무엇이 부동산 시장을 이렇게 움직이는 것인지, 어느 한 가지 요인으로만 설명하기는 어렵습니다.

'부동산 시장의 변동성을 키우는 가장 큰 요인이 무엇이냐'를 두고서 우리나라의 부동산 전문가들 사이에서도 논쟁이 벌어졌습니다. 2020~2022년 집값이 급등한 이유에 대해 주택공급 부족과 저금리 논쟁이 있었습니다. 둘 다 집값을 올리는 요인이지만 어느 쪽에 방점을 찍느냐에 따라서 집값 안정을 위한 정부의 해법은 완전히 달라집니다.

부동산 전문가 10명 중 9명은 '공급 부족이 집값을 올렸다'고 했습니다. 수요는 폭발하는데 살 만한 곳의 주택공급이 부족해서 집값이 올랐다는 논리입니다. 이는 자연스럽게 강남 재건축 규제 완화가 필요하다는 주장으로 연결됩니다. 반면 '초저금리 시대의 풍부한 유동성이 집값을 올리는 요인'이라는 반론이 빈약하게나마 제기되었습니다. 보유자금이 충분하지 않더라도 낮은 금리에 대출받아 주택 매수가 가능하니 집 살 생각을 하지 않았던 사람들까지 매수 대열에 합류한 것이라는 해석입니다.

공급 부족과 금리인상론 중에서 과연 누구의 주장이 옳았을까요? 2022년 이후 미국발 금리인상 기조에 따라 집값 상승세가 일순간 꺾이고 일부 지역은 큰 폭의 하락세를 기록합니다. 예상보다 센 금리인상으로 예상보다 크게 집값이 떨어졌습니다. 결과적으로 공급보다는 금리가 집값에 더 큰 영향을 줬다는 사실이 여실히 확인된 셈이지요.

이는 향후 우리나라 부동산 시장을 전망할 때도 유효한 지표가 될 수 있습니다. 금리가 어떻게 변할지가 집값의 등락을 가르는 주요 변수가 된다는 뜻입니다.

2020년에 집값 오른 이유, 공급이냐 금리냐?

집값 상승기 중 초중반기에 해당하는 2017~2019년에 정부는 "공급은 부족하지 않다"고 장담했습니다. 하지만 지나친(?) 확신은 부메랑으로 돌아왔습니다. 2020년 이후 집값이 가파르게 올랐는데요, 당시 집값 급등의 원인에 대해서 많은 전문가가 공급 부족 때문이라고 분석했습니다. 늘어나는 주택수요와 부족한 공급을 무시한 정부 탓에 집값이 더 올랐다는 비난이 쏟아졌습니다.

집값이 급등할 정도로 공급이 많이 부족하면 민간 건설사들이 집을 많이 지어서 공급하면 되는데 왜 정부 탓을 할까요? 바로 부동산 규제 때문입니다. 도심 복판에 새 아파트를 공급할 수 있는 유일한 방법인 재건축이 규제로 막혔습니다. 분양가격을 시세 대비 20% 이내로 묶어버린 분양가상한제도 민간 건설업자들에게는 무거운 짐이었습니다. 이런 규제를 풀어야 주택공급은 속도가 납니다. 공급 확대의 칼자루를 쥔 것은 시장이 아니라 정부였습니다.

공급 부족 '역풍'을 맞은 정부가 2020년 8월(8·4대책)과 2021년 2월(2·4대책)에 대규모 공급 대책을 발표했습니다. 전국 기준으로 80만 가구를 공급(2·4대책)하겠다는 청사진도 대대적으로 공개했습니다. 정부가 발표한 대로 수십만 가구가 공급될지는 물음표가 달리지만 어쨌든 더는 공급 부족 비판을 듣기 싫은 정부가 사실상 공급 폭탄을 선언했습니다. 윤석열 정부는 정권 초기부터 공급 확대를 위한 규제 완화 계획을 연달아 발표하기에 이르렀습니다.

집값은 2021년 말에 정점을 찍고, 2022년 하락세가 뚜렷해졌습니다. 대대적인 주택공급 대책이 먹힌 것일까요? 그렇지 않았습니다. 주택공급은 계획을 발표해도 실제로 입주까지는 최소 5년 이상 걸립니다. 2022년에 집값이 떨어진 이유는 이론의 여지 없이 금리 때문이었습니다.

물가 잡기에 총력을 기울인 미국이 금리를 급격하게 인상하자 한국은행도 기준금리를 따라 올렸습니다. 기준금리가 단기간 가파르게 상승하자 은행 대출금리도 덩달아 뛰었습니다. 최저 연 2~3%대 주택담보대출금리가 최고 연 7%대로 치솟았습니다.

대출금리인상 여파로 서울 아파트 매매는 절벽 수준으로 거래가 끊겼습니다. 가격을 수억 원씩 낮춘 급매가 나왔는데도 처음에는 집을 사겠다는 사람을 찾을 수 없었습니다. 대출이자 부담이 어느 정도 될지 계산기를 두들겨봐야 하는 상황이 되었습니다.

즉 2020년 이후 우리나라 부동산 시장에서 집값을 올린 주요인은 공급보다는 저금리였다고 보는 게 타당합니다. 물론 이 시기에는 전 세계적인 저금리 현상으로 미국도 집값이 많이 올랐습니다. 하지만 한국의 부동산 시장은 더 뜨거웠습니다. 미국은 초장기 고정금리 대출이 대부분이지만 우리는 변동금리 대출이 많습니다. 그래서 다른 나라보다 금리 변화에 민감하게 반응합니다. 초저금리 국면에서 한국의 가계부채 증가 속도가 전 세계적으로 최상위권을 달린 것도 같은 이유에서입니다.

스무 번의 대책에도 집값을 못 잡은 정부

집값 급등기에 부동산 정책은 수요 억제에 초점이 맞춰졌습니다. 부동산 세금이나 재건축 규제, 분양가상한제, 대출 규제 등 수요를 억제할 만한 모든 정책이 나왔습니다. 청약, 전매, 대출, 세금 등에서 강력한 규제가 적용되는 규제지역이 전국에서 100곳 이상 지정되었습니다. 2023년에는 규제지역이 4곳으로 줄었다는 점에서 '격세지 감'입니다. 특히 다주택자는 폭탄급 규제를 받았습니다. 될 만한 집 한 채에 투자하는 '똘똘한 한 채'가 대세로 떠올랐습니다.

스무 번 넘는 대책에도 불구하고 집값 방향은 꺾이지 않았는데요, 결국 미국의 금리인상 한 방에 집값이 잡혔습니다. 부동산 정책이 부동산 시장을 움직이는 주요 변수인 것은 분명하지만 부동산 정책이 정부가 의도한 방향대로만 효과가 나는 것은 아니라는 점에도 주목해야 합니다. 예컨대 정부가 조정대상지역이나 투기과열지구 등 규제지역을 2019년에서 2020년 1년 사이에 2배로 확대했는데요, 규제지역의 집값 상승세는 일시적으로 꺾였지만 인근 지역으로 집값 상승세가 확산하는 풍선효과가 발생했습니다.

민간택지 분양가상한제도 이와 비슷합니다. 분양가상한제는 저렴한 가격에 새 아파트를 공급하는 제도입니다. 새 아파트 분양가격을 시세 대비 80% 수준으로 묶어두면 주변 아파트값도 하락할 것이라는 게 정책 의도였습니다.

하지만 분양하자마자 새 아파트값이 주변 시세만큼 급등했습니다. 청약에만 당첨되면 수익률 20%가 보장되는 '로또분양'이 된 것입니다. 분양가상한제 시행이 예고되면서 '주택공급 물량이 급감할 것'이라는 메시지가 시장에 퍼졌습니다. 분양가격이 낮아지면 수익성 확보가 안 되기 때문에 주택 사업자들이 집을 짓지 않을 것이란 전망 때문입니다. 정책이 시장에 막대한 영향을 준 것은 분명한 사실이지만, 아이러니하게도 정책의 의도와는 반대 방향이었습니다.

세금정책도 의도치 않은 결과를 낳았습니다. 다주택자에게 양도세와 종부세가 중과되자 다주택자들이 아파트를 매도하는 대신 증여를 선택했습니다. 정부는 "양도세가 중과되기 전에 집을 팔라"며 중과 유예 기간까지 줬지만 집값 급등기에는 효과를 보지 못했습니다. "정권이 바뀔 때까지 일단 버텨보자"는 심리가 더 크게 작용했습니다. 이렇게 다주택자 보유 주택의 매물 잠김 현상이 겹쳐서 '공급 부족론'에 더욱 힘이 실렸습니다.

1인 가구 숫자도 폭발적으로 늘었습니다. 집값 급등기에 3인이나 4인 가구가 아니라 1인 가구가 우리나라 가구 유형의 주류가 되었습니다. 다양한 원인이 있지만 다주택자 규제가 강화되자 4인 가구가 3인, 2인, 1인 가구로 인위적으로 쪼개진 것이 1인 가구 증가 요인으로 분석됩니다. 역시 부동산 정책의 아이러니라고 할 수 있습니다.

그렇다고 모든 부동산 정책이 실패한 것은 아니지만 정책의 의도와는 다른 방향으로 시장이 움직인 경우가 많았던 것도 사실입니다. 정부가 한 수를 내다볼 때 시장은 열 수를 내다본다고 해야 할까요.

집값 급등기인 2020~2022년뿐 아니라 그 전으로 시계를 돌려보면 부동산 시장에 영향을 주는 변수는 다양합니다. 정책을 비롯해 금리, 공급, 인구, 교통, 심리, 입지 등이 있습니다. 어느 한 요인으로 부동산 시장이 움직였다기보다는 복합적으로 작동해 변동성을 키웠습니다. 이 중에서도 집값을 움직이는 가장 중요한 핵심 변수 5가지를 살펴보겠습니다.

변수 ① 금리:
집값 변곡점과 금리 전망

2022년 하반기 이후 부동산 시장은 금리와 정확히 반대로 움직였습니다. 역대급 초저금리 상황에서 역대급 속도로 금리를 올리면서 부동산 시장에 금리가 미치는 영향을 너무나 선명하게 확인할 수 있었습니다. 2024년에 미국발 금리인하가 시작된다면 부동산 시장에 큰 변화가 닥칠 것으로 전망됩니다.

금리와 집값의 상관관계는 역사적으로 확인됩니다. 저금리 시절에는 대출을 받기가 쉽습니다. 이자 부담이 낮기 때문이죠. 금리가 낮기 때문에 부동산 투자수익률은 올라갑니다. 저금리는 부동산 투자 수요도 만들어냅니다. 실제로 전 세계적인 저금리 기조로 2020년 이후 집값이 많이 올랐습니다.

반대로 금리가 올라가면 집을 사려는 수요가 줄어듭니다. 이자 부담이 커지고 투자수익률은 낮아집니다. 우리나라에서는 2022년 하반기 이후 한국은행의 기준금리인상 기조에 따라 집값이 많이 하락했습니다. 서울 아파트 평균가격은 2022년 6월 13억 원에서 2023

년 11억 원대로 떨어졌습니다.

금리 상승기에는 정부가 대출 규제를 풀어줘도 시장이 크게 반응하지 않습니다. 대출 규제가 풀려도 '묻지 마 대출'을 받을 수 없습니다. 정부가 생애최초로 주택을 구매하는 사람에게 주택담보대출 비율(LTV)을 80%까지 완화해줬지만 실제로 이만큼 대출을 받는 사람은 거의 없습니다. 무리하게 대출을 받았는데 집값이 하락하면 낭패를 볼 수 있기 때문입니다. 집값 급등기에 40%로 묶였던 LTV를 풀어달라고 아우성쳤던 투자자들이 이제는 80%까지 풀어준다고 해도 감동하지 않습니다.

우리나라 부동산 시장에서 2024년 이후 가장 큰 변수는 금리입니다. 미국이 2024년 상반기부터 금리를 인하하기 시작하면 한국은행도 시차를 두고 금리인하 시기를 저울질합니다. 더구나 정부는 금리인상기에 이미 대출 규제를 대폭 풀어놨습니다. 금리인하 시점에 완화된 대출 규제에 따라 레버리지를 일으키려는 수요가 늘어나면 집값은 상승할 가능성이 높아집니다.

30대 회사원, 대출이자가 월급의 절반

기준금리가 오르면 이에 연동한 대출금리도 뜁니다. 연 2~3%대 주택담보대출금리가 최고 연 5%, 연 6%, 연 7%로 뛰더니 결국 한때는 연 8%를 넘보기도 했습니다.

만약 2020년 5월에 주택담보대출을 4억 원을 받았다면 원금을 제외한 이자 부담이 2020년에는 연간 1,200만 원이었습니다. 하지만 2022년에는 2,800만 원으로 2배 많습니다. 월급쟁이 직장인이라면 다달이 200만 원이 넘는 빚을 현실적으로 감당하기 어렵습니다. 치솟는 대출금리를 감당할 수 없는데 '생애최초 대출자에게는 LTV를 80%까지 풀어주겠다'고 한들 무슨 의미가 있겠습니까. 기준금리 0.5% 시대에 '대출한도를 늘려달라'고 아우성쳤던 상황과는 달라졌습니다. 이처럼 부동산 투자를 결정하는 주요 변수는 대출한도가 아니라 대출이자가 됩니다.

금리가 오르면 부동산 시장의 심리도 순식간에 바뀝니다. 매도자 우위 시장에서 매수자 우위로 돌아섭니다. 그리고 주택 매매거래량은 급감합니다. 매물은 쌓이는데 매수자가 없습니다. 서울 아파트 매매거래량은 저금리 시절인 2020년 월평균 1만 5,000건에 달했지만 2023년 상반기에는 2,000~3,000건 수준으로 쪼그라들었습니다. 금리인상 속도가 빨랐던 2022년 10월에는 심지어 59건에 그쳤습니다. 심각한 거래절벽입니다.

투자 타이밍은 금리인하와 함께

한국은행의 기준금리는 2021년 8월 이후 가파른 계단식 그래프를 그렸습니다. 유례를 찾기 힘든 속도였습니다. 2021년 8월 0.75%

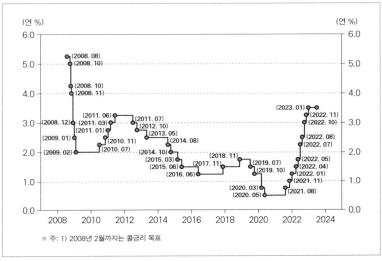

한국은행 기준금리

(연 %)

※ 주: 1) 2008년 2월까지는 콜금리 목표

출처: 한국은행

를 시작으로 2023년 1월까지 총 10번 금리가 올랐습니다. 이에 따라 2021년 5월 0.50%였던 기준금리는 2023년 3.50%로 껑충 뛰었습니다. 약 2년 동안 3%포인트 오른 것입니다. 글로벌 금융위기가 있었던 2008년 4% 수준으로 순식간에 돌아갔습니다.

인플레이션을 잡기 위해 금리를 올렸던 미국이 금리인상 속도를 조절하기 시작했습니다. 2024년 상반기에는 금리인하가 예고되었습니다. 이에 맞춰 2023년 1월 이후 금리동결을 이어가던 한국은행도 2024년 하반기 이후 금리를 인하하는 쪽으로 선회할 가능성이 높습니다.

고점을 찍은 금리는 언젠가 하락세로 돌아설 것입니다. 미국발 금리인상 사이클이 멈추는 시점에 부동산 시장에도 큰 변화가 예고됩니다. 역사적인 추세로 볼 때 집값은 금리와 반대 방향으로 움직였으니까요.

다만 금리가 정점을 찍고 하락 반전하더라도 곧바로 부동산 시장에 극적인 변화가 일어나기는 어려운 환경입니다. 금리 방향성이 꺾였다고 해도 과거 대비 절대적인 금리 수준이 높기 때문입니다. '금리인하=투자 타이밍'이라고 지나치게 단순화하기보다는 감당할 만한 수준의 가격대인지를 동시에 고려해야 합니다. 관심 단지의 집값이 고점 대비 20~30% 이상 하락했거나 분양가격이 시세 대비 20~30%가량 저렴하다면, 금리 하락 시점에 맞춰 투자 타이밍을 저울질하는 것도 좋은 방법입니다.

변수 ② 주택공급: 천국과 지옥 오간 세종시

주택공급량은 집값을 전망할 때 매우 유용한 정보입니다. 입지 조건을 제외하고 보면, 공급량이 많으면 집값은 떨어지고, 공급량이 부족하면 집값은 오르기 마련입니다. 주택공급은 인허가, 착공, 분양, 입주 등 시점별로 다양한 기준에서 살펴볼 수 있는데요, 2024년 이후 2~3년간 주택 공급량이 급감해 집값 상승 요인이 될 가능성이 높습니다.

주택공급량은 집값을 결정하는 주요 변수입니다. 예컨대 세종시는 2020년 전국 집값 상승률 1위를 기록한 지역입니다. 전국에서 가장 집값이 뜨거웠습니다. 그런데 2021년 집값이 하락으로 전환한 이후 2022년 상반기까지 전국에서 집값이 가장 많이 떨어졌습니다. 단기간에 집값이 열탕과 냉탕을 오갔습니다.

행정수도 이전 이슈가 있는 세종시는 전 국민이 다 아는 집값 호재 지역입니다. 2021년 하반기에는 세종국회의사당 이전이 확정되면서 다시 한번 호재가 부각되었습니다. 하지만 부동산 시장은 별다른 움직임이 없었습니다. 오히려 세종시 집값은 계속 내리막이었습니다. 행정수도 이전 호재를 덮는 악재가 있었기 때문인데요, 바로 주택공급 문제 때문입니다.

세종 아파트 연간 입주 물량을 보면 집값 등락의 이유가 잘 설명됩니다. 세종시 입주 물량은 2017년 1만 4,769가구에서 2018년 1만 2,292가구로 2년 연속 1만 가구를 넘습니다. 그런데 2019년에는 8,738가구로 전년 대비 입주 물량이 줄더니 2020년에는 4,287가구에 불과했습니다. 입주 물량이 반토막 난 2019년과 2020년 세종 아파트값은 연간 40% 넘게 폭등했습니다. 이듬해 입주 물량이 늘어나자 집값은 급등세를 멈추고 언제 그랬냐는 듯 하락 반전합니다. 공급량에 따라 세종시의 집값이 춤을 췄습니다.

'아파트가 빵이라면' 김현미를 위한 변명

주택공급량은 집값을 움직이는 주요 변수지만, 그렇다고 양적인 숫자만 중요한 것은 아닙니다. '사람들이 살고 싶은 지역에 몇 가구를 공급하냐'가 포인트입니다.

예컨대 문재인 정부에서는 30만 가구에 달하는 3기 신도시 공급 계획을 깜짝 발표했지만 집값 잡기는 실패했습니다. 대규모 주택공급 계획이 나왔는데도 왜 집값은 더 올랐을까요? 3기 신도시는 하남 교산, 남양주 왕숙, 고양 창릉, 부천 대장, 과천 과천 지역을 말합니다. 이중에서 사람들이 살고 싶어 하는 지역이 없지 않지만 대체로 수도권 외곽에 위치해 입지 조건이 최상위는 아닙니다.

정부가 분양가상한제를 적용해 시세 대비 저렴한 주택을 공급하고 각종 교통 대책으로 서울 도심권 접근성을 높이기로 약속했지만 "정말 살고 싶은 지역인가?"라는 질문엔 '애매하다'는 평가가 적지 않았습니다. 그래서 당시에 비선호지역 공급 확대보다 도심 내 양질의 주택 확대가 필요하다는 비판이 적지 않았습니다. 정부가 2021년 2·4대책 이후 주택공급의 방식을 도심 내 공급으로 바꾼 이유입니다. 역세권 등 도심 내 고밀개발, 복합개발로 정책을 선회했습니다. 강남권 재건축 규제 완화 카드도 이 무렵 처음 꺼냈습니다.

어떤 기준으로 주택공급량을 판단할지도 중요합니다. 세종시는 '입주' 물량을 예시로 들었지만, '택지' 공급 기준으로도 볼 수 있고, '분양' 물량 기준으로도 따질 수 있습니다. 인허가, 착공 기준도 있습니다. 이 중에서 가장 오랜 시간이 걸리는 택지공급 기준으로 보면 입주까지는 10년 넘게 걸립니다. 진보정권으로 분류되는 노무현 정부나 문재인 정부에서 택지공급을 가장 많이 하고도 집값 급등으로 힘들었던 이유도 바로 이 때문입니다. 택지를 공급해도 입주까지는 10년이나 걸리기 때문에 집값 안정은 차기 정부 혹은 차차기 정부에서나 가능했습니다.

주택공급은 언제나 '시차'를 동반합니다. 김현미 전 국토교통부 장관이 "아파트가 빵이라면 밤새라도 짓겠다"고 말해 비판을 받았는데요, 주택공급은 어쩔 수 없이 '시차'를 동반한다는 뜻으로 해석할 수 있습니다.

인허가, 착공, 분양 통계가 예고한 '공급 부족'

　2~3년 후 주택공급량을 가늠해보는 3대 통계가 있습니다. 국토교통부가 주기적으로 발표하는 인허가, 착공, 분양 통계입니다. 예컨대 2023년 1분기(1~3월) 기준으로 전국 주택 인허가 물량은 8만 644가구, 착공 물량은 5만 3,666가구였습니다. 1년 전 같은 기간 대비로 인허가는 23%, 착공은 36% 감소했습니다. 또한 민간협회가 집계한 분양물량 통계로는 1년 전 대비 약 40% 감소한 것으로 집계되었습니다.

　2023년 1~11월 누적으로 봐도 인허가는 전년 동기대비 37%, 착공은 52% 감소했습니다. 2022년 하반기 이후 건설 선행지표인 건설 수주, 건축 허가, 착공, 분양 등 모든 지표가 역대급 부진을 보인 것입니다.

　3대 통계를 종합해서 해석해보면 통계가 집계된 시점 이후 늦어도 약 2~3년 후부터는 전국 주택 입주 물량이 확연히 감소한다고 예상할 수 있습니다. 분양 기준으로는 2~3년 후 입주를 시작하고, 착공 기준으로는 5년 이상 지나야 입주가 가능하니까요. 이보다 더 장기인 인허가 물량조차 줄었다는 것은 장기적으로 주택공급량이 감소할 수 있다는 것을 의미합니다. 아파트가 빵이 아닌 이상 갑자기 하늘에서 뚝 떨어질 수는 없으니까요.

　인허가, 착공, 분양 물량이 감소하면 새 아파트 희소성으로 집값이 오를 가능성이 높아집니다. 2025년 이후 주택공급량이 본격적으로 부족해질 수 있고, 이로써 집값이 상승할 가능성이 있습니다.

2024년 이후 공급 부족 '쇼크'를 의식한 정부는 2024년 초부터 부랴부랴 재개발·재건축, 1기 신도시 등 노후계획도시, 소규모정비·복합사업, 신도시 등 공공주택 등 4가지 방향의 주택공급 방안을 발표했습니다.

물론 절대적인 공급량이 감소한다고 집값이 무조건 오르진 않습니다. 공급량이 줄더라도 수요가 감소한다면 이야기가 달라지니까요. 그래서 인구 전망이나 금리 전망 등 다른 요인을 복합적으로 따져봐야 합니다.

변수 ③ 부동산 정책: 규제를 다 풀어버린 윤석열 정부

부동산 정책은 수요와 공급이라는 두 축으로 나뉩니다. 시장 상황에 따라서 수요를 억제하거나 확대하는 정책이 나옵니다. 수요와 공급의 수위를 조절할 때는 부동산 세금과 대출 규제, 공급 대책을 수단으로 활용합니다. 부동산 정책이 부동산 시장에 미치는 영향력은 강력하지만, 정부 의도와 정반대 효과를 내기도 한다는 점도 주목해야 합니다.

부동산 정책은 복잡해 보이지만 결국 2가지로 요약됩니다. 수요 대책이냐, 공급 대책이냐입니다. 시장 상황에 따라서 수요를 억제하거나 확대하는 정책이 나옵니다. 공급을 억제하거나 확대하는 정책도 나옵니다. 4가지 방향의 정책을 실행하기 위해서 부동산 세제, 대출 규제, 공급 대책을 활용해왔습니다.

집값 급등기에 정부가 스무 번이 넘는 부동산 대책을 내놨다고 하는데 결국 수요와 공급 측면에서 세제, 대출, 공급의 강약을 조절했다고 볼 수 있습니다. 그래서 "국토교통부 주택정책 담당자의 캐비 닛에는 부동산 시장 상황에 따라 어떤 단계의 정책을 꺼낼지 시나리

오별로 모두 준비가 되어 있다"라는 농담 반 진담 반의 이야기가 나옵니다.

집값 상승기와 하락기의 정책 카드

부동산 세제의 경우 거래세와 보유세로 나뉩니다. 거래세는 집을 살 때 내는 취득세와 팔 때 내는 양도세가 있죠. 보유세는 재산세와 종합부동산세(종부세)가 있습니다. 집값 상승기에 수요 억제를 위해 부동산 세금 강화 대책이 나옵니다. 다주택자에게는 징벌적인 수준의 종부세가 부과되기도 했습니다. 다만 강력한 부동산 세금이 도리어 공급을 억제한다는 비판도 제기됩니다. 양도세 세율이 높아지면 사람들이 집을 파는 것이 아니라 더 길게 보유하거나 증여를 하기도 합니다.

대출 규제는 주택담보대출비율(LTV)과 총부채원리금상환비율(DSR)이 중요합니다. LTV는 담보로 잡히는 주택 가격에 연동하고 DSR은 대출자의 소득 수준에 비례해서 대출한도를 정합니다. 집값이 오르면 정부는 LTV와 DSR 비율을 낮춰서 신규 대출을 막으려고 노력합니다. 돈이 없으면 집을 살 수 없기 때문에 대출 규제가 가장 강력한 수요 억제 대책입니다.

반대로 집값이 하락하고 부동산 경기 경착륙이 우려되는 경우는 LTV나 DSR을 완화해서 대출을 확대하는 정책을 내놓을 수 있습니다. 정부가 한때 '빚내서 집 사라'는 신호를 주기도 했지만 집값이 무섭게 빠질 때는 규제를 완화해도 효과를 보기 어렵습니다. 2022년 이후부터는 주택가격에 연동하는 LTV보다는 빚 갚을 능력을 따지는 DSR을 중심으로 대출 규제의 중심축이 크게 이동했습니다.

주택공급은 집값 급등기에 자주 활용되는 카드입니다. 문재인 정부 말기에는 최대 80만 가구의 대규모 공급 대책이 나왔습니다. 1~3기 신도시 계획도 정부 주도의 대규모 공급 대책이었습니다. 인구 폭발기를 지나서 감소가 예상되는 최근에는 신도시 개발보다는 도심 내 고밀개발을 통한 주택공급에 관심이 높습니다. 정부의 공급대책도 역세권이나 재건축, 재개발 쪽으로 중심축이 이동했습니다. 서울 아파트는 35층 층고 제한이나 용적률 규제로 도심 내 공급을 조절하기도 했지만 최근엔 도심 내 고밀개발이 대세입니다. 이런 규제를 폐지하거나 특례를 적용하고 있습니다. 재건축·재개발 규제도 풀렸습니다. 역시 도심 내 사람들이 살고 싶은 지역 중심으로 주택을 공급하기 위해서입니다.

부동산 규제 완화의 끝은 어디?

부동산 정책은 지역과 사람을 중심으로 규제를 차등 적용합니다. 예컨대 문재인 정부에서는 사람 중심으로 다주택자에 대한 규제를 강화했지요. 그리고 지역 중심으로 규제의 강도를 조절할 때는 규제지역을 활용했습니다.

'규제지역이냐, 비규제지역이냐'로 세금, 대출, 공급 정책을 차등 적용합니다. 일단 규제지역으로 지정되면 가장 강력한 부동산 규제를 받습니다. 문재인 정부에서는 집값 급등기에 전국에서 100곳이 넘는 지역을 규제지역으로 지정했습니다. 규제지역으로 지정되면 양도세 중과, 대출한도 규제, 전매 제한, 청약 제한 등의 제약을 받습니다. 하지만 2023년 상반기부터는 전국에서 규제지역이 4곳만 남았습니다. 정부는 규제지역 지정이나 해제가 필요하다고 판단하면 주거정책심의위원회를 기습적으로 개최합니다. 규제지역은 조정대상지역, 투기과열지구, 투기지역 등 3곳으로 나뉘어 있는데 복잡한 규제지역을 통합하는 식으로 정책 방향이 설정되었습니다.

윤석열 정부는 규제 완화 쪽으로 부동산 정책 방향을 잡았습니다. 대출한도인 LTV가 80%까지 풀렸고, 다주택자에 대한 양도세나 종부세 중과는 사실상 유명무실해졌습니다. 규제지역으로 남은 지역은 4곳에 불과합니다. 금리인상으로 집값이 하향 조정된 시점에 나온 부동산 규제 완화안이라서 시장에 미치는 반향은 크지 않았습니다. 다만 2024년 하반기 이후 금리가 하락하고 2025년부터 본격적으로 주택공급 부족이 현실화한다면 규제 완화 효과의 폭발력을 확인할 수 있을 전망입니다.

변수 ④ 인구:
폭발적으로 늘어난 1인 가구

인구는 주택 수요를 결정하는 기준입니다. 일자리나 교육 인프라 확충으로 인구 유입이 많은 지역은 집값이 오릅니다. 우리나라의 합계 출산율은 2023년 기준으로 0.72명에 불과해 세계 합계 출산율 1.51명 대비 상당히 낮습니다. 우리나라는 출산율 저하로 인구 감소가 예상되지만 1인 가구가 늘면서 주택 수요는 되레 증가했습니다.

인구가 부동산 시장에 미치는 영향을 설명할 때 일본의 사례가 자주 언급됩니다. 일본의 부동산 경기는 1980년대 이후 장기 침체에서 벗어나지 못하고 있는데, 근본적인 이유가 인구 감소 때문이라고 설명합니다. 인구가 감소하면 주택 수요는 줄어듭니다. 또한 일자리나 교육 인프라가 부족한 지역은 인구가 유출되어 집값도 하락합니다. 반대로 인구가 꾸준히 유입되는 지역일수록 주택 수요가 늘어 집값이 올라가는 경향이 있습니다.

우리나라는 전 세계에서도 출산율이 낮은 나라입니다. 그래서 인구가 감소할 것이란 우울한 전망이 나온 지 오래되었습니다. 통계청이 발표한 '2021년 장래인구추계를 반영한 세계와 한국의 인구 현황 및 전망' 보고서를 보면 세계인구는 2022년 79억 7,000만 명에서 2070년 1,030억 명으로 증가하지만 우리나라는 같은 기간 5,200만 명에서 3,800만 명으로 감소할 것으로 전망되었습니다.

우리나라의 합계 출산율은 2023년 기준으로 0.72명에 불과해 세계 합계 출산율 1.51명 대비 상당히 낮습니다. 우리나라는 장기적으로 인구 감소 국가로 분류되었습니다. 인구가 감소하면 부동산 수요도 줄어들 수밖에 없습니다.

그런데 실제로는 인구와 주택 수요가 정비례하지는 않았습니다. 절대적 인구는 늘지 않더라도 주민등록상 등록된 가구 숫자가 늘었기 때문입니다. 가구 숫자가 늘었다는 것은 그만큼 주택 수요도 늘었다는 의미입니다. 일본처럼 인구가 집값에 미치는 영향을 무시할 수 없겠지만 인구 자체보다는 가구 숫자 추이를 더 유심히 살펴봐야 합니다. 주택 수요는 인구보다는 가구 숫자에 따라서 달라집니다.

10가구 중 4가구는 "나 혼자 산다"

주민등록 세대수 증감(가구분화) 통계를 보면 전국 가구 숫자는 2017년 한 해 약 34만 가구가 늘었습니다. 그런데 2020년 증가한 가구는 61만 가구로 2017년 대비 2배 많습니다. 같은 기간 서울의 늘어난 가구 숫자는 3만 가구에서 9만 가구로 3배 확대됩니다. 이

기간 가구 숫자에 비례해 주택 수요가 증가했고, 이는 결과적으로 집값 상승 요인으로 작용했다고 볼 수 있습니다.

2017년에서 2020년까지 3년 동안 우리나라에서 무슨 일이 일어났을까요? 가구 숫자가 폭발적으로 늘어난 배경을 두고 다양한 해석이 가능합니다. 일단 늘어난 가구에 누가 사는지 들여다봐야겠지요. 대부분 젊은 세대 혹은 노인 등 혼자 사는 1인 가구인 것으로 확인됩니다.

우리나라는 전통적으로 4인 가구 혹은 3인 가구가 많았습니다. 부부와 자녀 한 명 혹은 두 명이 '표준가구'였습니다. 그런데 2017년에서 2020년으로 넘어가는 시기에는 1인 가구가 전체 가구 중 가장 큰 비중을 차지합니다. 4인 가구를 제치고 1인 가구가 '대세'로 떠오른 것이지요. 2021년 9월 주민등록인구 통계를 보면 우리나라 1인 가구 숫자는 940만 명으로 전체 가구 수의 40.1%에 달합니다. 10가구 중 4가구가 혼자 사는 가구입니다.

1인 가구의 폭발적 증가에는 정부 정책도 영향을 줬습니다. 정부가 1주택자 중심으로 부동산 정책을 펼치니까 다주택자들은 갈수록 입지가 좁아졌습니다. 다주택자에게 보유세와 양도세가 중과되자 성년인 자녀와 함께 살던 부부가 편법 혹은 불법으로 가구 분화를 하는 경우가 많아졌습니다.

증여로 자녀에게 집을 물려주는 가구도 많았습니다. 다주택자에게 부과되는 세금을 고스란히 감당하기보다는 집값이 조금이라도 낮을 때 자녀에게 주택을 물려주는 게 유리하다고 판단한 겁니다.

어차피 상속하려고 했던 주택이라면 증여하는 것이 세금을 절약하는 길이라고 판단할 수 있습니다. 시세 10억 원을 초과하면 아파트 한 채만 상속받아도 상속세를 납부해야 합니다. 집값이 오르기 전에 증여하면 증여세가 줄어듭니다.

1인 가구가 늘자 청약제도를 바꾼 정부

1인 가구가 폭발적으로 늘어나자 정부의 부동산 정책도 달라졌습니다. 주택청약제도와 주택공급면적이 1인 가구 맞춤형으로 수정되었습니다. 이전까지만 해도 주택청약제도에서 1인 가구는 당첨 가능성이 희박했습니다. 부양가족이 많을수록 당첨 가능성을 높여주는 가점제 위주로 청약제도가 운영되었습니다.

하지만 윤석열 정부에서 전용 85m² 이하 중소형 면적의 추첨제가 부활했습니다. 가장 작은 면적인 전용 60m² 이하 구간에 새로운 청약제도 생겼습니다. 이 면적에선 가점제 40%, 추첨제 60%를 적용하기로 했습니다. 부양가족 숫자나 나이, 무주택 기간과 상관없는 추첨제 물량이 가점제 물량보다 더 많아진 겁니다. 이보다 면적이 넓은 전용 60m² 초과 전용 85m² 미만은 가점제 70%, 추첨제 30%를 적용하겠다고 발표했습니다. 직전까지만 해도 100% 가점제였다는 점을 감안하면 추첨제 비중이 크게 확대된 것입니다.

이에 따라 부양가족이 없는 1인 가구도 추첨제로 새 아파트 청약에 도전할 수 있게 되었습니다. 1인 가구가 전체의 40%라는 점을 감안하면 1인 가구의 청약 당첨 사례가 앞으로 좀더 늘어날 수 있습니다.

건설사들도 1인 가구가 선호하는 중소형 면적대 아파트 공급을 늘리는 추세입니다. 그동안에는 주로 전용면적 59m²(소형), 84m²(중형), 114m²(대형) 3가지 평면 위주로 주택을 공급해왔는데 1인 가구가 대세가 되자 49m²나 75m² 등 평면을 세분화했습니다. 1인 가구를 타깃으로 '틈새 면적'을 공급하기 시작했습니다.

변수 ⑤ 교통:
GTX 따라 울고 웃는 집값

GTX(수도권 광역급행열차) 노선은 수도권 집값의 희비를 가르는 큰 변수입니다. 수도권 거주민의 서울 접근성을 높이는 교통 대책으로 주목받았으나 정착역으로 선정된 지역의 집값이 급등하자 '부동산 정책 아니냐'는 해석도 나옵니다. 대선 공약에 따라 윤석열 정부에서 GTX 2개 노선이 신설될 예정입니다.

2021년 4월에 교통 대책과 관련해서는 '김부선'이 큰 이슈였습니다. 김포 주민들이 정부가 발표한 철도 정책에 대해 "김포를 버렸다" "김포 사는 게 죄냐"며 분노한 사건(?)인데요, 김포 주민들이 격분한 이유는 정부의 4차 국가철도망 구축 계획안(2021~2030) 때문이었습니다. 이 계획은 국토교통부가 5년 주기로 수립하는 철도 분야 최상위 법정계획입니다. 새로운 철도를 건설하려면 반드시 이 계획에 포함되어야 합니다.

2021년 4월 당시, 정부의 4차 국가철도망 구축 계획안에는 서부권 광역급행철도(GTX-D) 구축 계획이 포함되어 처음 공개되었습니다. GTX-D 노선이 어디까지 이어질지가 당시 최대 관심사였습니다. 뚜껑을 열어보니 전혀 예상치 못한 노선도가 나왔습니다. 김포 주민들은 김포에서 출발해 서울 강남권을 거쳐 경기도 하남까지 이어지는 GTX-D 노선을 희망했는데, 정부안에는 김포~부천종합운동장으로 노선이 대폭 축소되었습니다. 김포와 부천만 거치기 때문에 이 노선을 '김부선'이라고 불렀습니다. '김부선'으로는 김포에서 직통으로 강남권 출퇴근이 불가능합니다. 주민들의 실망은 이만저만이 아니었습니다.

김포 주민들이 분노한 이유는 출퇴근 불편 때문만은 아니었습니다. GTX 노선이 어디까지 연결되느냐에 따라서 김포 부동산 가격이 확 달라질 수 있기 때문입니다. 만약 강남을 거쳐 하남까지 노선이 쭉 이어진다면 김포 집값은 그야말로 '금(金)포'가 되는 것이 아니냐는 우스개가 나왔습니다. 하지만 기대와 달리 부천까지로만 단축된다면 GTX 신설에 따른 집값 반사이익을 기대하기 어렵습니다. 김포 주민들이 '김부선'으로 화가 난 이유는 바로 집값 호재를 포기할 수 없어서였습니다.

2024년부터 본격적인 GTX 시대가 열린다

2021년 4월에 터진 '김부선(김포~부천) 사건'은 교통, 특히 GTX가 수도권 집값에 미치는 영향이 얼마나 강력한지를 보여줍니다. GTX

를 영어로 풀어쓰면 'great train express'입니다. 수도권 광역급행 열차라고 합니다. GTX 노선은 앞으로 수년 동안 수도권 집값을 결정하는 큰 변수입니다. 운정~동탄을 거치는 GTX-A, 송도~마석을 지나는 GTX-B, 수원~덕정 구간인 GTX-C가 정차하는 역마다 부동산 가격이 급등했습니다. 의왕시, 안산시 상록구, 경기도 남양주시 등이 GTX 정차역으로 선정되었다는 소식이 전해질 때마다 인근 집값이 들썩였습니다.

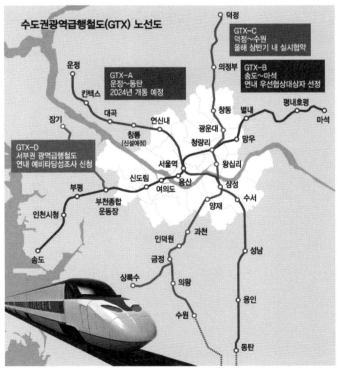

2022년 대통령 선거에서도 수도권 주민들의 관심은 온통 GTX 노선 공약에 쏠렸습니다. 여야를 가릴 것 없이 대선 후보들 모두 GTX 기존 노선 연장과 함께 "추가로 E, F노선을 신설하겠다"고 공약했습니다. 선거 기간에 신설 노선에 편입될 가능성이 높은 지역은 집값이 올랐습니다. GTX가 교통 정책인지, 부동산 정책인지 혼란스러운 상황이 펼쳐졌습니다.

GTX는 지하 깊숙하게 땅을 파 선로를 만들고, 평균 속도 100km를 유지해 일반 철도 대비 엄청나게 빠른 속도로 달리도록 설계한 열차입니다. 2007년 경기도 화성 동탄 2신도시 광역 교통 대책을 논의하는 과정에서 아이디어가 나왔습니다. 이 아이디어가 발전해 2009년에 A, B, C노선 계획이 나옵니다. 문재인 정부에서 D노선이 구체화되었고, 윤석열 정부에서는 대선 공약에 따라서 추가로 2개 노선이 신설될 가능성이 있습니다. 국토교통부는 2022년 GTX A, B, C노선 연장과 함께 D, E, F노선 신설을 위한 연구용역을 의뢰했습니다. 기존 노선이 어디까지 연장이 될지, 신설될 가능성이 있는 노선의 정착역이 어디가 될지가 수도권 부동산 투자의 포인트가 될 전망입니다.

2024년 1월 GTX-C 착공에 이어 동탄에서 용인, 성남을 지나 수서까지 가는 A노선이 GTX 사업 최초로 3월에 개통합니다. 인천에서 출발해 부천, 용산역, 서울역, 청량리, 상봉을 지나 남양주까지 가는 B노선은 2024년 3월 착공해 본격적인 GTX 시대가 열립니다.

사업비 14조 초대형 사업인 '가덕도 신공항' 논란

　수도권 부동산 시장이 GTX로 들썩였다면 동남권과 부산 지역은 가덕도 신공항 사업이 최대 이슈입니다. 가덕도 신공항은 정부가 추진하고 있는 공항건설 사업으로 사업비만 14조 원에 달합니다. 예비타당성조사를 면제받는 국가사업 중에서는 최대 규모로 부산 지역 주민의 숙원이었습니다.

　신공항 사업이 경제성이 있냐, 환경 문제는 어떻게 해결할 것이냐 등 논란이 적지 않았으나 정부는 2029년 말까지 가덕도 신공항을 개항하겠다는 밑그림을 발표했습니다. 특혜 시비와 예산 낭비 논란이 여전함에도 가덕도 신공항은 동남권 부동산 시장에서는 호재로 작용했습니다.

역대 정부의 부동산 정책

노무현 정부(2003~2008), 종부세와 대출 규제

2003년 출범한 노무현 정부는 부동산 규제를 단계적으로 강화했습니다. 두고두고 논란거리가 된 종합부동산세(종부세)가 처음으로 만들어졌으며, 가계부채 관리 수단으로 주택담보대출비율(LTV)과 총부채상환비율(DTI)을 처음 도입했습니다. 다주택자 양도세 중과, 분양권 전매 금지, 재건축 초과이익 환수제 도입, 분양가상한제 시행 등 다양한 규제가 노무현 정부 들어 처음 시행되었습니다.

파주와 김포, 판교, 위례, 동탄 등 2기 신도시 건설이 이루어졌으며, 역대 정부 중 가장 규모가 큰 택지개발로 1기 신도시와 강남권 주택 수요를 분산했습니다. 혁신도시 건설, 행정수도 이전 등 균형 발전을 시도했지만 넘쳐나는 유동성으로 정권 후반기에 집값이 급등했습니다.

수도권 집값이 급등하고, 서울 집값도 2배 가까이 치솟았습니다. 이 무렵 '버블 세븐'이라는 말도 생겨났습니다. 여기까지만 봐도 노무현 정부의 부동산 정책은 문재인 정부 부동산 정책과 상당히 흡사합니다. 강력한 수요 억제

대책을 쏟아냈으나 결과적으로 집값은 더 올랐습니다. 정권 후반부에 강력한 대출 규제인 LTV, DTI를 시행해 유동성 관리에 나섰으나 집값 안정은 다음 정부에서나 가능했습니다.

노무현 정부가 도입한 종부세는 '지방세인 재산세와 차별화된 별도의 국세를 만들어야 한다'는 취지에 따라 2003년 10·29대책에서 전격 발표되었습니다. 중앙정부가 재산세를 강화하려고 할 때마다 강남구가 자체적으로 재산세를 깎아버리자 아예 지방세인 재산세 대신에 국세인 종부세를 신설한 겁니다.

처음에는 공시가격 9억 원 이상 주택에 대해 인별합산과세를 했다가 공시가격 6억 원에 세대별합산부과로 변경되었습니다. 강남의 고가아파트들이 부부 공동명의로 종부세에서 배제되는 것을 막으려는 추가 조치였습니다. 이는 2008년 이명박 정부 시절 '세대별 합산 과세가 위헌'이란 판결에 따라 다시 인별합산과세로 전환됩니다. 종부세 기준은 윤석열 정부에서 12억 원 (1가구 1주택)으로 상향됩니다.

LTV, DTI 도입은 노무현 정부의 성과로 평가할 만합니다. 부동산 정책을 넘어 가계부채 관리를 위한 제도로 안착했습니다. 2002년 LTV 60%를 시작으로 2003년 투기지역 40%로 강화됩니다. 부동산 경기의 활황과 침체에 따라 LTV 비율은 풀고 죄기를 반복합니다. 박근혜 정부 시절인 2014년에는 LTV가 한꺼번에 70%로 상향되었고, 부동산 경기 침체를 막기 위해 정부가 '빚내서 집 사라'는 신호를 보냅니다. 윤석열 정부에서는 생애최초 주택구입자의 LTV가 80%로 완화되었습니다.

이명박 정부(2008~2013),
 강남 그린벨트 해제와 보금자리주택

　이명박 정부의 부동산 정책은 집값 부양에 초점이 맞춰졌습니다. 정권 내내 집값이 떨어졌기 때문에 어떻게 하면 집값을 올릴까가 정책 목표였습니다. 특히 2008년 글로벌 금융위기가 터지면서 강남 아파트마저 가격이 40% 하락했습니다. 지방 미분양 아파트 문제를 해결하기 위해 취득세, 양도세를 완화하고, 재건축 규제 활성화 방안, 주택 투기지역 및 투기과열지구 해제 등을 단행했습니다.

　그린벨트 안에 보금자리주택공급 방안도 이때 나왔습니다. 분양권 전매제한 기간 완화, 분양가상한제 폐지, 재건축 용적률 인센티브 확대 등 다양한 부동산 경기 부양 대책이 쏟아졌습니다.

　이명박 정부의 대표적 부동산 정책으로는 강남권 보금자리주택이 꼽힙니다. 이는 서울시 강남구 자곡동, 세곡동, 율현동 일원 94만 ㎡ 시범지구에 아파트 6,821가구를 건설하는 주택사업으로 강남 그린벨트(개발제한구역) 내 주택공급이라는 점에서 당시 큰 주목을 받았습니다. 서울 근교에 40만 가구, 2기 신도시 등 서울 외곽 공공택지에 50만 가구 등 총 90만 가구 공급계획이 발표되었습니다.

　2008년 9월 첫 발표 이후 2009년 5월 강남구, 서초구, 고양 원흥, 하남 미사 등 총 4곳이 시범지구로 공개되었습니다. 시범지구의 약 85%가 그린벨트였습니다. 하지만 2008년 이후 글로벌 금융위기가 터지고 주택경기가 침체되면서 강남권 이외 지역에서는 청약 미달 사태가 벌어졌습니다. 시범지구 중 하나인 강남의 '래미안 강남 힐즈'는 당시 청약경쟁률이 3.58 대 1이었습니다. 2021년 서울 아파트 청약경쟁률이 평균 100 대 1을 돌파했다는 점을 감안하면 지금과는 상황이 완전히 달랐습니다.

보금자리주택 청약 당첨자는 결과적으로 대박이 났습니다. 평당(3.3m²) 분양가격은 2012년 당시 2,000만 원으로 시세 대비 1,000만 원 낮았는데, 2021년 평당 시세는 7,000만 원을 기록했습니다. 약 10년 만에 가격이 세 배 이상 뛴 것입니다.

출처: 머니투데이

이명박 정부의 강남 그린벨트 해제와 보금자리주택이 주목받는 이유는 윤석열 정부가 유사한 정책을 내놓을 가능성이 있기 때문입니다. 선호 지역에 저렴한 가격으로 주택을 공급하려면 그린벨트 해제만큼 효율적인 카드가 없습니다. 그린벨트는 대체로 강남권역에 많습니다. 다만 미래 세대에 넘겨줄 마지막 남은 땅을 지금 세대의 택지로 활용하는 게 맞는지, 그린벨트 해제 후 공급한 보금자리주택이 부동산 시장 안정에 효과가 있는지는 논쟁이 붙을 수 있습니다.

박근혜 정부(2013~2017), "빚내서 집 사라"와 뉴스테이

이명박 정부가 집값을 부양하려고 노력했지만 2012년 박근혜 정부에서도 부동산 경기는 살아나지 않았습니다. 박근혜 정부도 이명박 정부의 부동산 정책 기조를 이어갔습니다. 역시 다양한 집값 부양 정책을 내놓습니다.

박근혜 정부는 미분양 아파트 문제가 좀더 심각했습니다. 전국적으로 미분양 물량이 쌓여가는데도 연간 70만 가구 이상의 주택 인허가 물량이 나오면서 부동산 경기침체는 더 깊어져만 갔습니다. 근본적으로 주택공급 과잉이 문제였습니다.

박근혜 정부에서는 규제 완화 정책이 많았습니다. 재건축 연한을 40년에서 지금의 30년으로 당긴 것도 이때입니다. 새 아파트 청약을 위해 필수로 만들어야 하는 청약통장은 박근혜 정부에서 주택청약종합저축으로 일원화되었습니다. 주택담보대출 규제도 풀렸습니다. 최경환 당시 부총리 겸 기획재정부 장관의 '초이노믹스'가 유명한데요, LTV(주택담보대출비율)를 70%로 일괄 완화했습니다. 집값의 70%까지 대출한도가 풀리자 "빚내서 집 사란 이야기"라는 해석이 나왔습니다.

공급과잉을 막으려고 2014년 9·1대책에서는 택지개발촉진법 폐지도 추진합니다. 더는 집을 지을 택지를 개발하지 않겠다고 공식 선언한 정책인데요, 우여곡절 끝에 폐지까지는 가지 않았지만 이후 2017년까지 신규택지 지정이 잠정 중단되었습니다. 혹자는 이로써 차기 정부에서 주택공급 부족 문제가 심화해 집값이 급등했다고 해석합니다. 공급문제는 언제나 시차를 두고 발생하니까요.

박근혜 정부의 대표 정책으로는 '뉴스테이'(New Stay)가 꼽힙니다. 뉴스테이는 중산층 대상 장기 민간 임대주택 정책입니다. 2015년 '기업형 주택임대사업 육성을 통한 중산층 주거혁신 방안'으로 도입되었습니다. 당시에 주택임대차 시장에서 전세의 월세화가 급속도로 진행되어 중산층 주거 불안을 해소하려고 도입한 정책입니다.

기업형 임대사업자가 한국토지주택공사(LH) 보유 택지에 직접 임대주택을 짓거나 기존의 주택을 매입해 임대사업을 할 수 있도록 했습니다. 민간사업자에게는 금리, 금융, 세제지원 등 파격적 혜택이 주어졌습니다. 임차인이 희망하면 8년 동안 임대주택에 거주할 수 있고, 임대료 인상을 연 5% 이내로 제한했습니다. 행복주택이나 국민임대 등 다른 공공임대주택은 주택규모가 제한되었으나 중산층이 타깃인 뉴스테이는 규모 제한도 없었습니다. 소득도 따지지 않았습니다. 임대사업자는 8년이 지나면 분양전환을 해도 되고 임대사업을 그대로 유지할 수도 있었습니다.

그러나 뉴스테이는 "민간 사업자에게 과도한 이익을 줬다"라는 비판에 직면해 폐지되었습니다. 다만 윤석열 정부 초기에는 임대차 3법으로 인한 부작용을 최소화하는 방편으로 뉴스테이 부활 논의가 나왔습니다. 빠른 월세화와 중산층 선호 임대주택 수요를 감안해 뉴스테이 시즌 2가 나올 가능성이 있습니다.

문재인 정부(2017~2022), 스무 번의 대책과 임대차 3법

문재인 정부의 부동산 대책은 강력한 수요 억제 정책으로 요약할 수 있습니다. 박근혜 정부에서 안정세를 찾았던 집값이 가파르게 상승했기 때문입니다. 정부는 투기수요가 집값을 올린다는 판단에 따라 대출, 세제 측면에서 수요 억제책을 연달아 던졌습니다. 집값 자극의 근원지로 강남 재건축이 지목되었습니다. 재건축 규제를 강화하는 한편 민간택지에 분양가상한제를 도입해 새 아파트 분양가격을 통제했습니다.

문재인 정부는 2020년 2~8월 동안 2·20대책, 6·17대책, 7·10대책, 8·4대책 등 부동산 대책을 연달아 발표했습니다. 그런데도 집값이 잡히지 않자 2021년 이후로는 주택공급 확대로 정책을 선회합니다.

문재인 정부의 대표적 부동산 정책은 임대차 3법을 들 수 있습니다. 임대차 3법은 2020년 7월 말 기습 시행되었습니다. 계약갱신청구권제, 전월세상한제가 먼저 시행되었고, 이듬해 6월 전월세신고제가 시행됩니다. 의무임대 기간을 종전 2년에서 2+2년으로 확대하고 갱신계약의 임대료 상승폭을 5% 제한하는 게 임대차 3법의 골자입니다.

정권 출범 초기인 2017년 하반기에는 등록임대주택 활성화 방안도 나왔습니다. 양질의 전월세 주택을 공급하려는 정책이었지만 임대사업자에게 파격적인 세금혜택을 준 게 문제가 되었습니다. 다주택자들이 세금회피를 목적으로 임대사업자로 무더기 등록했습니다. 이들이 종부세와 양도세 혜택을 받으려면 최장 8년의 임대의무 기간을 준수해야 합니다. 이 기간에는 주택을 매도할 수 없습니다. 결과적으로 정부가 다주택자에게 세금회피 우회로를 만들어주면서 다주택자 매물 잠김 현상까지 벌어져 집값이 더 올랐다는 비판에 직면합니다. 결국 2020년 7·10대책에서 아파트 임대사업자제도가 폐지됩니다.

임대차 3법과 임대사업자제도는 임대차시장을 안정화하려는 정책입니다. 이 정책이 나온 시점이 때마침(?) 집값 급등 시기여서 부작용이 과도하게 부각된 측면이 없지 않다는 평가가 나옵니다. '실패한 정책'이라고 비난받았던 임대사업자제도는 윤석열 정부에서 '재활용'됩니다.

윤석열 정부(2022~), 금리인상과 부동산 규제 완화

부동산 시장은 노무현 정부에서 이명박, 박근혜, 문재인 정부로 넘어가면서 롤러코스터를 탔습니다. 노무현 정부 출범 초기 평균 3억 원이었던 서울 아파트값은 후반에 5억 원으로 올랐습니다. 이명박 정부에서는 5억 원대 중반에서 시작해서 5억 원대 초반으로 하락합니다. 박근혜 정부 시절에는 5억 원대 초반에서 시작해 6억 원대 초반으로 소폭 올랐으나, 문재인 정부에서는 집값이 2배로 뛰면서 서울 아파트값이 평균 13억 원대를 찍었습니다.

현시점 기준으로 과거 정부를 평가한다면 이명박 정부와 박근혜 정부는 '잘했다', 노무현 정부와 문재인 정부는 '아쉽다'는 평가가 나올 법한데요, 하지만 정부별로 부동산 정책의 목표는 달랐습니다. 어느 정부는 급락하는 집값을 끌어올리기 위해 안간힘을 썼고, 어느 정부는 급등하는 집값을 잡으려고 애를 썼습니다.

집값이 오르든 내리든 가격 변동성을 줄여 부동산 시장을 안정적으로 유지하는 것이 정책의 최우선 순위라고 할 수 있습니다. 부동산 정책을 담당하는 정부 부처의 공무원들은 "집값을 잡으려는 정책보다 집값을 부양하려는 정책이 훨씬 더 어렵다"라고 실토하기도 합니다. 부동산 시장이 정부의 부동산 정책 하나만으로 움직이는 것도 아니고, 정책 의도와 다른 방향으로 시장이 반응하는 경우도 많습니다.

윤석열 정부는 시장 분위기가 급반전한 시기에 출범했습니다. 직전까지 달아올랐던 집값이 언제 그랬냐는 듯 하락세로 돌아섰습니다. 전국 아파트 매매가격이 출범 1년 만에 10% 떨어졌습니다. 1998년 외환위기 이후 가장 큰 낙폭이었습니다. 집값뿐만 아니라 전세가격도 한때 동반 하락하면서 부동산 시장이 경착륙하는 것 아니냐는 우려가 나왔습니다.

이는 미국의 급격한 기준금리인상 여파로 우리나라 부동산 시장이 단기간에 충격을 받았기 때문인데요, 기준금리인상으로 주택담보대출금리가 가파르게 상승해 주택 매수 수요가 얼어붙었습니다. 설상가상으로 전세가격도 하락해 역전세 우려마저 나왔고, 전세를 낀 매매수요인 갭투자도 시들해졌습니다. 실수요와 투자수요가 동시에 줄어든 부동산 시장은 단기간 큰 폭으로 출렁거렸습니다.

이런 환경에서 윤석열 정부의 부동산 정책은 규제 완화 쪽으로 힘이 실릴 수밖에 없었습니다. 생애최초 주택구매자에 대한 대출한도를 LTV 80%로 대폭 올리는 한편, 다주택자와 15억 원 초과 아파트에 적용되는 대출 금지 규제를 전격 폐지했습니다. 다주택자에 대한 양도세·종부세 중과를 완화했고, 분양권 전매제한 기간도 단축했습니다. 분양가상한제 아파트에 적용되는 실거주 의무 완화도 추진했습니다. 한때 전국 112곳에 달했던 규제지역은 4곳으로 확 줄었습니다. 재건축을 가로막는 안전진단, 초과이익 환수제 등의 규제도 줄줄이 완화했습니다.

부동산 용어설명

 재건축

* **1기 신도시:** 성남시 분당, 고양시 일산, 부천시 중동, 안양시 평촌, 군포시 산본 등 5개 도시를 말합니다. 1989년 4월 정부는 폭등하는 집값을 안정시키고 주택난을 해소하려고 서울 근교 5개 신도시 개발 계획을 발표했습니다. 1992년 말 입주를 완료해 총 117만 명이 거주하는 29만 2,000가구의 대단위 주거타운이 탄생했습니다. 윤석열 정부에서는 1기 신도시 특별법을 제정해 정비사업을 시작합니다.

* **용적률:** 부지면적에 대한 건축물의 연면적 비율. 용적률을 산정할 때는 지하층 면적, 지상층 주차용으로 쓰는 면적 등은 제외합니다. 건폐율과 함께 해당 지역의 개발밀도를 가늠하는 척도로 활용하는데, 법률에서 정한 상한선은 500%입니다. 용적률이 높을수록 건물을 더 높게 지을 수 있습니다. 윤석열 정부에서는 도심 내 주택공급 활성화를 위해 특별법을 제정해 기존 규제를 적용받지 않고 고밀개발할 수 있는 예외를 추진 중입니다.

* **리모델링**: 낡은 건축물을 골조는 그대로 둔 채 배관·설비·마감재를 완전히 교체해 고치는 일을 말합니다. 용적률이 높은 아파트 단지는 재건축 대신에 리모델링을 하는데, 1기 신도시 리모델링시 특례법을 적용하는 방안이 추진됩니다. 리모델링 규제가 완화되면 종전 대비 일반분양 물량이 늘어나 사업성이 개선될 수 있습니다.

* **고분양가 심사제도**: 고분양가 심사제도는 수도권 외 지역의 아파트 분양시 주택도시보증공사(HUG)가 분양가 적정성을 심사하는 제도입니다. 건설사는 아파트 미분양 위험에 대비해 HUG의 분양보증에 가입합니다. HUG가 분양보증을 발급해주면서 분양가격이 적정한지 심사합니다. 2016년 도입되어 아파트 분양가격을 통제하는 수단으로 활용되었습니다.

* **분양가상한제**: 서울과 수도권 대부분 지역의 아파트 분양가격을 산정할 때 일정한 건축비에 택지비, 가산비를 더해 분양가격을 산정하고 그 가격 이하로 분양하도록 하는 제도입니다. 건축비는 국토교통부가 매년 3월과 9월에 고시합니다. 택지비는 감정평가 금액으로 정하는 땅값입니다. 가산비는 그 외 추가 비용입니다. 분양가상한제가 적용된 아파트는 분양가격이 시세의 약 70~80% 이하로 책정됩니다. 2021년부터 수도권 민간택지에도 적용했지만 2023년에는 강남구, 서초구, 송파구, 용산구 등 4곳에만 적용하고 있습니다.

* **대지지분**: 아파트 전체 단지의 대지면적을 가구 수로 나눠 등기부에 표시되는 면적을 말합니다. 대지지분이 많다는 것은 용적률이 낮아서 더 많은 아파트를 신축할 수 있다는 것을 의미합니다.

대출

* **PIR:** Price Income Rate의 약자로 주택 가격을 가구당 연소득으로 나눈 배수로 나타냅니다. PIR이 10배라면 10년 치 소득을 모두 모아야 주택 한 채를 살 수 있다는 뜻입니다. PIR 비율이 증가할수록 가구의 내 집 마련 기간 은 길어집니다. 서울 기준으로 PIR은 17년입니다.

* **LTV:** loan to value ratio의 약자로, 주택을 담보로 돈을 빌릴 때 인정되 는 자산가치의 비율을 말합니다. 만약 주택담보대출비율이 60%이고, 3억 원짜리 주택을 담보로 은행에서 대출을 받는다면 대출한도가 1억 8,000만 원입니다. 2023년 현재 규제지역인 서울 강남 3구와 용산구는 LTV 50%가 적용되고, 나머지 지역은 70%를 적용합니다. 생애최초 주택구입자는 80% 로 확대되었습니다.

* **DSR:** Debt Service Ratio의 약자로 총부채원리금상환비율입니다. 대출 자(차입자)의 총금융부채 원리금 상환액을 연소득으로 나눈 비율입니다. 가 계가 연소득 중 주택담보대출과 기타대출(신용대출 등)의 원금과 이자를 갚 는 데 얼마를 쓰는지 보여줍니다. 주택담보대출, 신용대출을 비롯해 마이너 스통장대출, 자동차 할부, 신용카드 미결제까지 포함한 모든 금융회사 빚을 합해 이를 기준으로 소득 대비 원리금 상환 부담을 산출하므로 총부채상환 비율(DTI) 적용시보다 대출 규모가 줄어듭니다. 2022년 7월 1일부터는 총 대출액이 1억 원 이상인 개별 차주에 대해서 DSR 40%를 적용합니다. 연 소득이 1억 원이라면, 연간 금융기관에 갚아야 할 대출 원금과 이자의 합이 4,000만 원을 넘지 않아야 합니다.

* **특례보금자리론**: 연 4%대 낮은 고정금리로 시행되는 주택담보대출입니다. 고금리 시기에 서민주택 실수요층이 시중은행 주택담보대출보다 저렴한 금리로 이자 상승 불안 없이 자금을 이용할 수 있도록 지원하는 정책금융상품입니다. 2023년에 시행해 1년 한시로 운영되었으며, 대출금은 내집 마련, 기존대출 상환, 전세금 반환 등 다양한 용도로 활용할 수 있습니다. 대상 주택은 9억 원 이하로, 대출자의 소득요건은 보지 않습니다. 대출한도가 5억 원이지만 DSR 규제가 적용되지 않아 높은 인기를 끌었습니다.

* **빅스텝, 자이언트스텝**: 스텝은 인상 혹은 인하하는 폭을 나타냅니다. 여기에 사용되는 단위에는 베이비스텝, 빅스텝, 자이언트스텝, 점보스텝이 있습니다. 베이비스텝(Baby step)은 '아기 걸음마만큼 조정한다'는 의미로, 금리를 한번에 25bp(0.25%P) 폭으로 올리거나 내리는 것입니다. 앨런 그린스펀 전 미국 연방준비제도 의장이 처음 쓰면서 알려졌습니다. 빅스텝(Big step)은 베이비스텝의 2배로 금리를 한번에 50bp(0.50%P) 폭으로 올리거나 내리는 것입니다. 미국 연방준비제도이사회가 2022년 5월 빅스텝을 단행했습니다. 자이언트스텝(Giant step)은 '거인의 발걸음'이라는 의미로, 금리를 한번에 75bp(0.75%P) 폭으로 올리거나 내리는 것입니다. 주로 인플레이션 우려가 심하면 자이언트스텝이나 그 이상의 단계를 단행합니다.

청약

* **특별공급**: 정책적·사회적 배려가 필요한 계층의 주거 안정을 위해 일반 청약자들과 경쟁하지 않고 아파트를 분양받을 수 있도록 하는 제도입니다. 신

혼부부·다자녀·노부모 부양 등으로 지원 항목이 나뉩니다. 애초 분양가격 9억 원 이하인 경우만 특별공급을 했는데, 윤석열 정부에서는 특별공급 가격 기준을 폐지했습니다. 이에 따라 강남권 새 아파트에서도 특별공급 물량이 출회됩니다.

* 가점제와 추첨제: 청약가점제는 가구주 연령, 무주택 기간, 부양가족 수, 청약통장 가입 기간 등에 따라 가점을 부여해 청약 기회를 차등하는 제도입니다. 가구주의 나이와 가족 수가 많고 무주택 기간이 긴 청약자일수록 당첨될 확률이 높아집니다. 추첨제는 가점과 상관없이 추첨해서 청약 당첨자를 가리는 청약제도입니다. 윤석열 정부에서는 소형 주택의 청약 추첨제를 확대하고 중대형은 가점제를 늘리는 방향으로 제도를 개편했습니다.

* 중도금대출: 중도금대출은 분양 계약에 따른 중도금(계약금 및 잔금 제외)을 납입할 자금을 지원하는 대출입니다. 종전에는 분양가격 9억 원 이하인 경우만 은행에서 집단대출 형태로 취급했지만, 윤석열 정부에서는 중도금대출을 받을 수 있는 분양가격 기준이 폐지되었습니다. 이에 따라 분양권 당첨자는 본인이 희망하면 분양가격과 상관없이 중도금대출을 받을 수 있습니다.

* 분양권 전매제한: 신규 주택에 대한 분양권을 다른 사람에게 매도하는 것을 말합니다. 분양권이란 주택청약통장 가입자에게 우선 공급하는 신규 아파트의 입주권을 뜻합니다. 분양권 전매는 입주권을 권리 형태로 명의를 변경해 제3자에게 넘기는 것입니다. 윤석열 정부는 분양권 전매제한 기간을 최장 3년으로 단축했습니다. 서울 강남 3구와 용산구는 전매제한 기간이 3년이고, 그 외 지역은 1년입니다.

부동산 세금

* **공시가격**: 정부가 토지와 건물을 조사·산정해 공시하는 가격을 말합니다. 부동산 가격의 지표가 되는 공시가격은 보유세 등 부동산 세제는 물론 건강보험료와 기초연금, 부동산 가격평가 등 약 67가지 행정 업무의 기준이 됩니다. 공시가격이 상승하면 주택 수요가 떨어져 집값을 안정화하는 데 도움을 주지만, 보유세 부담은 커집니다.

* **현실화율**: 시세 대비 공시가격 비율을 뜻합니다. 아파트 기준으로는 약 70% 수준입니다. 정부는 현실화율을 최장 15년에 걸쳐 시세의 90% 수준까지 올리는 공시가격 로드맵을 2021년부터 시행했지만, 강력한 조세저항으로 공시가격 로드맵은 사실상 폐기되었습니다.

* **공정시장가액비율**: 재산세 부과 기준이 되는 과세표준을 정할 때 적용하는 공시가격의 비율을 말합니다. 공시가격에 공정시장가액비율을 곱해 과세표준을 정하고, 이를 기준으로 세금을 부과합니다. 공정시장가액비율이 낮을수록 과세표준이 줄고 세금이 줄어듭니다. 재산세의 경우 주택은 시가표준액의 60%였으나 2022년 세 부담 완화 차원으로 45%로 낮아졌습니다. 종부세는 2018년 80%에서 매년 5%씩 올라 2021년에는 95%였습니다. 하지만 종부세 부담이 크다는 지적에 따라 윤석열 정부에서는 2022년 60%를 적용했습니다.

* **과세표준**: 과세 대상이 되는 금액이나 물건에 대해 세액·세율을 적용할 때의 기준입니다. 적용되는 세목에 따라 각 세법의 적용 방법과 수치, 계산 방법이 다릅니다.

임대차 3법

* **상생임대인제도**: 2년 이상 임대한 주택에 대해 1가구 1주택 양도세 비과세 2년 거주요건을 면제하는 제도입니다. 비과세 혜택을 받으려면 임대 기간에 임대료를 5% 이내로 증액해야 합니다. 다주택자의 경우 본인이 보유한 주택을 매도해 맨 마지막 주택에 대해 양도세 혜택이 주어집니다.

* **1주택자 양도세 비과세**: 1주택자가 보유 주택을 매도할 때 시세 차익에 대해 양도세를 내지 않아도 되는 제도입니다. 시세 12억 원 이하에 보유(거주) 요건 2년을 채운 경우 비과세 혜택을 받을 수 있습니다.

* **실거주 의무**: 분양가상한제가 적용되는 아파트는 분양권자에게 최초 입주 가능일로부터 2~5년의 거주 의무 기간이 부여됩니다. 하지만 임대차 3법 보완과 주택거래 활성화를 위해 실거주 의무를 삭제하는 내용의 주택법 개정안이 발의되었습니다. 주택법이 개정되면 분양가상한제 아파트에 적용되는 실거주 의무가 폐지됩니다.

투자 안목

* **깡통전세**: 집값이 전세가격 밑으로 하락한 주택을 말합니다. 주택담보대출을 받은 집주인이 은행 대출을 연체하면 해당 주택이 경매로 넘어가는 경우가 발생합니다. 만약 집값이 전세가격보다 낮으면 세입자는 보증금을 돌려받기가 힘들어집니다.

* **역전세**: 전세가격이 하락해 신규 세입자의 보증금으로 기존 세입자의 보증금을 대체하지 못하는 상황을 말합니다. 역전세로 집주인이 기존 세입자에게 보증금을 돌려주지 못하면 최악의 경우 주택을 매도해야 합니다. 역전세가 심각해지면 집값 하방 요인으로 작용합니다. 정부는 역전세난 해결책으로 임대보증금 반환목적의 대출에 대해 DSR 규제를 완화해주기로 했습니다. 세입자는 보증금을 돌려받지 못할 경우에 대비해 전세보증금 반환보증 상품에 가입할 수 있습니다.

 ## 집값의 변수들

* **GTX**: great train express의 약자로 서울시와 경기도의 교통 문제를 해결하려고 대심도 수도권 광역급행철도를 도입했습니다. 경기도가 2009년 4월 국토교통부에 제안하면서 공식적으로 발의된 이후 2013년 국토교통부에서 예상 노선을 발표했습니다. 2015년 수도권 기본철도망 계획에 반영되어 수도권을 서북에서 동남으로, 북에서 남으로, 동북에서 서남으로 연결하는 4개 노선이 구성되었습니다. 운정-동탄(A노선), 마석-송도(B노선), 양주-수원(C노선) 등이 있습니다. 윤석열 정부에서는 F, E 등 추가 노선을 2개 발표할 예정입니다.

* **버블세븐**: 2006년 부동산 가격이 급등한 7개 지역을 말합니다. 강남, 서초, 송파, 목동, 분당, 용인, 평촌이 버블세븐 지역으로 집값이 단기간 급등해 '거품이 끼어 있다'는 뜻에서 버블(bubble, 거품)이라는 이름이 붙었습니다.

부동산은 심리전이다
박원갑 박사의 부동산 심리 수업

박원갑 지음 | 값 19,800원

부동산 대표 전문가인 박원갑 박사가 부동산과 심리를 쉽고 재미있게 엮은 책을 냈다. 부동산 시장의 변동성은 시장 참여자들의 불안 심리에 비례한다. 이에 저자는 부동산 시장을 움직이는 사람들의 내면에서 벌어지는 작용을 다각도로 분석했다. 부동산 시장은 공급과 정책 외에도 인간 심리를 함께 읽어야 제대로 보인다. 저자가 제안하는 편향에 빠지지 않는 올바른 부동산 투자 심리를 체화한다면 어떤 상황에서도 합리적인 선택을 할 수 있을 것이다.

부동산 초보자도 술술 읽는 친절한 입문서
부동산투자 궁금증 100문 100답

최영훈 지음 | 값 19,800원

기자 출신 부동산 전문가가 부동산투자 전에 꼭 알아두어야 할 필수 상식들만을 엄선해 쉽게 정리한 부린이용 가이드 책이다. 계약서 작성부터 잔금 처리, 이사까지, 부동산 거래 전 과정에서 생길 수 있는 문제 상황의 예방법과 대처법 등 실생활에 도움될 내용이 가득하다. 동네 공인중개사가 알려주듯 친근하게 부동산 꿀팁을 전하는 저자의 목소리를 따라 내 집 마련과 투자에 앞서 다양한 리스크들을 체크하고 방지해 손해 없이 거래해보자.

부동산 고수와의 대화를 통해 찾아낸 부의 길
대체 박선배는 어떻게 저 많은 돈을 버는 걸까?

트윈팝 지음 | 값 18,000원

험난한 부동산 시장에서 평범한 2030세대가 살아남아 내 집 마련을 하려면 어떻게 해야 할까? 이 책은 대한민국의 흙수저 사회초년생을 대표하는 '우현'의 성장기를 통해 2030 무주택자들의 고충을 생생히 담아내고, 큰돈 없는 초보자도 실행 가능한 부동산 접근법을 알려준다. '우현'의 부동산 선생님인 '박선배'의 알짜배기 부동산 재테크 수업을 따라가다 보면 내 집 마련은 물론, 인생역전을 향한 희망의 주로에 올라설 수 있을 것이다.

나는 한 달에 1천만 원 월세로 경제적 자유를 누린다
나의 꿈 월천족

정일교 지음 | 값 17,000원

이 책은 저자가 다가구주택 신축으로 어떻게 경제적 자유를 이루었는지를 보여주는 실천서다. 저자는 최소한의 종잣돈으로 월 1천만 원의 현금흐름을 만드는 비법을 가감 없이 공개한다. 잠자는 동안에도 현금이 들어오는 파이프라인을 구축하는 방법이 궁금한가? 저자가 친절하고 상세하게 공개한 수익형 자산투자와 현금흐름 창출을 위한 비법을 통해 돈과 시간으로부터 자유로워지는 법을 배우고 실천할 수 있을 것이다.

스타벅스 건물주가 된 사람들의 성공 비결

나의 꿈 스타벅스 건물주
전재욱·김무연 지음 | 값 16,800원

이 책은 미지의 영역에 머물던 스타벅스 건물주들의 비밀을 국내 최초로 파헤친다. 저자가 기자 특유의 취재 역량을 발휘해 직접 발로 뛰어 수집한 전국 매장 1,653개의 등기부등본 2,454장을 꼼꼼히 분석한 결과다. 스타벅스가 선호하는 매장의 특징과 실제 임대료, 임대 과정 등 '스타벅스 입점 성공'의 공식을 다루는 저자의 통찰에 진지하게 접근한다면 나의 꿈 스타벅스 건물주가 아닌, 나의 '현실' 스타벅스 건물주가 될 수 있을 것이다.

최고의 부동산빅데이터 연구소 경제만랩의 부동산 대예측

빅데이터로 전망하는 대한민국 부동산의 미래
정일교 지음 | 값 17,000원

우리는 집값이 언제 오르고 언제 내리는지 궁금하다. 빅데이터 트렌드 분석을 통해 부동산시장을 파악하고 분석해 올바른 투자전략까지 세울 수 있는 책이 나왔다. 이제 단순히 감으로 부동산시장을 평가하는 시대는 끝났다. 부동산 데이터를 활용해 구체적인 시장분석이 가능해진 것이다. 미래가치가 높은 부동산을 파악하고 투자에 성공하고 싶다면 객관적인 데이터를 기반으로 한 이 책이 좋은 투자 전략서가 될 것이다.

성공투자를 위한 재개발·재건축 실전오답노트

세상에서 가장 친절한 재개발·재건축
장귀용 지음 | 값 16,000원

우리나라는 대다수 사람들이 대도시에 살고 있다. 사람들이 밀집해 거주하는 대도시는 주택난이 심각하다. 앞으로 재개발·재건축은 피할 수 없는 사업이다. 부동산 전문기자인 저자는 재개발·재건축 사업의 각 단계와 실제 사례를 정리해 한 권의 책에 담았다. 재개발·재건축 투자에 관심이 있는 사람이라면 반드시 알아야 할 내용만 담았다. 저자가 직접 현장을 오르내리며 경험한 느낌을 고스란히 담아냈기 때문에 실질적인 투자에 도움이 될 것이다.

다가올 미래, 부동산의 흐름

박원갑 박사의 부동산 트렌드 수업
박원갑 지음 | 값 18,000원

혼돈의 시대, 부동산 트렌드를 알면 성공의 길이 보인다! 집이 주인이 되는 '주주(住主)사회'에 걸맞게 국내 최고 부동산 전문가인 박원갑 박사는 공정한 관찰자의 입장에서 냉철하고도 균형 있는 시각으로 부동산 시장을 둘러싼 핵심 트렌드를 심도 있게 분석한다. 세상의 주역인 MZ세대의 특징, 아파트 공화국인 대한민국 부동산 시장의 실체 및 흐름 등을 설명하는 이 책 한 권이면 부동산 트렌드를 빠르게 좇아가는 패스트 팔로워(fast follower)로 성장할 수 있을 것이다.

■ 독자 여러분의 소중한 원고를 기다립니다

메이트북스는 독자 여러분의 소중한 원고를 기다리고 있습니다. 집필을 끝냈거나 집필중인 원고가 있으신 분은 khg0109@hanmail.net으로 원고의 간단한 기획의도와 개요, 연락처 등과 함께 보내주시면 최대한 빨리 검토한 후에 연락드리겠습니다. 머뭇거리지 마시고 언제라도 메이트북스의 문을 두드리시면 반갑게 맞이하겠습니다.

■ 메이트북스 SNS는 보물창고입니다

메이트북스 홈페이지 www.matebooks.co.kr

책에 대한 칼럼 및 신간정보, 베스트셀러 및 스테디셀러 정보뿐만 아니라 저자의 인터뷰 및 책 소개 동영상을 보실 수 있습니다.

메이트북스 유튜브 bit.ly/2qXrcUb

활발하게 업로드되는 저자의 인터뷰, 책 소개 동영상을 통해 책에서는 접할 수 없었던 입체적인 정보들을 경험하실 수 있습니다.

메이트북스 블로그 blog.naver.com/1n1media

1분 전문가 칼럼, 화제의 책, 화제의 동영상 등 독자 여러분을 위해 다양한 콘텐츠를 매일 올리고 있습니다.

메이트북스 네이버 포스트 post.naver.com/1n1media

도서 내용을 재구성해 만든 블로그형, 카드뉴스형 포스트를 통해 유익하고 통찰력 있는 정보들을 경험하실 수 있습니다.

STEP 1. 네이버 검색창 옆의 카메라 모양 아이콘을 누르세요. STEP 2. 스마트렌즈를 통해 각 QR코드를 스캔하시면 됩니다.
STEP 3. 팝업창을 누르시면 메이트북스의 SNS가 나옵니다.